1 HÁBITO PARA CAMBIARTE LA VIDA

TAMBIÉN DE MEL ROBBINS

Libros

El poder de los 5 segundos:
Sé valiente en el día a día y transforma tu vida

Audiolibros

Take Control of Your Life: How to Silence Fear and Win the Mental Game

Work it Out: The New Rules for Women to Get Ahead at Work

Kick Ass with Mel Robbins

Start Here: Pep Talks for Life

1 HÁBITO PARA CAMBIARTE LA VIDA

CÁMBIALO TODO CON UN SIMPLE GESTO

MEL ROBBINS

Obra editada en colaboración con Editorial Planeta - España

Diseño de portada: Planeta Arte & Diseño

Bajo el sello editorial PAIDÓS M.R.
Avenida Presidente Masarik núm. 111,
Piso 2, Polanco V Sección, Miguel Hidalgo
C.P. 11560, Ciudad de México
www.planetadelibros.com.mx
www.paidos.com.mx

Primera edición impresa en España: mayo de 2022
ISBN: 978-84-480-2909-8

Primera edición impresa en México: julio de 2022
ISBN: 978-607-569-305-7

Impreso en los talleres de Litográfica Ingramex, S.A. de C.V.
Centeno núm. 162-1, colonia Granjas Esmeralda, Ciudad de México
Impreso en México - *Printed in Mexico*

Para Chris, Sawyer, Kendall y Oakley

Tabla de contenidos

CAPÍTULO UNO

TE MERECES UNA VIDA DE «CHOCA ESOS CINCO»

Te voy a contar un descubrimiento muy sencillo que hice hace no mucho tiempo. Yo lo llamo el hábito de chocarte esos cinco y te ayudará a mejorar la relación más importante que hay en la vida: la relación contigo mismo. Voy a contarte la historia, la investigación y cómo puedes utilizar este hábito para que tú también cambies tu vida.

Todo empezó una mañana cuando me estaba lavando los dientes en el baño y me vi reflejada en el espejo. Pensé:

Uff.

Empecé a notar todo lo que no me gusta de mí: las ojeras, la barbilla puntiaguda, el hecho de que mi seno derecho es más pequeño que el izquierdo, la piel que me cuelga en la panza... Me empezaron a inundar los siguientes pensamientos: «Tengo un aspecto terrible. Tengo que hacer más ejercicio. Odio mi cuello». Con cada pensamiento me sentía cada vez peor.

Vi la hora: mi primera reunión por Zoom empezaba en 15 minutos. «Tengo que despertarme más temprano.» Recordé la entrega que tenía. El acuerdo que estaba a punto de cerrar. Los correos electrónicos y los mensajes que no había respondido. El perro que se tenía que sacar a pasear. Los resultados de la biopsia de mi padre. Todo lo que mis hijos necesitaban que hiciera hoy. Me sentí completamente abrumada y aún no me había puesto el brasier ni me había tomado un café.

Uff.

Lo único que quería hacer esa mañana era servirme una taza de café, acostarme delante de la tele y olvidar todo lo que me fastidiaba... Pero sabía que eso no era lo correcto. Sabía que no vendría nadie a mi rescate ni que nadie me solucionaría mis problemas, ni acabaría los proyectos que tenía en la lista, ni haría ejercicio por mí, ni se encargaría de esa conversación difícil que tenía que tener en el trabajo.

Solo quería... una pausa... en mi vida.

Llevaba unos meses muy pesados. El estrés era constante. Había estado muy ocupada cuidando y preocupándome por todos y por todo. ¿Y quién me cuidaba a mí? Seguro que, de una forma u otra, te suena esta situación. En momentos así, cuando las exigencias de la vida se amontonan y tu actitud tira la toalla, puedes crear una espiral negativa.

Necesitaba que alguien me dijera: «Tienes razón, es muy duro. No te lo mereces, no es justo. Y si hay alguien que pueda con todo esto, eres TÚ». Esto es lo que quería oír. Necesitaba consuelo y una plática motivacional. Y a pesar de ser una de las personas más exitosas del mundo dando discursos motivacionales, no se me ocurría nada que decirme.

No sé lo que me pasó. O por qué lo hice. Pero por algún motivo desconocido, parada en el baño, en ropa interior, levanté la mano y saludé amablemente a mi reflejo. «Te veo —era todo lo que quería decir—. Te veo y te quiero. Vamos, Mel. Tú puedes.»

Me di cuenta, mientras hacía ese gesto, que con ese saludo me estaba chocando la mano a mí misma. Un gesto tan reconocible, inequívoco y común como un apretón de manos. Todos la hemos chocado y nos han chocado la mano infinitas veces en la vida. Incluso puede que esta acción tenga un punto cursi. Pero allí estaba yo, sin brasier, sin cafeína, inclinada sobre el lavabo, chocándosela a mi propio reflejo.

Sin decir ni pío, me estaba diciendo algo que necesitaba desesperadamente oír. Me estaba afirmando que lo podía hacer, fuera lo que fuese. Estaba aplaudiendo y animando a la mujer que había en el espejo para que levantara la cara y siguiera adelante. En cuanto toqué el espejo con la mano y me conecté con mi reflejo, sentí que me subían los ánimos un poco. No estaba sola. Me tenía a mí. Fue una acción sencilla, un acto de amabilidad hacia mí misma. Algo que necesitaba y me merecía.

Automáticamente, sentí que me había quitado un peso de encima, acomodé los hombros y esbocé una sonrisa por lo cursi que debió parecer la escena pero, de repente, ya no se me veía tan cansada, no me sentía tan sola y esa lista de tareas pendientes no parecía tan abrumadora. Seguí con mi día.

A la mañana siguiente, sonó mi despertador. Los mismos problemas y el mismo agobio. Me levanté, hice la cama. Fui al baño y me volví a encontrar con mi reflejo: «Hola, Mel». Sin pensarlo, sonreí y volví a chocármela en el espejo.

A la tercera mañana, me levanté y me di cuenta de que mi pensamiento y mi deseo estaban puestos en el momento de pararme delante del espejo para chocármela. Sé que suena cursi pero es la pura verdad. Hice la cama un poco más rápido de lo habitual y me fui al baño con un entusiasmo que nadie debería tener a las 6:05 de la mañana. La única forma de describirlo es que:

Me sentía como si fuera a ver a una amiga.

Ese día me puse a reflexionar sobre las veces en la vida en las que me han chocado la mano. Evidentemente pensé en los deportes de equipo en los que participaba cuando era más joven. Pensé en las carreras que me echaba con mis amigas. O en los partidos de beisbol a los que íbamos en Fenway Park y cómo el estadio se llenaba de gente chocándose las manos cuando anotaba el Red Sox. O cuando la chocaba con alguna amiga porque la habían ascendido en el trabajo, porque había cortado con ese patán o porque había ganado una mano en un juego de cartas.

Y entonces recordé uno de los hitos de mi vida: correr el maratón de Nueva York en 2001, justo dos meses después de que los atentados terroristas del 11 de septiembre se llevaran la vida de 2 977 personas y destruyeran las Torres Gemelas.

Durante 42.195 km, las banquetas estaban abarrotadas de gente y se veían una infinidad de banderas norteamericanas colgando de todas las ventanas de todos los edificios a lo largo de todo el recorrido por los cinco distritos que conforman Nueva York.

Si no hubiera sido por las aglomeraciones de personas que, durante los 42.195 km, me estuvieron animando y que me chocaron la mano, no lo hubiera conseguido ni de broma. Sola no tengo ese tipo de resistencia hercúlea. Me falta el aire cuando subo dos pisos a pie cargando con las bolsas del súper. En ese momento era una madre novata que trabajaba de tiempo completo con dos hijos menores de tres años y no había entrenado suficientemente bien para una carrera de ese calibre. ¡Qué diablos! Mis tenis ni siquiera estaban ahormados pero siempre había querido correr un maratón antes de morirme, así que en cuanto tuve la oportunidad de correrlo no lo pensé dos veces. Hubo muchos momentos en los que me fallaron las rodillas, tuve pérdidas de orina y mi cabeza afirmó: «no puedo hacerlo ni de broma». En algunos momentos bajé el ritmo y rengueé. «¿Por qué no entrené más? ¿Por qué me compré unos tenis nuevos hace dos semanas?» Cerca de los 20 kilómetros, les supliqué a los voluntarios de la parada de agua que me dieran la razón y me dijeran que tenía que tirar la toalla. Pero no querían ni oírmelo decir. «¿Abandonar? ¿Ahora? ¡Pero si ya llegaste muy lejos!» Sus ánimos acallaron mis dudas, con lo que seguí corriendo.

Eres mucho más fuerte de lo que piensas.

El único motivo por el que acabé el maratón fue por los ánimos constantes y las felicitaciones que recibía por el camino. Si hubiera escuchado las voces que llevaba dentro, hubiera dejado de correr después de los 10 km, cuando se me abrieron las ampollas que tenía en los pies y cada paso que daba me infligía un dolor terrible. La sensación de que me estaban animando me hacía sentir genial. Con esto logré que mi mente no divagara y mi cuerpo se moviera. Esos aplausos eran lo que me alimentaba la creencia de que realmente podía lograr algo que no había hecho nunca antes.

Cuando me sentía desanimada porque muchos otros corredores me adelantaban, chocar la mano con un desconocido hacía que no tirara la toalla. Y aquí está el quid de la cuestión: chocar los cinco es mucho más que hacer que dos manos entren en contacto la una con la otra. Es una transferencia de energía y de fe de una persona a la otra. Hace que algo en tu interior se despierte. Es un recordatorio de algo que habías olvidado. Cada vez que alguien me chocaba la mano era como si me dijera: «Creo en ti», lo cual hacía que yo creyera en mí y que creyera en mi capacidad de seguir adelante, paso a paso, durante seis horas hasta que llegué a la meta y conseguí mi objetivo.

Cuando nos detenemos a pensar en el extraordinario poder que tiene chocarla con un desconocido, es fácil encontrar el paralelismo entre la vida y correr un maratón. Ambos trayectos son largos, gratificantes, estimulantes y dolorosos a veces. ¿Te imaginas poder despertarte cada mañana recibiendo la energía de chocar las manos con alguien que te anima para que sigas corriendo en tu vida cotidiana?

Detente un momento y piénsalo bien. ¿Acaso te ayuda que te vayas criticando?

¿Y si pudieras darle la vuelta a la tortilla y aprender a animarte para seguir adelante cada día, cada semana, cada año de tu vida, paso a paso, mientras te acercas a tus objetivos y a tus sueños? Imagínate que fueras tu mayor animador, fan y motivador. Te cuesta imaginarlo, ¿verdad? Pues no debería costarte.

Quiero que me des una respuesta sincera a esta pregunta: «¿Con qué frecuencia te animas?».

Metería las manos al fuego porque sé que llegaste a la misma conclusión que yo: casi nunca.

La pregunta es: «¿Por qué?». Si nos sentimos tan bien cuando nos quieren, nos motivan y nos felicitan, si esto nos ayuda a seguir persiguiendo nuestros objetivos, ¿por qué no nos lo aplicamos a nosotros mismos?

Es aquello de «los pasajeros que viajen con niños deben colocarse la máscara a ellos mismos primero».

Lo he oído miles de veces, pero la verdad sea dicha: yo nunca sé cómo hacerlo en mi vida diaria. Madre mía, cómo me abrió los ojos esto de chocarme la mano en el espejo. Para priorizarte a ti, tienes que animarte porque así es como podrás animar al resto de gente.

Piensa en lo bueno que eres apoyando y felicitando a los demás. Animando a tus equipos favoritos, siguiendo lo que hacen tus actores, músicos e *influencers* preferidos. Te compras entradas para ir a ver sus partidos, les aplaudes de pie al final de sus espectáculos, sigues sus recomendaciones, te compras la ropa de su nueva línea y sigues con lupa todos sus logros, desde victorias en el Super Bowl hasta los premios Grammy.

También lo haces muy bien cuando apoyas y animas a las personas a las que quieres en tu propia vida: a tu pareja, hijos, mejores amigos, familiares y compañeros de trabajo. Organizas fiestas de cumpleaños y celebraciones para todo el mundo en tu familia, tomas una carga extra de trabajo para ayudar a tu compañero, que no puede con todo, y eres el primero en animar a tus amigos cuando te enseñan su perfil en aplicaciones de citas («¡Estás radiante!») o te comprometes a vender suplementos como algo secundario («Yo me quedo suplementos para un año»). Animas a todo el mundo para que persiga sus sueños y objetivos, incluso la mujer a la que acabas de conocer esta mañana en la clase de yoga. Cuando la profesora menciona la próxima formación para tener el certificado de profesor de yoga, no lo pensaste ni dos segundos: «¿Te vas a inscribir? ¡Deberías! Tienes un perro boca abajo precioso».

Pero cuando te tienes que animar y aplaudir a ti, no solo te quedas corto, sino que haces justo lo contrario. Te tiras por los suelos. Te miras al espejo y te desacreditas. Te hundes a ti mismo y pones en duda tus propios objetivos y sueños. Mueves cielo y tierra por los demás pero nunca por ti.

Ahora te toca darte el aplauso que te mereces y que necesitas.

Saber lo que vales, confiar en ti, quererte: para conseguirlo, primero tienes que construir en tu interior el valor, el amor y la confianza. Por eso quiero que empieces cada día chocándotela en el espejo. Es un hábito que deberías aprender, entender y practicar cada día. Y esto es solo el principio.

Chocártela es mucho más que una simple acción: es una actitud holística frente a la vida, una mentalidad, una filosofía, una estrategia que te reprograma los patrones subconscientes. Voy a demostrártelo con investigaciones, ciencia, historias profundamente personales y los resultados reales que este hábito está creando en las vidas de personas de todo el mundo (y conocerás a muchas de estas personas en el libro). Te inspiraré para que tomes las riendas de tu vida chocándotela de muchas maneras geniales, cada día.

Aprenderás a identificar los pensamientos y creencias que te hunden psicológicamente, como la culpa, los celos, el miedo, la ansiedad y la inseguridad. Y lo más importante de todo, aprenderás a reconvertirlos en nuevos patrones de pensamiento y comportamiento que te animarán y te harán avanzar. Y, por supuesto, te lo voy a desglosar todo y te voy a enseñar a hacerlo, te explicaré los estudios que demuestran por qué funcionan estas herramientas e incluso estaré contigo en tu día a día (pronto te daré más detalles al respecto).

Esto es más valioso que saber cómo despertarte feliz o levantarte cuando te derrumbas o emocionarte en los momentos más importantes y conmovedores de tu vida (lo cual también aprenderás a hacer).

Se trata de entender y mejorar la relación más importante del mundo: la relación contigo. En las páginas de este libro aprenderás cuáles son tus necesidades fundamentales y cómo satisfacerlas. También descubrirás estrategias de mentalidad demostradas que te ayudarán a superar cualquier situación (los buenos momentos y los malos) y a no tirar nunca la toalla con la persona que ves en el espejo.

La forma como te ves a ti, es como ves al mundo.

Tal y como debes suponer, le di muchas vueltas a lo de chocarla a lo largo del proceso de escribir este libro, seguramente más de lo que debería haber reflexionado. De lo que me doy cuenta ahora, después de haber implementado el hábito de chocármela, es que me he pasado las primeras décadas de mi vida desacreditando mi reflejo, o sintiéndome abrumada por lo que veía en el espejo, o ignorando en general a la mujer que me miraba desde el otro lado del cristal. Me parece irónico, teniendo en cuenta a lo que me dedico.

Mi trabajo, siendo una de las oradoras motivacionales más solicitadas y una de las escritoras más vendidas del mundo, consiste en proporcionarte las herramientas y la motivación necesaria para que cambies tu vida. La confianza que deposito en ti hace que confíes en ti. Cuando me detengo un momento y lo pienso bien, mi trabajo es la personificación de chocar las manos. Todo lo que comparto (tanto si es en un escenario o en libros, videos de YouTube, cursos online y publicaciones en las redes sociales), todo lo que hago tiene la intención de decirte «Yo creo en ti. Tus sueños son importantes. Tú puedes, sigue adelante».

Llevo años chocándote la mano.

Y aunque te haya estado chocando la mano a ti, no siempre se me ha dado bien chocármela a mí. Soy mi peor crítico. Y seguro que tú eres tu peor crítico. Hasta hace poco, cuando empecé a chocarme la mano en el espejo y luego de otras formas simbólicas, no empecé a notar que todo se simplificaba. Cuando aprendes a verte y apoyarte, es más fácil atrapar esos momentos en los que mentalmente te empiezas a decaer, y convertirlo en una mentalidad más optimista y empoderada. Si eres positivo, tendrás la motivación de emprender acciones positivas para cambiar tu vida. Cuando llevas en el bolsillo el tipo de energía y actitud que te proporciona un choque de manos puedes hacer todo lo que quieras.

Cuando empecé a chocármela en el espejo era mucho más que un gesto de motivación en un día de depresión. Conseguía dar la vuelta a las críticas y al odio que me profería a mí misma. Hizo que cambiaran los lentes con los que observaba la vida. Ese fue el inicio de un cambio colosal en mi vida. Hubo un antes y un después. El inicio de una nueva conexión con la persona más importante en mi vida: yo. Una nueva manera de pensar en mí y de lo que me resultaba posible. Me inspiró para crear una manera completamente nueva de vivir la vida.

Por eso escribí este libro.

Ahora un aplauso para ti.

Las fuerzas más poderosas del mundo son la motivación, las felicitaciones y el amor. Y te las has negado todas. No eres el único. Lo hacemos todos.

Quizá te cueste quererte o no puedas cambiar por mucho que lo intentes. O quizá lo estás haciendo muy bien y estás triunfando pero no puedes disfrutar la vida porque te centras en lo que está mal y no en lo que va bien. Quizá tu futuro estará repleto de cosas terribles que te han hecho o que tú has hecho a otras personas.

No importa lo que te haya pasado, quiero que veas la verdad. Tienes una vida preciosa delante de ti y no la ves. Tienes un futuro increíble que te está esperando para que tomes el control y lo crees. Tienes el mejor aliado de todos los tiempos, el mejor equipo de animadores y la mejor arma secreta: es la persona que te está mirando en el espejo, y tú la ignoras. Si quieres formar parte de algo grande en la vida o si simplemente quieres ser más feliz tienes que despertarte y empezar a tratarte mejor de lo que te has estado tratando hasta ahora. Y esto empieza con ese momento por la mañana cuando estás cara a cara contigo en el espejo.

Todo esto es mucho más fácil de lo que piensas.

Pregúntate cómo te quieres sentir en cada ámbito de tu vida. ¿No quieres que te aplaudan? ¿Un matrimonio de aplauso, un trabajo de aplauso? ¿No quieres ser un padre o madre de aplauso y un amigo de aplauso? ¿Anhelas que te vean y te aprecien y deseas sentir el ímpetu de tu fuerza y de tu convicción haciéndote avanzar?

Pues claro que sí. De esto trata este libro: de tu confianza en ti y tus felicitaciones para ti. Con eso puedes hacer o ser lo que quieras. Esto desata una reacción en cadena. Te ayuda a crear un impulso hacia delante, a recibir grandes aplausos, a forjar una conexión fiable contigo y a disfrutar de la gran cantidad de energía que nos proporciona la alegría.

Empieza contigo.

Si quieres recibir más felicitaciones, validación, amor, aceptación y optimismo, tienes que practicar y ofrecértelos tú mismo. En serio. Empieza contigo. Si no te animas y no animas a tus sueños, ¿quién lo hará? Si no puedes mirarte al espejo y ver a alguien que se merece que lo quieran, ¿por qué deberían pensarlo los demás? Y hablando de los demás: cuando aprendes a quererte y a apoyarte, esto ayuda al resto de relaciones que tienes en tu vida. Cuando te puedes aplaudir, esto te ayuda a animar aún más fuerte a los demás: a tus amigos, a tus compañeros, a tus familiares, a tus vecinos, a tu pareja. Esto se debe a que es imposible ofrecer realmente a los demás lo que no nos damos primero a nosotros.

Deja que te avise.

A veces, lo de chocar los cinco puede parecer sencillo. Quizá demasiado sencillo, en realidad. Así que, por favor, sígueme la corriente un momento.

Tiene un efecto muy profundo en tu subconsciente y en tus conexiones neuronales. Los cambios que genera en ti duran mucho más tiempo que las huellas que dejarás por todo el espejo del baño. Al principio, lo de chocar los cinco es algo que haces, pero después de un tiempo, la validación, la confianza, los ánimos, el optimismo y la acción que simboliza ese choque de manos, se convierten en una parte integral de tu persona.

Aquí te dejo una revelación que tuve: puedes trabajar duro y a la vez ser tierno con tu alma. Puedes arriesgarte, cagarla y aprender lecciones sin tener que hundirte en el remordimiento. Puedes tener ambiciones gigantescas y seguir tratándote a ti y a los demás con amabilidad. Puedes enfrentarte a situaciones realmente duras y horribles en la vida y redoblar tu dosis de optimismo, resiliencia y fe para seguir adelante. En cuanto dejas de tratarte mal por cómo te sientes, empiezas a sentirte mejor al instante.

Si aprendes a animarte, aplaudirte y apoyarte en lo bueno y en lo malo, simplemente dejarás de batallar y tu vida empezará a fluir en la dirección que tiene que ir. No te imaginas lo fácil que sería todo si dejaras de ser tan duro contigo mismo. Lo bonita que podría ser la vida. Lo gratificantes que serían los triunfos si no te estuvieras machacando mentalmente sin cesar.

Te mereces un aplauso.

No dentro de un año. No cuando te asciendan en el trabajo o pierdas peso o logres ese objetivo. Te mereces un aplauso por quien eres, por dónde estás ahora mismo, a partir de hoy. No solo te lo mereces, sino que lo necesitas. Esto satisface tus necesidades emocionales más básicas: que te vean, que te escuchen y que te reconozcan. Además, según los estudios, cuando recibimos este tipo de apoyo es cuando prosperamos. Sentirnos animados, aplaudidos y que alguien cree en nosotros son las fuerzas más inspiradoras del planeta.

Por eso creo que tu vida diaria debería estar llena de hábitos que fomentaran el optimismo y la aclamación. Animándote adrede y deliberadamente por el simple hecho de despertarte y empezar el día, desarrollando hábitos que hagan que te apoyes pase lo que pase, puedes acabar con cualquier cosa que te retenga, puedes cambiar tu vida y alcanzar la plenitud personal.

Esto es justo lo que me pasó a mí.

Después de unas semanas chocándome la mano en el espejo, me di cuenta de que ese hábito tan sencillo me estaba cambiando a niveles muy profundos. Ya no me centraba en lo que pensaba que odiaba de mí. Empecé a darme cuenta de que lo menos interesante de mí era mi aspecto. Lo mejor de mí es lo que llevo dentro.

En cuanto abría los ojos por la mañana, tenía ganas de ir a verme en el espejo del baño. Llevo más de cincuenta años viendo mi reflejo en el espejo cada mañana. Y no recuerdo que nunca me hubiera hecho ilusión. Esto es otro factor curioso de chocarte la mano en el espejo: dejas de ver tu yo físico y ves tu yo interior. Ves a la persona y a todo lo que representa en tu vida.

No te limitas a ver tu yo físico en el espejo, sino que saludas tu presencia, como un vecino que te saluda desde el patio. Levantas la mano y en silencio te dices: «¡Hola! ¡Te veo!, tú puedes, vamos», cada mañana. Todo esto tuvo un enorme impacto en mi estado de ánimo, en mis sentimientos, en mi motivación, en mi resiliencia y en mi actitud. Antes empezaba el día saliendo del baño como si tuviera que arrastrar una roca cuesta arriba. Pero ahora salía del baño cada mañana notando el viento en la espalda.

Cada día, al levantarle la mano a mi reflejo, fortalecía la conexión conmigo misma.

De hecho, me hacía sentir tan bien que un día me saqué una foto haciéndolo y la publiqué en las redes sociales. Ya sabes, porque esto es lo que hacemos los *influencers*. Compartimos el amor. No puse ningún comentario ni explicación. Ni siquiera una etiqueta. Simplemente publiqué una *selfie* chocándome la mano en el espejo del baño en mis historias de Instagram, y seguí con mi día.

Pues resulta que no fui la única del mundo que necesitaba que le chocaran la mano ese día.

CAPÍTULO DOS

LA CIENCIA DICE QUE FUNCIONA

Aquí tienes el primer choque de manos que compartí en las redes sociales:

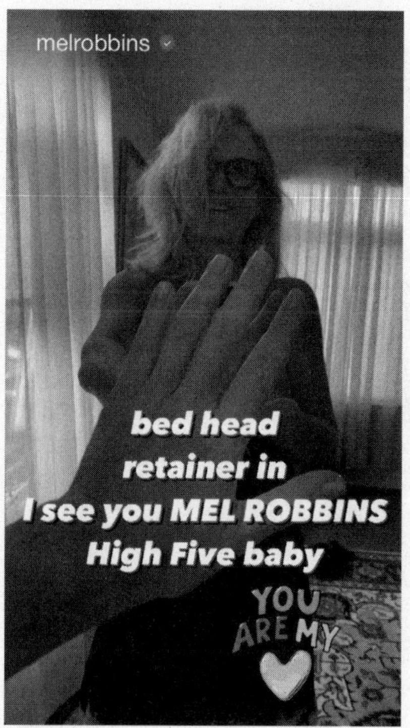

Como puedes ver no hay instrucciones. Solo yo, de pie, por suerte con algo más que la ropa interior. Con la férula aún puesta. Los pelos de recién levantada. Chocándome la mano en el espejo.

En menos de una hora, personas de todo el mundo me empezaron a etiquetar en sus fotos chocándose la mano en el espejo. Me quedé petrificada. Hombres, mujeres, niños, abuelos; antes de ir a trabajar o a la escuela, antes de empezar el día. Personas de todas las edades y de todo tipo se tomaron un momento para animarse en el espejo. Fue como una convención virtual de pelos de recién levantados y férulas. ¡Fue increíble!

Esto fue el primer día. No tenía ni idea de lo grande que se haría el movimiento del hábito de chocarte la mano, ni de cómo llegaría a transformar la vida de tantas personas, cambiando cómo se veían a sí mismas.

Aquí te dejo algunas de las fotos de los primeros días:

kylejsomerville
High Fives
headed out to do the grocery shopping for the week...
but FIRST!
@MELROBBINS
YOU DESERVE A HIGH FIVE EVEN ON THE HARD DAYS
Even when you are still high 5 yourself.
You are alive and doing life!
EE ME, I
AYED
@MELROBBINS
Hustle.
YOU can do it
rhet_eric
12 likes
gosia_adamczyk_kaemka
85 likes
another bathroom high five

Tómate un momento para observar las imágenes. Se puede ver la energía y el entusiasmo en las caras de todos los que lo prueban. No cuesta nada chocarse la mano, y lo que te aporta no tiene precio: un momento de ratificación. Es un recordatorio de que sigues en pie, de que sigues sonriendo y que no importa lo que pase hoy, que te tienes a ti para apoyarte. En una de las fotos, la persona que se choca la mano está en el baño de una casa de refugio y protección contra la violencia doméstica. Estés donde estés, estés con quien estés, estés pasando por lo que estés pasando y tanto si tienes mucho como si tienes poco, siempre te tienes a ti. Me encantó ver todas esas fotos porque pensé «tal vez esto de chocarse la mano no es tan cursi como pensaba». Y luego me iluminé: quizá yo no sea la única que lo necesite cada día.

Esto es trascendente. Toma apuntes si quieres.

Así que hice lo que siempre hago cuando quiero entender algo: empecé a buscar respuestas. ¿Por qué algo tan cursi y sencillo puede ser tan contagioso y tan poderoso?

Primera fase: me puse en contacto con las personas que me habían etiquetado en sus fotos en las redes. Esas conversaciones preliminares confirmaron algo muy interesante que nos estaba pasando a todos: cuando te chocas la mano es imposible pensar algo desagradable sobre ti.

Pruébalo, es verdad.

Cuando te miras al espejo y levantas la mano para animarte no puedes pensar: «Dios, qué gordo estoy. Soy un fracasado. Soy una mala persona. No soporto mi panza». Es imposible. Yo intenté decir «Odio mi cuerpo» en voz alta mientras tocaba el espejo. No se puede. Me reí de las palabras que me estaban saliendo por la boca. Es imposible tener pensamientos negativos porque has pasado la vida entera asociando chocar la mano con alguien con cosas positivas. Tan pronto levantas la mano para chocarla, tu subconsciente le da un coscorrón al crítico que llevas dentro y te empiezan a inundar un montón de sensaciones buenas.

También es imposible chocar los cinco a la vez que te preocupa tu lista de tareas pendientes o un correo del trabajo o algo que tengas que hacer hoy. Esto se debe a que chocar la mano es un asesoramiento personal del AHORA. Te trae directo al momento presente. Piénsalo bien, no hay nada peor que un choque de manos blando o que no consigue que toda la mano entre en contacto. Para dar un buen choque de manos te tienes que concentrar en la acción y la intención. Tienes que estar totalmente presente en el momento. Y lo mismo pasa cuando te la chocas a ti mismo.

Y el hábito de preocuparte que normalmente te sale al acecho cuando te cepillas los dientes («¿Acabaré la presentación a tiempo y podré llevar a mi madre al médico?») queda silenciado por el hecho de levantar la mano. Se acaba la espiral negativa mortal y empieza la concentración: «Te veo. Creo en ti. Estoy contigo. Tú puedes».

Por eso este hábito es más que un gesto, es una validación. Me da igual si andas en calzones, en bata andrajosa, pants o si estás en pelotas. Cuando la mano llega al espejo, te sientes visto, escuchado y valorado.

Además, tan pronto la mano toca el espejo, no solo te mejora el ánimo. También modificas tu punto de vista. Te hace tomar perspectiva y pensar en qué te quieres sumergir hoy de manera más global. Ahora mismo estás delante del espejo y repasas tu lista de tareas pendientes (motivo por el cual fracasas mentalmente). Te empiezas a centrar en todo el mundo y en todas las cosas. Cuando te chocas la mano, piensas en lo que quieres hacer para ti. ¿Cómo quieres que te vea el mundo, hoy? ¿Quién quieres ser? ¿Cuál es ese proyecto personal en el que tienes que avanzar en tu favor?

Este momento de reflexión intencionada es más poderoso de lo que piensas. Estudios recientes de la Harvard Business School han descubierto que tomarse un momento para reflexionar acerca del trabajo propio mejora el rendimiento, te ayuda a ser más efectivo y hace que te sientas más motivado. Tiene un impacto integral: desde la confianza en que alcanzarás tus objetivos hasta conseguir que seas más productivo. Todo gracias un simple momento de reflexión.

Se lo enseñaron unos a otros. ¡Gracias!

A medida que iban pasando los meses y que fui publicando más cosas sobre el hábito de chocar los cinco, se empezó a propagar rápidamente por todo el mundo. Cada día me llegaban historias del impacto que había tenido este hábito en diferentes personas y cómo se lo estaban transmitiendo a sus compañeros de trabajo, a sus hijos, a sus amigos y a sus familias. Muchas empresas se empezaron a percatar del fenómeno y me empezaron a pedir si podía hablar del tema con sus equipos.

En el último año he compartido las investigaciones y las herramientas contenidas en este libro con casi medio millón de personas en diferentes eventos por todo el mundo y estoy convencida de que este hábito tan sencillo y las herramientas para modificar de mentalidad contenidas en este libro te cambiarán la vida porque te cambiarán a ti.

Está demostrado científicamente.

El poder motivacional de un choque de manos se ha estudiado minuciosamente. De hecho, ya verás cuando escuches lo que descubrieron los investigadores sobre el choque de manos cuando se pusieron a analizar la mejor manera de motivar a los niños cuando se tenían que enfrentar a tareas complicadas. Los niños en edad escolar fueron separados en tres grupos y se les pidió que llevaran a cabo tareas difíciles. Luego los investigadores les dieron una forma de estímulo de entre las tres siguientes. O bien se les elogiaba por un rasgo («Eres muy inteligente» o «Tienes mucho talento»), o les decían que estaban trabajando duro y los felicitaban por sus esfuerzos («¡Cuánta dedicación!») o simplemente se les chocaba la mano.

Sin lugar a dudas, el choque de manos era el mejor motivador. Aquí tienes el porqué: los niños a los que se les decía que eran listos, talentosos o expertos eran los que estaban menos motivados y los que se divertían menos. Aquellos elogiados por sus esfuerzos demostraban pasarlo mejor y tenían una mayor perseverancia. Pero los niños a los que simplemente se les chocó la mano... fueron los que se sintieron mejor con ellos mismos y con sus esfuerzos y fueron los que siguieron durante más tiempo (¡perseverancia pura!), a pesar de cometer errores. De hecho, los resultados fueron tan claros que cuando los investigadores publicaron el estudio en la publicación académica *Frontiers in Psychology*, lo titularon «High Fives Motivate» («Chocar la mano motiva»).

Los investigadores concluyeron que chocar los cinco con alguien es una celebración compartida. Levantar la mano con una sonrisa de oreja a oreja son dos signos reconocibles al instante del orgullo genuino y de dar ánimos. Chocar los cinco significa que estás celebrando con la otra persona. Le estás transmitiendo tu energía. Y esto dista mucho del hecho de dar elogios verbales pasivos. Cuando te chocan la mano te están diciendo que te ven y te afirman como persona. No por tus habilidades, por tu esfuerzo o por tus calificaciones. Te elogian y te reconocen simplemente por ser tú. Y lo que te intento decir es que puedes acceder a este mismo poder cuando te chocas la mano en el espejo. Y aquí va otra cosa a tener en cuenta: no tienes que decir nada. Chocar la mano ya basta para comunicar la celebración y la creencia.

Repetir mantras y formaciones como «Me quiero» puede tener fuerza pero los estudios demuestran que a menos que te creas el mantra que dices, tu mente encontrará motivos para rechazarlo (en el capítulo 7 aprenderás a crear «mantras significativos», es decir, afirmaciones positivas que tu mente acepta). Por eso también es tan increíble lo de chocar la mano. Tu mente no lo rechaza porque siempre ha asociado chocar la mano con creer en la persona con la que chocas la mano. Además, chocar la mano no es un elogio verbal pasivo. Cuando te chocas la mano a ti mismo le demuestras al cerebro que «soy el tipo de persona que se anima a sí misma». Es una acción psicológica en la que te unes contigo, te reconoces y confías en ti.

Esto es lo que descubrió Brigid cuando empezó a practicar este hábito a diario: «Una cosa es decirte palabras positivas, ¡pero otra distinta es poner en acción esa sensación! Le da más significado, refuerza la acción para ayudarte a creer en ti y en lo que vales. Ya lo dicen, ¡las acciones hablan más que las palabras!».

Chocar la mano, confianza y cómo crear campeones.

Chocar los cinco también te ayuda a generar confianza en ti y en tu habilidad de ganar en la vida. Un grupo de investigadores de la Universidad de UC Berkeley estudió los gestos de triunfo de los jugadores de la NBA. Al principio de la temporada, registraron la frecuencia con la que los jugadores se chocaban la mano y manifestaban otras señales de ánimos, como chocar los puños. Utilizando la cantidad de choques de manos durante un partido al principio de la temporada, los investigadores predijeron qué equipos acabarían con unos mejores resultados al final de la temporada.

Los mejores equipos de la NBA, los que llegaron a las finales, fueron los que chocaron más la mano al principio de la temporada. ¿Por qué los choques de manos nos ayudan tanto a pronosticar resultados positivos? Todo se reduce a la confianza. Los equipos que se chocaban las manos constantemente se animaban los unos a los otros. El toque físico dice: «Tienes mi apoyo. Vamos, nosotros podemos». Te ayuda a dejar de pensar en una mala jugada. Te sube los ánimos. Te transmite seguridad. Y te recuerda que aún puedes ganar.

Los equipos que más chocaron la mano creían los unos en los otros y en su capacidad de ganar como equipo. Jugaron confiando entre ellos. El poder no verbal que compartían les ayudó a ser imparables. Por el contrario, los peores equipos de la NBA a penas se tocaron. Tenían un lenguaje corporal terrible. No se chocaban la mano. *Niente*. Y esto se notó en la cancha: no paraban de hacer jugadas egoístas e ineficientes, lo cual quedaba plasmado en sus resultados.

Por mucho que un equipo tenga buenos jugadores, con esto no basta. Imagina que te chocaran la mano en cada entreno, durante toda la temporada y hasta ganar el campeonato. Esta cultura basada en celebrar y animar te sube los ánimos y hace que lo des todo desinteresadamente. Esta es la sensación que necesitamos todos. Y puedes generar esta colaboración y este impulso contigo mismo.

Alcanzar en equipo los objetivos de negocio.

Chocar los cinco no se limita al campo del deporte. En el trabajo también necesitamos que nos vean, que nos apoyen y que nos feliciten. Echemos un vistazo a un estudio de Google. Llevaron a cabo un estudio durante tres años llamado «Proyecto Aristóteles», con el objetivo de determinar qué es lo que hace que un equipo sea bueno. Descubrieron lo mismo: los equipos con un mayor rendimiento en el trabajo y en la vida son aquellos cuyos miembros se sienten reconocidos, escuchados y pueden confiar en sus compañeros. Equipos que poseen lo que se denomina «seguridad psicológica». Sentir que otras personas te apoyan y te animan hace que seas más resiliente y optimista. Crea un ambiente de confianza y respeto.

Y para ir aún más allá, los estudios también demuestran que lo que marca la mayor diferencia entre que disfrutes o no tu trabajo y que te parezca que el trabajo que haces vale la pena no es la calidad de lo que produces o la cantidad de días de vacaciones que tengas, o ni siquiera el sueldo que recibas. La clave de tu felicidad en el trabajo se basa en que le importes o no a tu jefe. Un jefe que te choca la mano te apoya y es alguien en quien puedes confiar y que a la vez confía en ti. Cuando llegas al trabajo, quieres sentir que importas. Que te ven y te valoran.

Chocarte los cinco en el espejo te transmite justo esto, ¡pero a ti! Si un buen día en el trabajo consiste en que te valoren, ¿no tendría sentido empezar cada día valorándote a ti mismo?

¿Crees que ya te convencí? Lee esto:

Bien, todas estas investigaciones explican por qué nos motiva tanto y nos da tantas fuerzas que nos choquen la mano, pero yo no me quedé solo con esto. No te pediría que te chocaras la mano cada mañana en el espejo en ropa interior ni te diría que te cambiará la vida a menos de que realmente tuviera la certeza de que es así. Quería entender cómo puede ser que un choque de manos nos cambie el cerebro a nivel estructural, porque esto es lo que me estaba pasando a mí. En cuestión de días, mi mente ya no se centraba en mis «defectos». Me veía a mí. Dejé de criticarme.

Para encontrar respuestas empecé con un conjunto de investigaciones bajo la etiqueta de «neuróbica». Este concepto lo descubrió el doctor. Lawrence Katz, un neurobiólogo e investigador de la Universidad de Duke. Las intervenciones neuróbicas son una de las vías más fáciles y potentes de crear nuevas conexiones neuronales. En un ejercicio neuróbico se vincula una actividad rutinaria (por ejemplo, mirarte al espejo) con dos cosas: 1) algo inesperado que implique tus sentidos (como chocarte la mano en el espejo), y 2) una emoción que te gustaría sentir (como que te feliciten).

Los ejercicios neuróbicos hacen que tu cerebro preste atención al momento. La acción crea una especie de «fertilizante cerebral» que consigue que el cerebro aprenda nuevos hábitos más rápidamente. Este estado de agudeza crea nuevas conexiones nerviosas en el cerebro que conectan la acción (lo cual solía ser una rutina, como chocar la mano con otras personas, pero si se hace de una forma inesperada, chocándote la mano a ti mismo, te pone el cerebro en modo de alerta) con la emoción que te gustaría sentir.

Por ejemplo, se ha demostrado que cepillarte los dientes con la mano que no es dominante para ti a la vez que te repites un pensamiento, provoca que el cerebro preste más atención al mensaje. Utilizar la mano no dominante hace que el cerebro se concentre, así que presta especial atención a todo lo que está pasando, incluido lo que estés diciendo mientras te cepillas los dientes. Este esfuerzo hace que recuerdes con exactitud las palabras y los sentimientos que te provoca, porque las has asociado con un nuevo hábito físico (cepillarte los dientes con la mano contraria).

Chocar los cinco funciona de una manera parecida: cuando te chocas la mano en el espejo (algo que no sueles hacer) tu cerebro presta atención. Gracias a haber pasado décadas asociando cosas positivas con un choque de manos, el cerebro empieza a vincular esa asociación positiva con tu imagen. A nuestro cerebro le gusta confiar en atajos como este, y por eso el hábito de chocar los cinco es la manera más rápida y fácil de sobrescribir el patrón de mirarte y sentir duda, odio y sustituirlo por sentimientos de amor propio y autoaceptación.

MIT, Choque de manos y dislexia.

No tardé en darme cuenta de que el poder de la neuróbica ya estaba surtiendo efecto en nuestro hijo. Tuvimos la suerte de descubrir suficientemente pronto, en cuarto de primaria, que Oakley tenía dislexia y disgrafía, diferencias de aprendizaje basadas en la lengua. Así que lo inscribimos en una escuela especializada en aprendizaje basado en la lengua, llamada Carroll School. Una vez estuve en una sesión de tutoría en la que la profesora me explicó que la escuela formaba parte de un programa de investigación del laboratorio de neurociencia del MIT. Las intervenciones que llevaban a cabo con alumnos disléxicos estaban diseñadas para estimular el desarrollo de nuevas conexiones neuronales.

Una parte del problema de ser disléxico es que muchas conexiones que deberían conectar una parte del cerebro con la otra aún no están formadas. Así es, solo hay materia gris. Esa escuela utilizaba intervenciones neuróbicas para estimular nuevas conexiones neuronales y la flexibilidad mental. Yo lo comparo con pasarle corriente a un coche. La batería está dentro del cerebro, solo necesita una pequeña chispa neuróbica para ponerse en marcha.

En la escuela había un tablero enorme cubierto de lucecitas y tenía una línea trazada en el centro, de arriba abajo. Cuando se encendía una de las lucecitas, Oakley tenía que tocarla. Pero aquí está la trampa: tenía que utilizar la mano izquierda para tocar las luces de la derecha y tenía que utilizar la mano derecha para tocar las de la izquierda. Combinar el pensamiento «toca la luz del lado derecho», con la acción física de mover el brazo opuesto, forja destreza mental. Eso le cambiaba literalmente la estructura del cerebro, creando nuevas conexiones neuronales como si una barredora despejara la carretera.

El hábito de chocar los cinco es parecido. Tal y como acabas de aprender, cuando combinas el movimiento del brazo de una forma poco habitual (chocarte la mano en el espejo), haces algo diferente que requiere que el cerebro preste más atención. Además, llevas toda la vida asociando cosas positivas con dar y recibir choques de manos. Tu subconsciente está programado para asociar sensaciones de felicitación, creencia y posibilidad con un choque de manos. Así que cuando le levantas la mano a tu propio reflejo, tu subconsciente dice: «Me merezco que me feliciten, que crean en mí y puedo hacer cualquier cosa».

Cuanto más repitas el comportamiento, más asociará tu cerebro la confianza y las felicitaciones a tu propio reflejo. Va girando paulatinamente la opinión que tienes de ti mismo y pasa de ser negativa a ser positiva. A la vez, reprogramas tu subconsciente para dejar de criticar tu reflejo y empezar a darle amor.

Tenemos que hablar de lo que te dices a ti mismo.

Llegados a este punto, ya estaba convencida de que chocarme la mano en el espejo me creaba nuevas conexiones neuronales y me ayudaba a fortalecer mi autoestima, la confianza que tenía en mí y lo que sentía que valía, pero aun así quería asegurarme de ello. Así que me puse en contacto con una de las científicas más prominentes del mundo en el ámbito del funcionamiento cerebral en la adquisición de nueva información y nuevos hábitos, la neurocientífica doctora Judy Willis. Le conté que el hábito de chocarme la mano había sido un punto de inflexión en mi vida y que le estaba funcionando a cientos de personas con las que había hablado.

Me explicó que el cerebro se puede modificar (y aprenderás más sobre sus conocimientos revolucionarios a lo largo de este libro, qué ganas de que llegues al capítulo 13 y leas sobre el impacto del sistema nervioso en el funcionamiento cognitivo y cómo sacarle provecho al nervio vago). Me dio la razón afirmando que con esta simple práctica había creado un comportamiento automatizado nuevo y más positivo, una creencia y nuevas conexiones neuronales. Si yo puedo hacerlo, tú también.

La validación del hábito de chocarte la mano es fundamental porque, tal y como aprenderás del capítulo 4 al capítulo 6, pienses lo que pienses, si lo piensas una y otra vez, se convierte en tu creencia subconsciente por defecto. Durante años, seguramente tu pensamiento por defecto ha sido algo horrible como «No soy suficientemente bueno, no me sale nada bien, siempre la cago, no sé ni por qué lo intento, buah qué feo». El mío (pronto lo descubrirás) es que todo es mi culpa y que siempre hay alguien enojado conmigo. Aprenderás a utilizar el hábito de chocártela para reprogramar esta creencia por defecto. Porque, por encima de todo, tienes que aprender a ser amable contigo.

Sé amable. Sé amable. Sé amable.

Aquí te dejo una última píldora informativa: cuando se estudian todos los elementos que podríamos cambiar en la vida para que tengan un impacto significativo en nuestra calidad de vida, el cambio más importante de todos es hacernos el hábito de ser amables con nosotros mismos.

Un equipo de investigadores de la Universidad de Hertfordshire en el Reino Unido llevó a cabo un estudio acerca de los elementos que generan felicidad y satisfacción. Observaron un amplio abanico de comportamientos y hábitos que se podían desempeñar para mejorar la vida, desde hacer ejercicio hasta probar cosas nuevas, cuidar las relaciones, ser amable con los demás, hacer cosas que aporten un propósito o avanzar hacia los objetivos propuestos; un montón de cosas.

El estudio concluyó que el mejor presagio de lo feliz y satisfecho que podías estar era la autoaceptación. Es decir, lo amable que eres contigo y en qué medida te animas tiene un impacto directo y proporcional en tu felicidad. Ser amable contigo tiene el poder de cambiarte la vida por completo y, sin embargo, la autoaceptación es lo que practicamos con menor frecuencia. Nos bebemos un licuado de kale, vamos al gimnasio, nos levantamos temprano, reducimos la ingesta de gluten y meditamos y nos martirizamos todo el tiempo porque aún no estamos haciendo lo suficiente o no lo estamos haciendo bien... por eso es tan importante que seamos amables con nosotros.

¿Y por qué no lo haces?

A nadie le han enseñado cómo se hace. Es así de sencillo. Todos hemos crecido con madres que se critican en el espejo y que se sienten culpables por tomarse tiempo para ellas y padres que no expresan sus emociones y miden lo que valen según lo que ganan o cómo alcanzan el éxito fuera de casa. Nuestros padres eran duros con ellos mismos, así que, luego, fueron duros con nosotros.

El amor estricto era el estilo de crianza del momento. «Te aguantas, levanta la cara y sécate las lágrimas.» «Mi padre también me pegaba y salí adelante.» Sinceramente, este último me molesta bastante. La peor excusa del mundo como padre o madre es «a mí me lo hicieron así y estoy bien». Para mí no tiene nada de sentido. Si de niño sufriste, deberías hacer todo cuanto esté en tus manos para que no les pase a tus hijos. Pero esto no es lo que pasa. Tus padres repitieron el patrón de lo que les hicieron a ellos y por eso ahora tú repites lo que te hicieron a ti.

Por eso eres tan duro contigo. De niño, tu cerebro absorbía todo lo que te rodeaba. Esto explica tu impulso inconsciente de repetir algunas de las dinámicas que aprendiste de pequeño.

Por suerte los patrones se pueden romper.

Ha llegado el momento de romper este ciclo generacional. Ser duro contigo no solo te hace sentir fatal sino que además los estudios demuestran que cuando eres estricto contigo consigues el impacto opuesto de lo que quieres conseguir. No motiva y no te anima a alcanzar lo que quieres conseguir. Simplemente te bloquea. Hace que te sientas derrotado y desanimado. Por eso estás atascado. Para crear una vida de felicidad y plenitud tienes que ser más amable contigo y para hacerlo, empieza implementando acciones de amabilidad cada día.

La respuesta no son los pensamientos positivos.

Si solo con tener pensamientos positivos cambiáramos nuestras vidas, ya lo habrías hecho. Antes de que sigamos adelante quiero decir algo fuerte y claro. El hábito de chocarte la mano no consiste en elogios falsos o en forzar pensamientos positivos. Este libro pretende cambiar tu programación por defecto, la que te tiene atrapado en una relación destructiva contigo mismo, en la que no te das apoyo.

No puedes obtener una nueva vida solo pensando. Ni tampoco puedes obtenerla deseándolo. Tendrás que poner en práctica algunos hábitos nuevos. Si quieres que tu vida sea distinta, tienes que empezar a actuar de forma distinta y tomar decisiones distintas. Aunque tener pensamientos positivos te puede mejorar el ánimo, conozco a muchas personas que siguen atascadas por mucho que intenten inculcar la positividad en sus vidas.

Esto se debe a que los obstáculos a los que nos enfrentamos son reales y algunos de ellos son extremos.

No puedes observar una situación terrible y decirte que es genial. Esto es «positividad tóxica» y no la vas a encontrar en este libro. No puedes disfrazar los problemas serios, los traumas infantiles, las desigualdades sistemáticas, la adicción, el racismo, la discriminación, el dolor crónico, el abuso ni el resto de experiencias enormemente difíciles a las que se enfrenta la gente a lo largo de su vida. Yo he pasado años trabajando de abogada defensora en la Legal Aid Society («Sociedad de Ayuda Legal») y he visto de primera mano cómo la pobreza y la discriminación sistemática obligan a la gente a salirse del camino que tenían planeado.

La vida puede ser cruel e injusta. Tanto si tus problemas son simplemente molestos como si son de los que te destrozan el alma, son reales y te están ralentizando. Solo tú sabes lo que es estar en tu piel. Por eso tienes que practicar lo de ser amable contigo y darte todo el amor, apoyo y las felicitaciones que necesites. Tú tienes el poder de cambiar tu vida. No puedes cambiar lo que ha pasado, pero puedes decidir lo que pasa a continuación. Aquí es donde yace tu verdadero poder.

No importa lo atroz que haya sido tu pasado, aún puedes crear un futuro completamente nuevo. No importa que tus hábitos sean autodestructivos o que tus errores hayan sido desastrosos. Puedes cambiar lo que pasará a continuación. Ten presente que no importa lo profundo que sea el pozo de remordimiento en el que te encuentres, puedes salir de allí y volver a empezar.

Chocarte la mano no cambiará nada de lo que ha pasado o de los retos a los que te estás enfrentando ahora mismo. Te cambia a ti. Hace que estés mejor preparado para afrontarte a las circunstancias de la vida, tanto si te despiertas en una casa de refugiados, como si es el primer día después de una ruptura o el día después de que te hayan corrido del trabajo o que sea el día en el que te hacen la quinta ronda de quimioterapia, como a Jenn:

Jenn Reasinger
No es un espejo, pero me la choco por mi quinta tanda de quimio. ¡Una tanda más y listos!

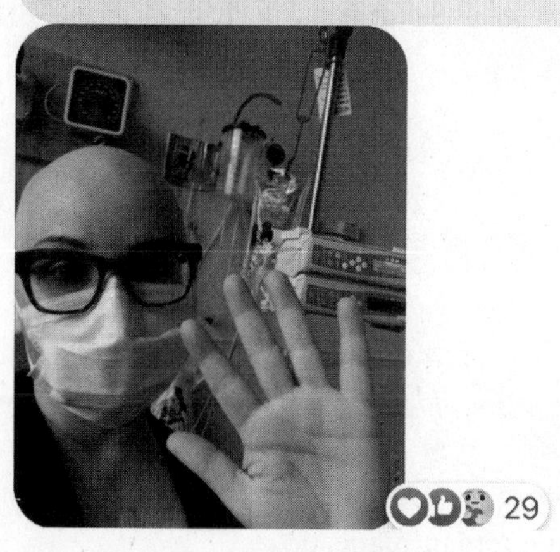

Jenn dijo «Mantener una actitud mental adecuada supone un 99 % de la batalla para combatir el cáncer y superar la quimio. A mí siempre me preocupa todo el mundo y quiero que los que me rodean estén bien y quiero animarlos y a menudo me olvido de animarme a mí. Por eso me encanta mirarme al espejo y chocarme la mano en plan, "Tú puedes". Esta tanda de quimio que me estoy haciendo me está agotando un poco. Por eso voy yo y me choco la mano para animarme. Para ser mi propia animadora. Así es como tomo las riendas de la situación y cómo me convierto en la luz positiva que me ayuda a avanzar en la vida».

¿Aún no estás convencido? Hazlo de todas formas.

Llegados a este punto, estoy siendo muy repetitiva, pero deja que vuelva al espejo. Convertir en un hábito la acción de verte cada mañana en el espejo y chocarte la mano a modo de felicitación es el primer paso para construir una nueva relación contigo. Es la relación más importante que tienes. Es la que moldea cualquier otra relación así como las decisiones que tomas. Cuando sustituyes las dudas sobre ti y la autocrítica que te hunde, por autoaceptación y un amor propio que te suba el ánimo, te cambia la vida.

Qué, ¿lo convertimos en un hábito?

CAPÍTULO TRES

TENGO ALGUNAS PREGUNTAS...

P: ¿Cómo empiezo a hacerlo?

Es muy sencillo.

Cada mañana, antes ni siquiera de mirar el celular o de asimilar el mundo, tómate un momento para estar con tu reflejo. Tan pronto salgas del baño, dedicarás casi cada momento a los demás. Te distraerá el celular, lo que pase en el trabajo o lo que necesiten tus hijos. Este es un momento que te dedicas a ti cada mañana. Tiene dos pasos sencillos pero poderosos:

1. Plántate delante del espejo y simplemente quédate contigo un momento.

No te fijes en tu apariencia. Ve más allá. Ve a la persona que hay dentro del cuerpo. El espíritu debajo de la piel y el alma detrás del rostro.

2. Cuando te sientas preparado, chócate la mano en el espejo.

Fíjate en cómo se acalla tu mente. Puede que sientas una ola de energía. Puede que tengas una sensación de confort: «Todo irá bien». Puede que pienses: «Yo puedo». Es un momento poderoso. Sin decir ni pío te estás diciendo «Te quiero. Te veo. Creo en ti. Vamos». No tengas prisa. Disfrútalo. Este momento es para ti.

P: ¿Por qué debo hacerlo por la mañana al despertarme?

Hay dos motivos por los que deberías hacerlo justo al levantarte:

1. Tendrá un impacto en tu productividad y en tu actitud de todo el día.

Cuando te chocas la mano en el espejo a primera hora de la mañana, estableces un tono positivo para ese día, y los estudios demuestran que tu estado de ánimo por la mañana tiene un impacto en la productividad durante el resto del día. Puede que el cambio te sorprenda. Caroline me comentó que quedó fascinada por lo «extrañamente motivada» que estaba todo el día después de chocarse la mano.

O, como Gloria, puede que sientas que chocarte la mano te genera una energía contagiosa que te persigue todo el día. Ella escribió: «Cuando iba a la preparatoria era porrista, así que entoné un canto y me caí al suelo, muriéndome de risa como si estuviera loca de atar. ¡Soy una jovenzuela de setenta y seis años! ¡ME SIENTO BIEN!».

Niki también lo sintió: «Pasé por delante del espejo ¡y me choqué la mano! Me sentí un poco tonta pero luego me eché a reír a carcajadas. Me dije: "¡Tú puedes!". Y empecé el día. Qué sensación, me siento imparable. ¡¡¡Allí voooooy!!! Y ahora estoy en el plan "¿Quién se apunta?"».

Si empiezas el día de forma positiva será más probable que pases a la acción. Las acciones crean resultados porque te generan impulso en la vida y porque modifican la visión que tienes de las posibilidades que te rodean. En definitiva, ese choque de manos te carga el día a tope de energía.

2. Te enseña a priorizar tus necesidades desde el momento en el que te levantas.

Me encanta esto que me dijo Nina: «¿Cómo es posible que sea capaz de animar a los demás todo el día y que no tenga tiempo de animarme a mí? De hecho, acabo de decirle esto a una amiga: "¡¡¡Vales mucho como persona!!! Eres preciosa, única y creativa: ¡aprende a quererte y aceptarte!". Y... crees que... justo eso es lo que yo, yo, yo necesito oír. Esto me hizo ver que priorizo a los demás por encima de mí».

En vez de levantarte y entrar en las redes sociales o leer correos o cuidar a otra persona, tómate un momento para darte ese amor, apoyo y atención a ti. Tal y como dijo Nina: «Ha llegado el momento de mirarme al espejo y darme esa plática motivacional y chocarme la mano por ser tan genial».

P: ¿Tengo que tocar el espejo? ¡No quiero mancharlo!

Lo puedes hacer como tú quieras. Toca el espejo si quieres, y si no, no. Chócate la mano por encima del hombro o por debajo. Abre la mano o mantén los dedos juntos. No importa cómo lo hagas. Simplemente hazlo.

P: ¿Por qué chocarte la mano en el baño?

El baño es uno de los pocos sitios en los que es más probable que estés solo, cara a cara contigo. Si estás en el gimnasio, en el trabajo o en el colegio, lo más probable es que te sientas cohibido y no te atrevas a probarlo. Además, la rutina de plantarte cada mañana delante del espejo ya la tienes adquirida, así que solo tienes que añadirle un choque de manos a esa rutina. Los estudios demuestran que cuando «sumas» o asocias un nuevo hábito (chocarla) con un hábito antiguo (cepillarte los dientes), será más probable que lo cumplas.

Hay un truco de consciencia plena que me encanta que consiste en estar mentalmente «donde estén mis pies». Cuando te estés recogiendo el pelo, afeitándote o maquillándote, no pongas el piloto automático. Tómate un momento para parar y estar contigo. Mirarte intencionadamente en el espejo del baño es significativo. Puede ser un momento íntimo de autorreconocimiento, agradecimiento... incluso de amor. Puede que sea la única oportunidad que tengas en todo el día de valorar tu fortaleza, tu belleza y lo genial que eres. Pero en contadas ocasiones llegamos a experimentarlo. Hasta ahora.

P: ¿Tiene que ser en el espejo, o puedo simplemente chocarme una mano con la otra?

Eso no es chocarla. Eso es una palmada cualquiera.

¡Necesitas un espejo! Los estudios científicos nos explican por qué: estás fusionando la asociación positiva que tu cerebro vincula con un choque de manos (¡Creo en ti!) con tu reflejo. Este hábito es el inicio de una nueva y preciosa unión contigo. Has perdido una parte de ti en el ajetreo de la vida. Yo te aseguro que sí la he perdido. Este choque de manos de buena mañana es la manera más rápida de reconectar más contigo, con tus necesidades, tus objetivos, tus sueños y las fuerzas de gran magnitud que te rodean.

P: ¿Por qué se llama el hábito de chocar los cinco?

Lo llamo hábito y no «El choque de manos matutino» porque un hábito se tiene que repetir para que se convierta en un acto reflejo. Todos cometemos el error de esperar a sentirnos motivados para cambiar o de esperar a sentir que merecemos que nos quieran y nos feliciten. Cambiemos las cosas convirtiéndolo en un hábito.

Hábito no es más que una palabra bonita para decir «patrón». Los hábitos son fáciles de aprender cuando los conviertes en pequeñas cosas sencillas que practicas cada día. Chocarte la mano te hará sentir tan bien que te resultará un hábito fácil de recordar y repetir.

De hecho, se convertirá pronto en un acto reflejo, tal y como le pasó a Dominique, que dijo: «Me desperté a medianoche para dejar salir a mi perro. Pasé por delante de un espejo, me detuve y me choqué la mano. Luego volví a la cama. El hábito de chocármela se ha convertido en una parte integral de mi vida, ¡incluso medio dormido!». Y cuantas más veces te choques la mano, más te encantará el hábito en sí, lo cual significa que ¡te encantará el proceso de aprender a volver a quererte!

P: ¿Le funciona a todo el mundo?

Por supuesto.

Pero tienes que hacerlo. No funcionará si lo haces dos días y luego le dices a todo el mundo que es una tontería. Todos los hábitos necesitan repetición (fíjate en la plática que te mencioné antes). Los hábitos pueden ser difíciles al principio porque aún no estás acostumbrado a hacerlos. Tendrás ganas de dejarlo antes de que se convierta en algo duradero. El cambio es sencillo pero no siempre es fácil y lo consigues si te fuerzas a practicarlo cada mañana en el espejo.

Lisa y su hija notaron que les funcionó desde el principio: «Hoy lo empecé con mi hija de nueve años. Me dijo que se sintió muy bien. Tenía una sonrisa de oreja a oreja. Me encanta la positividad que emana de una acción tan sencilla». Repítelo una y otra vez y así generarás la confianza necesaria para crear una vida más positiva.

P: ¿Por qué no chocarla con otra persona?

Esto ya lo haces.

Pasas demasiado tiempo observando a todo el mundo y todas las cosas, captando lo que quieren, lo que necesitan y lo que esperan. Por eso eres el último de la lista. Y por eso también gestionas minuciosamente tu apariencia, tus expresiones faciales y tus reacciones para que te observen aquellos que te rodean. Piensas que tu valor y tu amor propio se reflejan en cómo te perciben los demás. Si les gustas o si piensan que eres inteligente, que vales la pena o que eres suficientemente bueno, solo entonces te sentirás inteligente, sentirás que vales la pena y que eres suficientemente bueno.

Cuando para ti lo que vales depende de la aprobación de los demás estás mirando en el espejo equivocado. Un millón de «me gusta» en las redes sociales no significan nada si no te gustas a ti. Tienes que invertir el foco de la validación externa (Me gustas. Seguidores. Visualizaciones. Elogios) hacia la validación que te das a ti mismo, por el simple hecho de estar vivo, aquí y listo para comerte el mundo.

P: Me sorprende lo profundo que me llegó. ¿Es normal?

Sí. Es muy muy normal. De hecho, muchas de las personas que lo prueban se sorprenden de las emociones que les provoca. Puede que te sientas identificado con algunas de estas historias:

Alyssa me dijo: «Ayer me choqué la mano en el espejo. No me esperaba que pasara nada pero, de repente, me eché a llorar de la nada. Mi alma llevaba una eternidad esperándolo. #lonecesitaba».

Wendy compartió que, después de empezar con este hábito, al principio se sintió agotada. Esa noche se acostó temprano y estaba superada por las emociones. Pero a la mañana siguiente se despertó con un montón de energía y de repente logró acabar un montón de cosas que había estado posponiendo. Dijo: «Creo que a lo mejor me libré de algunos obstáculos». Si esto te pasa a ti también, es normal.

A veces la liberación emocional que se siente puede ser muy positiva. Michael dijo: «Me choqué la mano en el espejo y me sentí genial... ¡me hizo sonrojar!». Y Jeannette me dijo que no pudo evitar dar un salto después de chocarse la mano. Sea cual sea tu reacción, permítete experimentarla.

P: ¿Por qué funciona algo tan sencillo?

El poder y la genialidad de este hábito se deben precisamente al hecho de que sea tan sencillo.

Sería fácil pensar que esto es la tontería más grande que has oído en tu vida. Pero justo por eso funciona: las herramientas solo funcionan cuando las utilizas. Si es algo sencillo, lo harás. Los cambios de comportamiento solo se dan cuando repites el comportamiento. Los estudios demuestran que, para generar un nuevo hábito, tiene que ser algo que podamos integrar fácilmente en nuestra rutina. Como es sencillo y te hace sentir bien, al hacerlo cada día te demostrarás que puedes mantener un reto, lo cual hará que tengas más confianza en ti.

P: ¿Por qué debería fiarme de ti?

No tienes por qué hacerlo. Te estoy enseñando a confiar en ti. No quiero que me mires a mí. Quiero que mires a la persona que está en el espejo.

P: ¿Mis problemas son serios, Mel. ¿Cómo puede ayudarme esto a atravesar esta situación tan difícil?

Tal y como lo dijo a Jenn en el último capítulo, chocarse la mano no le curará el cáncer. Pero le ayuda a sentirse animada, apoyada y se felicita por lo fuerte que es ante la quimioterapia. Esto se puede aplicar a cualquier dificultad a la que te estés enfrentando: tienes que chocarte la mano y sobrellevarla.

Lauryn escribió: «Soy madre soltera. El año pasado una de mis mejores amigas se suicidó y yo salí de una relación que no era buena para mí. Me embargó la tristeza, y la sensación de estar fracasada y no ser lo suficiente. Ahora, cada vez que me veo en un espejo me choco la mano. Lo hago para recordarme que estoy viva y que me merezco perseguir mis sueños... en gran parte para inspirar a mis hijas a que vivan felices, siendo ellas mismas, y que sepan que son suficiente buenas sin importar lo que les depare la vida».

O tal vez estés lidiando con algo en el trabajo. Kendra dijo: «Mi empresa no tiene beneficios pero yo sigo chocándome la mano a diario para seguir motivada». Y Breanne escribió: «Hoy acabé un proyecto en el que llevaba un mes trabajando y que me hizo sudar mucho. Cuando miré mi producto final ¡me quedé maravillada y orgullosa de mi trabajo! Entregué el proyecto con la cabeza bien alta y una sonrisa en el rostro. ¿Cuál fue el comentario que recibí? “No está mal, es un buen inicio”. Normalmente habría pasado el resto del día flagelándome, dudando de mí misma, dándole demasiadas vueltas al tema y deprimida. Pero esta vez no. Algo en mi interior me forzó a ir al espejo, chocarme la mano y ahora estoy dándome una recompensa por el trabajo duro, regalándome tiempo para mí».

Igual que esos niños que se chocaban la mano en ese estudio, ante el fracaso y los desafíos, ¡esos ánimos y esa complicidad contigo es justo lo que necesitas! Chocarte la mano te recuerda que puedes afrontar lo que sea por lo que estés pasando. Y te recuerda que tienes la resiliencia, el aguante, la fuerza y la valentía para enfrentarte a este momento que te ha planteado la vida y superarlo. Ese choque de manos te da un reconocimiento por lo mucho que te estás esforzando. Igual que te apoyaría un compañero de equipo en el mayor partido de tu vida, tú puedes apoyarte a ti mismo con un choque de manos diario que te diga: «Tú puedes con esto. Sabes que puedes».

P: ¿Y si no me dan ganas ?

Hazlo de todas formas. Parte del motivo por el cual no tienes lo que quieres en tu vida es porque cuando no te dan ganas de hacerlo, no lo haces. Tu vida se vuelve mucho más fácil cuando constantemente haces cosas que te cuestan. Supera la resignación y hazlo.

Quiero que leas lo que dijo Paula después de empezar a chocarse la mano. Su reflexión es desgarradora, y también creo que es un motivo muy común por el que la gente no lo lleva a la práctica, y por eso quería compartirlo contigo:

«Me cuesta animarme porque me molestan las personas que tienen la osadía de quererse. Sé que parece una locura pero pienso: "¿Gustaré a la gente si me gusto a mí? ¿Acaso las mujeres que pregonan sus logros no son unas malvadas?". No soporto a las mujeres que comparten sus logros constantemente pero a la vez también son aquellas personas a las que admiro. Las innovadoras, las que hacen ejercicio, las viajeras.

»Yo no me siento capaz, no porque mis sueños sean extravagantes sino porque tengo la sensación de que hay muchas otras personas que se lo merecen más que yo, en gran parte porque se animan mucho a ellas mismas. Con lo que me resulta mucho más fácil aplaudir a las personas que van por delante de mí que animarme a mí misma. Es más fácil quedarme en la sombra que ir por el oro y fracasar. Esto me daría más pruebas de que no soy lo suficiente y de eso ya tengo pruebas de sobra».

Cuando leo esta cita puedo sentir el dolor de Paula y también puedo palpar su mayor deseo. Quiere ser vista y felicitada y quiere sentir que vale la pena. En estos momentos la persiguen sus sueños. Anhela vivir una vida de *¡chócalas!* Quiere ir «por el oro». Cuando lees algo así te das cuenta de que tus propios pensamientos pueden hacer que te quedes atascado en un lugar deprimente. Y cuando no te puedes dar lo que deseas, te molestan aquellas personas que sí pueden. El choque de manos es el primer paso para cambiarlo. Si tienes el hábito de contenerte, rómpelo y aprende a animarte para seguir adelante.

P: ¿Chocar los cinco no es exclusivo para celebrar cosas?

Por supuesto que no. Animarte en cada paso del camino es la fórmula secreta para ganar en la vida. Una de las partes más gratificantes de correr una carrera es que la gente se coloca a lado y lado de la carretera y te anima a cada paso del camino. Aprender a hacerlo por ti, tanto si llegas a la meta como si no, te generará más confianza en ti mismo y más rápidamente que cualquier medalla o cualquier logro.

P: ¿Y si me siento como un fracaso andante, ahora mismo?

Si estás deprimido y tu autoestima está por los suelos, haz el favor de chocarte la mano ya. Lo necesitas. Te lo mereces.

Desde el inicio, tu vida ha sido una carrera de obstáculos y círculos de fuego. Respondes mal una pregunta y todo el mundo se ríe. Dices lo que piensas durante la cena y te mandan a tu habitación. Intentas entrar en el equipo de futbol y no te escogen. Piensas que fulanito es tu amigo y luego te deja plantado. Pides un ascenso y no te lo dan. Confías en alguien y te lastima. Te presentas para un cargo y pierdes. Te enamoras y te rompen el corazón. Empiezas un negocio y se va a la quiebra. Alcanzas un sueño y te vuelves a sentir perdido. Y la lista sigue.

Todo esto lo percibes como si fueran fracasos, pero no lo son. Son lecciones de vida. Igual que el acero, la confianza, la resiliencia y la sabiduría se forjan con fuego. La vida nos enseña cosas constantemente si estamos dispuestos a aprender. ¿Por qué no darnos recompensas no solo cuando ganamos sino también cuando fracasamos estrepitosamente? Hasta hace poco lo tenía entendido a la inversa. Solo era ese tipo de persona que no se daba ninguna recompensa hasta que alcanzaba mi objetivo y era muy estricta conmigo a cada paso del camino.

Lo que he aprendido es que los fracasos nos llevan casi siempre a vivir cosas fantásticas. El hábito de chocar los cinco te ayudará a levantarte cuando sientas que la vida te está agotando. Y tienes que hacerlo, porque tienes la fortaleza necesaria en tu interior (y la necesitarás) para volver a ponerte de pie en el momento adecuado.

P: Bien, estoy listo para empezar. ¿Cuál es la mejor manera de empezar y acordarme de hacerlo?

Me alegro de que lo preguntes porque tengo la solución para ayudarte a empezar.

El reto de chocar los cinco:

Despiértate cinco días seguidos y empieza el día chocándote la mano en el espejo. Y ya está. Y si quieres una dosis extra de amor y apoyo durante el reto de cinco días, aquí me tienes. Puedes unirte conmigo gratuitamente y haremos el reto juntos en <High5Challenge.com>.

Durante cinco días formarás parte de una comunidad online de personas de todo el mundo que están haciendo juntas el reto de chocarse la mano. Cada mañana te mandaré un enlace por correo electrónico de un video motivacional que te animará y te sumergirá aún más en las investigaciones y los cambios que experimentarás. Podrás llevar un registro de tu progreso y podrás conectar con otras personas que estén haciendo el reto contigo y podrás animarlas. Y lo más genial de todo, esas personas también te animarán a ti para que sigas avanzando.

Así que aunque puede que te sientas solo cuando te choques la mano en el baño, cuando te unas a nosotros en la comunidad online de <High5Challenge.com> no te sentirás solo, porque no lo estás. ¿Y quieres saber lo mejor? Es gratis, sin compromiso. Solo tú, yo, un montón de personas muy positivas de todo el mundo, y el espejo de tu baño.

Los estudios demuestran que es muchísimo más fácil cambiar cuando sientes que otras personas te apoyan y te animan. Y es que no estás solo. Hay personas en todo el mundo que se despiertan cada día y hacen esto contigo.

Cinco días para cambiarte el cerebro.

I AM SMART
I AM KIND
I AM BRAVE
I AM BEAUTIFUL
TODAY IS GOING TO BE A GREAT DAY!

TAUGHT LUCIE THIS MORNING THAT EVERYTIME SHE LOOKS IN THE MIRROR TO HIGH FIVE HERSELF

Taking my daily progress photo for 75 hard and of course I have to give myself a high-five in the mirror!
Killing it!!! You're going to crush 75 Hard

ariteminue
LOVE THIS
Day 5
#highfivechallenge
For no other reason than sticking to the challenge.
Do try it for yourself. You'll be surprised by the pep it puts into your step.
@melrobbins

jenquay528

My first... HIGH FIVE
@MELROBBINS
First daily step to rewire my brain
Thanks MEL

DON'T LOOK IN THE MIRROR WITH GIVING YOURSELF A HIGH 5

HIGH FIVE TO MYSELF

Don't forget to high five yourself today...
Saturday

Way to get those dishes done, girl!
#highfive

jennyjinggg
GREAT MORNING! ALWAYS START OUT THE DAY WITH A HIGH FIVE TO YOURSELF!
@MELROBBINS I LOVE YOU FOR THIS MEL!
HIGH FIVE BEAUTIFUL!
YES, HIGH FIVE YOURSELF!

hippiemama_of_two
Did you high 5 yourself in the mirror this morning?
@MELROBBINS
6:30 AM

Después de solo cinco días, puede que te sientas como Fran, que dijo: «Confieso que cada vez que me choco la mano siento algo distinto. Siento que algo se me cura un poco más. Tengo un poco más de fe. Este es mi quinto día chocándome la mano y me siento transformada por la renovación de mi mente. Se ha convertido en un movimiento. Mis amigos y familiares también lo han empezado a hacer. Y ahora me doy cuenta de que con este hábito puedo generar una gran diferencia en el mundo».

P: ¿Puede generar cambios duraderos?

Sí. Yo no te recomendaría nada a menos que estuviera fundamentado científicamente y que funcionara. Ya has leído mucho al respecto, pero esta costumbre es solo el inicio. A medida que aprendas a pasar de una situación emocional y mentalmente baja a una situación mejor, aprenderás cosas aún más lindas sobre la confianza, la felicidad y la satisfacción en los próximos capítulos.

La conclusión es que llevas toda la vida asociando connotaciones positivas con el acto de chocar la mano porque lo has estado haciendo con desconocidos, amigos y compañeros de equipo. Si haces que chocarte la mano a ti se convierta en un hábito, te cambiará los patrones que tienes almacenados en el subconsciente y que hacen referencia a ti, y esto, a su vez, te mejorará el estado de ánimo, te ayudará a alcanzar tus objetivos y, básicamente, a redirigir la trayectoria de tu vida.

Tu relación contigo es la base de cualquier cosa en la vida. La forma con la que te hablas y te tratas marca el tono de todo lo que haces en la vida. Determina cómo te sientes, qué piensas y qué haces. Si cuando miras al espejo no ves a una persona que merezca que la feliciten, ha llegado el momento de darle la vuelta a la tortilla.

CAPÍTULO CUATRO

¿POR QUÉ ME TORTURO?

Mientras escribía este libro, recibí este mensaje de una de nuestras hijas:

> ¿Cómo le hago para no sentirme como la chica más fea del bar cada vez que salgo?

Es el tipo de mensaje que te parte el corazón porque sabes que no puedes decir nada para que cambie lo que piensa de sí misma en ese momento de su vida. Créeme, lo he intentado. Puedo contarle todos los motivos por los que es preciosa por dentro y por fuera. Puedo recordarle sus increíbles cualidades. Puedo enumerarle sus logros y ensalzar su sentido del humor, su sabiduría y su ética en el trabajo. Puedo elogiarla por ser una hermana, amiga y compañera leal, querida y respetada.

Puedo decirle todas las cursilerías que cualquier escritor, orador motivacional y cualquier madre le diría a un ser querido que no tiene pareja y que está con los ánimos por los suelos: «Simplemente aún no has conocido a nadie que se merezca a alguien tan sensacional como tú... pero ya llegará».

No importa lo que yo piense porque este mensaje no va sobre mí. Ilustra la relación que tiene nuestra hija con ella misma. Cómo se ve, cómo ve el mundo que la rodea y cómo encaja en él. Estoy convencida de que tú también habrás vivido esta dinámica con algún ser querido. Ves lo increíble que es esa persona y le hablas sin parar de sus talentos, de sus cualidades e incluso de su aspecto físico. Intentas convencerla con hechos. «Esto que dices no es verdad. Sí tienes amigos. Eres preciosa. ¡Tienes mucho que ofrecer!»

No importa lo que digas o las pruebas que utilices para demostrarlo, lo que esa persona crea de sí misma no cambiará. Lo puede escuchar, puede que esto haga que se sienta mejor en ese momento pero su cerebro rechaza rotundamente que sea verdad. Se ha dicho a sí misma tantísimas veces a lo largo de los años que no sirve para nada y ha recopilado tantísimas pruebas de que eso es la verdad que esta creencia ha quedado programada en su subconsciente. Por eso, esa persona a la que quieres, incluso discutirá contigo cuando le digas lo extraordinaria que crees que es.

Una de las revelaciones más importantes que puedes tener es que tu vida y tu felicidad empiezan y acaban en tu mente. Lo que te digas, cómo te trates y los pensamientos que repitas una y otra vez lo son todo. No importa el éxito que tengas, lo delgado que estés, lo famoso que seas, lo musculoso que estés o lo rico que te hagas, porque si siempre te centras en lo que va «mal», nunca serás feliz.

Si crees que hay algo malo en ti, la idea de chocarte la mano en el espejo te sonará como una «bobada», una «tontería» o una «cursilería» porque creerás que no mereces felicitaciones hasta que hayas arreglado lo que está «mal». Por eso también te sientes incómodo cuando la gente te elogia. No lo crees. Por eso no lo aceptas.

Felicitarte te resulta tan ajeno como caminar con las manos o comer con los pies. Por eso tu subconsciente lo rechaza.

Tu subconsciente no te dirá Te quiero.

¿Quieres ver a tu subconsciente en acción? Mírate al espejo o presta atención a lo que haces cuando alguien intente tomarte una foto.

Mis hijos solían molestarme porque cada vez que me miraba en un espejo ponía una «cara rara». Yo ni me daba cuenta de que lo hacía. Ahora que lo sé, creo que todo el mundo tiene una cara de espejo. Te miras al espejo e inconscientemente ves lo que tienes que «arreglar» y luego ajustas la cara para intentar hacerla más atractiva («¿por qué lo hacemos?»). Si no te das cuenta de que lo haces, fíjate en los adolescentes que conozcas. Todos tienen una cara de espejo: enseñan su «perfil bueno» o inclinan la cabeza ligeramente o ponen las mejillas chupadas.

Mi cara de espejo implica fruncir ligeramente los labios, y lo sé porque mis hijos me han molestado despiadadamente por esto. Es una reacción inconsciente a mi reflejo para intentar verme mejor. Bueno, pues me enorgullece decir que llevo por lo menos tres meses sin hacer la cara de espejo porque ya no miro mi aspecto físico. Me veo a mí, la persona.

Esto es lo que la ciencia nos explica acerca de la cara de espejo: todos tenemos pensamientos automáticos, cosas que pensamos con tanta frecuencia que se convierten en la opción por defecto, como una rodada en un camino. Si cambias tus acciones o pensamientos a propósito, cambias la manera predeterminada de pensar y actuar. Este cambio intencionado se denomina «respuesta neuroplástica». Ahora mismo, tu pensamiento predeterminado (y tu cara de espejo) están haciendo que te centres en exceso en lo que está mal. La buena noticia es que lo puedes cambiar.

¿Hay algo malo en ti?

No tienes por qué saber cuándo o cómo dejaste de quererte y empezaste a criticarte. Si quieres descifrar de dónde salió esta creencia, concédete el regalo de trabajar con un terapeuta. En el caso de nuestra hija, se lo pregunté y me respondió «No sé cuando empezó, porque ni siquiera recuerdo no sentirme así sobre mi cuerpo o sobre mí misma. Y la verdad es que ya sé que no soy tan fea. Simplemente soy la más corpulenta de todas mis amigas. Y lo odio. Y esto es lo que veo en el espejo. Tengo un tamaño más grande del que me gustaría tener y esto me hace sentir fatal. —Y luego dijo—. Ojalá no lo pensara constantemente. Pero no sé como ponerle freno».

Y mientras lo seguíamos hablando, resultó evidente que no puedes odiar tu cuerpo y aceptarte y quererte a la vez. Cuando te miras en el espejo y te centras en lo que tienes que «corregir», es lo contrario de chocarte la mano. Te estás rechazando. Y ella no es la única a la que le pasa esto. Según las investigaciones, aproximadamente un 91 por ciento de las mujeres no están satisfechas con su cuerpo y las imágenes y los medios con los que nos bombardean no nos ayudan. Si deseas constantemente tener un aspecto físico diferente, o ves el mundo reflejado de una manera que te hace sentir que no encajas, toda tu existencia hace que sientas que hay algo malo en ti.

Aquí tienes el motivo por el cual tienes que cambiar de mentalidad.

Hay tres motivos por los que debes dejar de mortificarte y aprender a quererte y empoderarte.

1. Si te centras en lo malo, nunca cambiarás.

Con esta actitud, cualquier cambio que estés intentando hacer será un recordatorio de que tienes que «corregir» algo y esto hará que todo te parezca más difícil. Por eso no funcionan las dietas, porque los planes de ejercicio o las dietas hacen que nos sintamos castigados. Estar «a dieta» refuerza la sensación de que hay algo que está mal en ti. Que, tal y como eres, no estás bien o no eres encantador o estupendo.

2. Odiar tu cuerpo, tu pasado u odiarte a ti no te motivará.

Los estudios demuestran que mortificarnos hace que nos cueste más estar motivados. Si piensas que no te mereces sentirte bien o que te feliciten, ¿por qué diablos te esfuerzas tanto para cambiar? Primero tienes que aceptar dónde estás y te tiene que gustar, tienes que perdonarte por lo que fuera que te llevara a este momento y tienes que hablarte desde el amor propio y la autoestima: «Me merezco sentirme más feliz y tener más salud y puedo seguir los pasos necesarios para cuidarme mejor». Cuando te recuerdes que lo estás haciendo porque te quieres, no porque te odias, la actitud de chocarte la mano te apoyará en todo momento.

3. Cuanto más lo repitas, más palpables te resultarán las pruebas de ello.

La relación contigo te puede liberar o te puede atrapar. En el próximo capítulo aprenderás cómo estas creencias no solo pueden hacerte sentir como una mierda, sino que te cambian el filtro en el cerebro y cambian el mundo que ves a tiempo real. Cada día, nuestra mente da vueltas a los pensamientos que tenemos sobre lo que está pasando mientras está pasando. Cuando las cosas pasan una y otra vez, aunque solo pasen en tu cabeza, dejan una muesca, un bache en tu cerebro. Esa muesca se convierte en un camino conocido por el que deambulas. El mismo escenario de siempre, los mismos giros y los mismos desvíos. Lo conoces y el camino te conoce a ti. Se vuelve una parte de quien crees que eres. Cuando te cuentas todas estas historias, conviertes un pensamiento en una creencia y con el tiempo, en una identidad que te das a ti mismo.

No tienes la culpa de pensar lo que piensas. Muchas veces, cuando eres crítico contigo, es algo que has aprendido de alguno de tus progenitores, que era duro consigo. Independientemente de cómo aprendieras a mortificarte, la conclusión es que si te deprime, tienes la responsabilidad de cambiarlo.

La lucha no es con tu cuerpo (ni con tu cuenta bancaria ni con tu trabajo).

La lucha es contra el odio que te tienes. No puedes cambiar si te encuentras en una posición de odio. Tienes que empezar desde el amor. Y con esto es con lo que te ayuda el hábito de chocar los cinco. Te enseña a verte, hablarte y tratarte con amor y amabilidad.

Nina hizo el reto de chocársela durante cinco días conmigo e hizo una poderoso descubrimiento: «Llevo más de veinte años viviendo con trastorno dismórfico corporal. Después de hacer esto durante solo cinco días, en vez de esconderme de mi cara, me doy cuenta de que me sonrío. Gracias».

Cathy dijo que el hábito de chocar los cinco le estaba cambiando de raíz cómo se veía a sí misma: «Tenemos la costumbre de mirarnos en el espejo y ver siempre todos los defectos. Me doy cuenta de que mis cejas no están alineadas, que se me empiezan a ver las canas, carajo, por qué tengo papada ahora, tengo los brazos bofos. Veo que tengo tantos defectos. Y en un mundo en el que abundan los Zoom y las videollamadas y los en vivo de Facebook, ¡no solo tenemos que convivir con el espejo! Tenemos que vernos delante de cámaras más a menudo de lo que nos gustaría. En mi caso, el hábito de chocarme la mano en el espejo me proporciona una afirmación, es un acto físico con el que me celebro. El acto en sí me obliga a mirarme a la cara, y mirarme el cuerpo con otra luz: de una manera más brillante, amable, compasiva y alegre. ¡Me he dado cuenta de que no puedo chocarme la mano y decirme cosas malas en el espejo!».

Te mereces felicitaciones por ser tal y como eres ahora mismo. No cuando pierdas peso, cuando ganes más dinero, cuando te enamores o cuando entres en la universidad. Y los estudios demuestran que cuando aprendes a quererte y aceptarte eres más capaz de enfrentarte a los altibajos de la vida. Eres más resiliente. Cuando le das la vuelta a las cosas todo el día, te martirizas y eres más susceptible de sentir que el mundo te aplasta cuando la vida se vuelve estresante. Todo se convierte en una paliza. Cuando te empiezas a mirar en el espejo y a aceptarte tal y como eres en ese preciso momento, y ves a una persona que se merece que la feliciten y la apoyen, entonces recuperarás la motivación natural, la satisfacción y la resiliencia con la que naciste.

No has sido siempre así.

Todo lo que estoy a punto de enseñarte ya lo llevas dentro. El amor propio es un derecho natural e innato. Cuando eras un bebé, te encantaba verte. Gateabas hasta algún espejo y no solo te chocabas la mano. Pegabas la cara al reflejo del espejo y sonreías y te reías y te querías con un beso mojado, sencillo y con la boca abierta. ¡Y es que tienes tanto por lo que felicitarte!, empecemos por lo único y especial que eres. Tu secuencia de ADN, tus huellas dactilares, tu voz, los patrones de tu iris: todo esto es absolutamente único en ti. Cómo ves el mundo, la manera como te ríes, las cosas que vives, tu manera de querer: todo se fusiona para crear algo mágico. Eres el único tú que existirá jamás. Todos y cada uno de tus dones y talentos característicos son un fenómeno. Tienes que celebrarlo, todo esto.

¡Y eres mucho más fuerte de lo que dices que eres! La resiliencia te viene innata en el ADN. Piensa en cuando aprendiste a gatear. No lo probaste una vez y luego tiraste la toalla. No te quedaste tirado en el suelo mirando el techo con flojera y dijiste: «Bueno, supongo que así es mi vida. Voy a tirar la toalla. Nunca lograré gatear. Me quedaré viviendo aquí, encima de esta alfombra». No, lo volviste a intentar. Y como aún no hablabas, no te podías contar ninguna triste historia sobre el hecho de no estar consiguiéndolo, de no ser suficientemente bueno o no ser lo suficientemente inteligente o fuerte. Simplemente lo seguiste probando y al final conseguiste atravesar la habitación.

La inteligencia también la tienes de forma innata. Por el simple hecho de observar a aquellos que te rodeaban, averiguaste cómo arrullar, sonreír, gatear, dar patadas y finalmente aprendiste a caminar. Daba igual que te cayeras un promedio de diecisiete veces por hora mientras aprendías a caminar. Simplemente. No. Dejabas. De. Intentarlo. Esta tenacidad aún la llevas dentro.

Y lo de celebrar los logros también forma parte de tu ADN. De niño, cada vez que conseguías hacer algo nuevo y emocionante, te reías y gritabas y levantabas los brazos por encima de la cabeza. Si sonaba música, movías el cuerpo, te contoneabas y saltabas de aquí para allí. Estás perfectamente diseñado para sentirte querido, resiliente, contento y felicitado. Por eso te hace sentir tan bien que un desconocido te choque la mano. Te llega al alma. Te llega a tu TÚ. Te recuerda algo que habías olvidado: quien eres realmente y cómo deberías sentirte.

¿Y qué demonios le pasó a mi yo feliz?

Fácil, la vida te puso las manos encima. Desde pequeño tu vida ha removido la mierda. Los altibajos se revuelven juntos como la ropa en la secadora. Tal y como ya he dicho, naciste siendo perfecto, completo y en algún punto del camino, mientras crecías, ibas a la escuela e intentabas hacer amigos y encajar en alguna parte, recibiste el siguiente mensaje: «Hay algo malo en ti».

La sensación de que «hay algo malo en mí» la tiene todo el mundo. Los psicólogos lo denominan «pertenencia intrusa». Empiezas a sentir que no encajas en tu familia, en la iglesia, en tu grupo de amigos, en la colonia o en el mundo en general. Y esa sensación crea a su vez una segunda pertenencia intrusa, contigo.

Puede pasar de mil maneras distintas. Quizá cuando eras pequeño se mudaron mucho y cambiaste de escuela varias veces, así que siempre te sentiste como un extraño observando desde el exterior. Quizá recibiste acosos o te sentías inseguro. Quizá te tildaron de tonto porque eras disléxico y te pusieron en una clase especial. O eras la única persona trans, el único musulmán, el único refugiado o el único niño de color en la clase.

Tal vez te molestaron por tu aspecto, por cómo hablabas o por lo que hacías. O te sentías incómodo desnudándote en el vestidor antes de gimnasia porque tu madre te insistía con el tema del peso. Cuando la vida doméstica o los amigos en la escuela o el mundo en general te hace sentir que no vas bien, o que estás en peligro o que no te mereces que te quieran, como niño, te lo crees. Nos pasa a todos. Nadie llega a la edad adulta sin haber vivido este tipo de trauma.

Quizá tu padre se fue por cigarros. O tu madre sufría una profunda depresión. O tu hermano se suicidó. Tal vez viviste con una preocupación constante por no saber de dónde saldría tu próxima comida. O puede que fueras víctima de prejuicios y de actitudes racistas a diario en tu colonia. O que tu familia te rechazara por ser homosexual. O que uno de tus progenitores tuviera problemas de adicción o te humillara constantemente dejándote de hablar. Estas experiencias tuvieron un impacto en ti. Tu cuerpo, tu mente y tu alma las absorbieron. Y tampoco tenías la opción de irte, solo eras un niño. Lo único que podías hacer era intentar sobrevivir.

Esto es difícil sobre todo a nivel emocional.

Cuando algo te pasa durante la infancia, no tienes la experiencia vital o el sistema de apoyo necesarios para procesar lo que te está pasando. Lo absorbes en el sistema nervioso, en los mecanismos para afrontar diferentes situaciones y en los pensamientos. La única opción que tienes es hacerlo lo mejor que puedas para atravesarlo. En una situación estresante, traumática o abusiva, ningún niño piensa «Estos adultos que me rodean están mal de la cabeza». O «¡Maldita sea!, esta situación es una mierda». O «Esto es ilegal, voy a hacer que te detengan». O «Si este niño me está haciendo daño a mí, seguro que alguien le está haciendo daño a él». Todos los niños dan por supuesto que la culpa es suya.

Esto es lo que hice yo cuando a los nueve años me acosó sexualmente un niño mayor que yo. Pensé que era mi culpa. Es lo que hizo mi hijo cuando le hicieron *bullying* despiadadamente en los campamentos de verano. Escondió el dolor y se culpó a sí mismo (y yo sigo echándome la culpa por no verlo antes y sacarlo de allí).

Estoy convencida de que esto es lo que hiciste tú también con las experiencias que sobreviviste: hiciste que significaran algo horrible sobre ti. Tanto si lidiabas con una madre muy dura o con el divorcio de tus padres o con microagresiones racistas a diario o con abusos físicos, te echabas la culpa a ti. Esto es un defecto colosal en el diseño humano. En vez de culpar a la persona que te hizo daño, te echas la culpa a ti mismo y piensas: «Seguro que hay algo malo en mí».

Por mucho que odie admitirlo, como padres, a menudo transmitimos este mensaje sin darnos cuenta de ello.

Intenta ser el nuevo del pelo azul.

Voy a contarte una historia que no soporto porque me hace sentir que soy una madre terrible. Pero la comparto contigo porque ilustra lo contundente y consistente que es este mensaje: que *hay algo malo en ti, en tu aspecto y en cómo te expresas.*

Cuando nuestro hijo Oakley iba en sexto se tiñó las puntas del pelo porque era un gran fan de Ninja, un jugador de videojuegos. No le quedaba nada mal y a él le encantaba. En séptimo cambió de escuela y cuando estábamos de camino, me empecé a preocupar por si los demás se meterían con él por presentarse el primer día con el pelo azul. Ya es suficientemente duro ser el nuevo de la clase en séptimo. Imagínate ser el nuevo del pelo azul. (*O sea, imagínate ser el nuevo con pelo azul, una madre neurótica y su necesidad desesperada de que encajes.*)

Pasé varias semanas preguntándole si quería cortarse el pelo antes de ir a la escuela y, de paso, también cortarse las puntas azules. Él no estaba nervioso por el tema, pero yo sí. En cuanto se acercó la fecha de la vuelta a la escuela, su hermana mayor se empezó a imponer: «No sé, hermano, puede que no sea la mejor idea lo de llegar con el pelo teñido. Ni que fueras una estrella del *rock*». Oakley cedió y se cortó el pelo antes de empezar la escuela. No lo hizo por él. Lo hizo para apaciguar nuestros miedos.

Cuando eres pequeño, todo el mundo te dice lo que tienes que hacer o lo que les gustaría que hicieras. Tú accedes para que tu madre esté contenta o para caerles bien a los niños populares de la escuela, o porque no tienes más remedio. Aprendes que el amor y la aceptación son una transacción. Si haces lo que te dicen, te querrán.

Piénsalo bien, este es precisamente el motivo por el que no te das amor: lo aprendiste de pequeño.

La mierda que nos tragamos.

Recordando la historia con nuestro hijo, me doy cuenta de que el mensaje que le estaba transmitiendo era «Hay algo de tu aspecto que está mal». También le estaba diciendo: «Solo aceptaré la versión de ti que me haga feliz». Y, sin embargo, en realidad sentía justo lo contrario. Me encantaba su pelo, pero no confiaba ni un poco en que sus compañeros de clase lo aceptaran con el pelo azul. Estaba intentando brindarle la mejor oportunidad para empezar de cero, sin problemas. Y, en vez de eso, hice que cuestionara sus propias decisiones y que cuestionara si yo lo quería y lo aceptaba, o no, tal y como era.

Le estaba diciendo: «Prefiero que encajes a que seas tú». También me siento fatal porque sé que este es el núcleo de una gran mentira que nos creemos: que lo que piensan los demás de ti es más importante que lo que piensas de ti mismo. Te has tragado esta mierda toda tu vida porque la gente a la que quieres te ha enseñado a creértelo. Peques, si están leyendo esto, lo siento mucho.

De verdad que no soporto esa historia, pero esto es el eje de lo que te ha pasado a ti, a mí y a todas las personas a las que conoces. Empezaste a cuestionar tu aspecto, tus acciones y al final, quien eres.

La conexión con tu yo verdadero se ha bloqueado. Por eso te encuentras todos los defectos posibles cuando te plantas delante del espejo. En el caso de mi hija y en el de cualquier persona que tenga problemas con su aspecto físico, la clave está en empezar a valorar ahora mismo algunas partes de ti. Deja de destrozarte y tira ya a la basura esos jeans que no te quedan bien. Cuando te criticas y le das muchas vueltas a las cosas, te estás tratando igual que traté yo a nuestro hijo: tu amor por ti es una transacción. Te lo estás reservando hasta que te des tu aprobación. Es una manera terrible de ir por la vida.

No te odies, valórate.

No tienes que cambiar nada para merecer el amor y la aceptación que necesitas. Solo tienes que empezar a otorgarte la validación personal.

La próxima vez que estés delante de un espejo deja de meterte el dedo en la llaga, deja de molestarte y deja de buscarte los defectos. Lo único que consigues con esto es tener una sensación de derrota, de rechazo y desánimo. Y esto establece el tono de lo que pienses y cómo te sientes durante todo el día. En vez de eso, empieza cada mañana buscando cualidades que valoras de ti. Las pequeñas complejidades que desconoces, tu fuerza, tu intuición. Cómo te ha cuidado tu cuerpo. O del hecho de que esas estrías te recuerden los hijos que tienes.

Lo ves, no hay nada malo en ti. Puede que no estés contento con tu situación vital actual, con los números en tu cuenta bancaria, con el número que aparece en la báscula, con la talla de pantalones que usas. Pero es que no ha sido fácil y tú sigues aquí. Vivito y coleando. Resiliente, inteligente y fuerte. Te sigues despertando cada mañana y te esfuerzas para aprender y crecer y ser una mejor persona. Y, sinceramente, esto hace que seas maravilloso.

Me encanta lo que me dijo Jordan después de empezar a chocarse la mano cada mañana: «Muy a menudo se concibe el amor propio como algo para arreglarte. Por eso me encanta chocarme la mano en el espejo, porque nos demuestra que realmente el amor propio consiste en enamorarnos de las partes que hemos estado arreglando». Hay muchas cosas que amar en ti. Empápate de ellas. Luego, levanta la mano, chócatela y sella en el subconsciente esta apreciación que te haces.

Es como si te estuvieras perdiendo algo muy importante.

Para entender el profundo poder de aceptarte y motivarte, echemos un vistazo a algunos estudios sobre lo que los psicólogos etiquetan como el núcleo de tus «necesidades emocionales fundamentales»; aquello que todo el mundo necesita para poder prosperar. Te voy a dar un poco de contexto por si acaso te perdiste (o te dormiste) la clase de primero de psicología sobre la pirámide de Maslow: todos tenemos necesidades básicas que son fundamentales para nuestra satisfacción, felicidad y supervivencia.

Sabes que necesitas agua, comida, oxígeno, un cobijo y dormir porque si no te morirás. También sabes que necesitas amistad porque si no te sentirás solo y los estudios demuestran que la soledad también te puede matar. Puede que también sepas que tienes la necesidad fundamental de crecer como persona y que, si no lo haces, te sientes atascado.

Pero puede que no sepas que tienes tres necesidades emocionales principales: que te vean, que te escuchen y que te quieran por el ser único que eres. Cuando no se satisfacen esas necesidades emocionales no solo te sientes abandonado sino que sientes que no te quieren, te sientes invisible y no te sientes realizado. Yo creo que por culpa de eso nos volvimos todos tan críticos con nosotros mismos. Y desde entonces nos hemos estado revolcando en nuestra miseria.

Puedes cambiar tu situación.

Lo que te falta es una conexión más profunda contigo. Has estado tan ajetreado corriendo de aquí para allá que ahora mismo no puedes comprender el gran cambio que te supondrá empezar cada mañana honorándote. Chocarte la mano colma las necesidades emocionales más profundas e importantes, fundamentales para el bienestar de cualquier ser humano.

Tal y como ya has visto, a menudo estas tres necesidades emocionales no se satisfacían durante tu infancia y no te han proporcionado las herramientas (hasta ahora) para colmarlas en tu vida adulta. Por eso te sientes invisible en el trabajo, te sientes ajeno a tu grupo de amigos, o te sientes desconectado en tus relaciones adultas (por no hablar de la relación contigo). Falta algo: una sensación más profunda de que importas. Este deseo de que te vean, te escuchen y te valoren, es crucial para sentirte realizado como ser humano.

No intentes discutírmelo: ya hice los cálculos.

En primer lugar, el simple hecho de que existas es tan milagroso que deberías sentirte visto y aplaudido. Las posibilidades de que nazcas son una entre un millón porque tu madre posee más de un millón de óvulos a lo largo de su vida. ¡Una locura! Pero esto no se acerca ni de lejos al fenómeno matemático que eres... Según estudios recientes, los científicos han descubierto que el óvulo que te formó era quisquilloso y pudo determinar con cuál de los 250 millones de espermatozoides de tu padre quería conectar. Si el óvulo que te creó hubiera elegido cualquier otro esperma, sería tu hermano o hermana quien estaría sujetando este libro ahora mismo porque tú no habrías nacido nunca.

Los expertos estiman las posibilidades de que TÚ fueras el resultado del encuentro de ese óvulo y ese esperma en una posibilidad entre cuatrocientos billones. Y ese dato no es ni siquiera preciso. Un científico de Harvard escribió un artículo de investigación sobre las probabilidades de que nacieras y el número es una locura tal que suena así: una posibilidad entre «no sé ni cómo se dice ese número». Esto demuestra que las posibilidades de que nacieras son prácticamente un milagro.

Alguien tan único y especial como tú se merece que lo vean, que lo escuchen y le aplaudan. Sentir que eres importante, que hay alguien a quien le importas y que te mereces que te aplaudan son las necesidades emocionales más básicas e importantes. Son tan importantes para tu bienestar y para tu felicidad como la comida o el agua. A veces, la diferencia entre tener un buen día o tener un mal día puede que dependa de que alguien te haya valorado. ¿Y sabes quién es la mejor persona que te puede valorar? TÚ. Y esto me trae de vuelta a ese momento de todas las mañanas cuando te plantas cara a cara contigo en el espejo.

Chocarte la mano es mucho más que un acto físico. Es fundacional. Es una transferencia de energía. Simboliza una alianza y una creencia incondicional en ti y en tus capacidades. No te estás felicitando. Te estás aplaudiendo por quien eres. Tu existencia hace que te merezcas que te choquen la mano. Tu presencia, tus esperanzas, tus sueños, tu capacidad de querer, tu habilidad de sanar, de cambiar, de crecer, tu corazón, tu alma: esto es lo que hace que te merezcas que te aplaudan.

Cuando te chocas la mano en el espejo te estás colmando de esas necesidades emocionales básicas. Te ves. Te escuchas decir: «Todo irá bien» o «Tú puedes» o simplemente «Te quiero». Todo lo que hubieras deseado que te transmitieran tus padres, tus amigos, tu pareja o tu jefe, te lo das a ti mediante esa acción que te transmite:

Confianza: Creo en ti.
Aplauso: Eres sensacional.

Validación: Te veo.
Optimismo: Puedes hacerlo.
Acción: Ya lo tienes, sigue así.

¿No sería increíble sentir todo esto a la vez? El mundo explotaría con cachorritos y arcoíris y datos ilimitados para todo el mundo. Sería una bomba. En serio. Nos explotaría la cabeza. Seguramente nos exploraría el subconsciente porque aún no está programado para absorber todo ese delicioso y pegajoso amor por ti... aún no. Pero lo estará. Y ahora que sabes que la autovalidación, el amor propio y la autoaceptación son las fuerzas de la motivación más potentes del mundo, sé que estás pensando...

Bien, lo entiendo, pero ¿cómo se tienen pensamientos distintos?

El primer paso es atrapar el pensamiento antiguo que te hunde.

Si no sabes lo que es, aquí tienes una pista: es alguna versión del *No soy suficientemente* ___________.

Puedes rellenar el hueco con lo que quieras. Adelante, elige tu veneno: no soy suficientemente listo, suficientemente bueno, suficientemente alto, suficientemente rico, suficientemente ligero, no tengo suficiente éxito, suficiente talento, no estoy suficientemente delgado... Da igual de lo que no seas suficiente. Lo llamo veneno porque pensarlo es como beberlo. Te mata el alma y mata tu deseo innato de que te vean, de que te escuchen y te aplaudan.

Este pensamiento es justo lo contrario de la validación, la confianza, el aplauso, el optimismo y la acción que simboliza un choque de manos. Te provoca una depresión mental. Solo ese pensamiento puede paralizarte la capacidad de avanzar. Vamos a ver: cuando tienes este pensamiento no te dan ganas de chocarle la mano a nadie ni a nada. Y aún menos a ti mismo.

¿Por qué querrías hacerlo? Vamos, cambiémoslo.

CAPÍTULO CINCO

¿ME DAÑÉ?

El otro día estábamos cenando toda la familia y una de nuestras hijas empezó a hablar de las tensiones que estaba viviendo con una de sus compañeras de habitación. «Siempre tengo la sensación de que soy el poli malo. No importa lo que diga ni cómo lo diga. Cada vez que hablo de lo que me molesta o expreso algo que para mí no es aceptable me acabo sintiendo como si fuera yo la culpable. Me ha pasado tantas veces que no paro de decirme "soy egoísta. Soy una mala persona". Esto ha sido así todo el año. No sé cómo dejar de pensar esto de mí.»

Mi marido, Chris, intentó consolarla: «No eres una mala persona. Puede que hayas hecho cosas malas, pero no eres una mala persona. Todo el mundo la caga. Así es como se aprende. Pero prométeme que dejarás de decirte que eres una mala persona». Y luego procedió a explicarle que «después de que mi negocio en el restaurante se hundiera, me sentí como un fracasado absoluto. Mi socio lo entendía como "el riesgo que corres cuando abres un restaurante". Pero yo no podía. Yo hice que significara que yo era un fracaso. Mirara donde mirase, esto es lo único que veía. No estuve lo suficiente por mis hijos. No fui un buen marido para tu madre. No había ganado suficiente dinero. No hacía nada bien. Si te lo vas repitiendo te lo acabas creyendo. El remordimiento es como unos lentes de sol. Ensombrecen todo lo que ves».

Ella dijo: «Bueno, a mí también me pasa esto, papá. Al estudiar música, cuando entro en una clase o en un taller siempre veo que hay otras personas que tienen mucho más talento que yo y son mejores. Pienso en lo mucho más avanzados que están en sus trayectorias como músicos, que si han firmado un contrato con una disquera o han publicado algún disco o si están haciendo conciertos. Luego me miro y pienso que soy una fracasada en comparación con esas personas tan geniales y talentosas».

Entonces nuestra otra hija entró en la conversación: «Bueno, se nota que tenemos la misma sangre porque yo siempre pienso que soy la más corpulenta de mis amigas y mamá piensa que todo es su culpa». Luego se dirigió a su hermano y le preguntó: «Oakley, ¿tú qué cosas negativas piensas?».

No lo pensó dos veces: «No voy a entrar en esta conversación, son deprimentes». Eso nos arrancó una carcajada a cada uno y luego una de las niñas le dijo a Chris: «Ahora en serio, papá, ¿cómo me puedo quitar esos lentes? Sobre todo porque realmente pienso que soy una mala persona. Y tengo todas las pruebas necesarias para demostrarlo».

Mi canción (¡y ya no la aguanto más!)

Con esta conversación mis hijos habían dado en el clavo porque durante los primeros cuarenta años de mi vida, mi canción fue «La cagué en todo».

Para mí, mi canción dice algo así: «Ya de paso debería tirar los últimos cuarenta años por el retrete porque la cagué en la universidad y en la facultad de Derecho y en la primera parte de mi matrimonio y fui una madre horrible. Si hubiera triunfado más y hubiera tenido una casa donde todos los niños habrían podido quedarse, y hubiera tenido el dinero para hacerme miembro de un club de campo y hubiéramos celebrado allí todas las fiestas de cumpleaños y todos los partidos de *lacrosse*, si hubiera comprado acciones de Amazon hace diez años (¡Espera! ¡Hay más!), si hubiera vivido en una calle distinta, si hubiera tenido un grupo de amigas distinto, si hubiera tomado decisiones diferentes.

»Ojalá lo hubiera hecho bien. Y ahora es demasiado tarde. Todo es mi culpa».

Reconstruir tu autoestima y respeto propio pasito a pasito.

Seguro que tú también tienes versiones de esto en la cabeza. Has cometido un millón de errores a lo largo de tu trayectoria profesional, de tus relaciones o de tu salud y ahora ya es demasiado tarde. La has cagado de lo lindo en tu vida así que, ya de paso, deberías tirarla por el retrete, ¿verdad? Bueno, deja que te diga que esto es lo que yo pensaba.

Al escribir esta frase, me resulta difícil de creer lo lejos que he llegado. En breve te contaré una parte de mi historia de terror pero hace solo unos pocos años mi vida era un tren descarrilado en cámara lenta. Tenía la confianza en mí por los suelos porque estaba en quiebra, mi matrimonio se iba al diablo, tenía una ansiedad muy fuerte y no tenía trabajo. Me enfrenté a estos problemas como lo hacen muchos adultos perfectamente funcionales: atontándome con alcohol, gritándole a mi marido y haciendo todo lo posible por esquivar mis problemas.

Ojalá fuera una broma. En verdad, este es el motivo por el que comparto con tanta convicción estas herramientas y estos estudios. Todo lo he puesto a prueba yo misma. Por eso sé que funciona.

Después de trabajar muy duro durante diez años, reescribí mi historia y hacerlo me ha cambiado la vida. Ahora soy una emprendedora, una escritora *bestseller* y una de las conferencistas más contratadas del mundo. Si miras mi canal de YouTube verás la persona en la que me he convertido. Una persona que persigue con seguridad lo que quiere y lo explota en los negocios. Una persona que ha cuidado un matrimonio de veinticinco años imperfectamente bonito con tres hijos magníficos. Estoy donde tengo que estar: me quiero, me siento cómoda conmigo y trabajo duro cada día para mantener una relación sólida y robusta conmigo misma.

Sigo sin vivir en la calle adecuada ni tampoco soy miembro de un club de campo y no puedo repetir los años en los que estuve cursando mis estudios superiores, pero rompí la costumbre de obsesionarme con mi pasado y martirizarme constantemente por ello. No hay ningún carril rápido que te lleve a la transformación. Tienes que trabajarlo pasito a pasito cada día. No puedes comprar autoestima o amor propio. Lo tienes que construir. Ser miembro de un club o una casa distinta no cambiará lo que tienes dentro. Lo tienes que sudar. Tienes que plantarle cara a esa parte de ti que no soportas, perdonarte por el dolor que has causado (especialmente a ti) y esforzarte para convertirte en un yo mejor. Es la única manera de crear el respeto propio y construir la autoestima que deseas.

Puedes elegir. Puedes cambiar.

Todos la cagamos. Las peores cosas que hayas hecho, que hayas presenciado o que hayas sobrevivido son tu mejor maestro. Deja de torturarte por lo que pasó y empieza a aprender las lecciones que se hallan en medio de cada error que hayas cometido. Es sencillo pero no es fácil, y si yo puedo hacerlo, tú también.

La parte más difícil es cambiar tu centro de atención del pasado que odias hacia el futuro que quieres crear. Recuerda que el parabrisas del coche es más grande que el retrovisor por un buen motivo. No tienes que ir hacia atrás, tienes que ir hacia delante y esto significa que tienes que mirar al frente.

Yo creo que en la vida sí hay segundas oportunidades. La vida te da otra oportunidad cada mañana cuando te despiertas, te miras al espejo y decides quién serás hoy. Puedes elegir. Puedes cambiar. No puedes retroceder en el tiempo pero puedes utilizar el tiempo que tienes para tomar las riendas, cambiar tu comportamiento y crear un nuevo capítulo del que estés orgulloso.

Vamos a echar un vistazo a la desagradable y casi irreconocible vida que tenía antes. Te voy a mostrar dos momentos de mi vida que fueron escalofriantes y lamentablemente ciertos.

Tres años terribles, horribles, muy malos.

Una de las peores épocas de mi vida fue cuando estuve estudiando Derecho, momento en el que la ansiedad que llevaba acumulando desde niña culminó en una racha incontroladamente autodestructiva. Durante tres años seguidos me despertaba sintiendo pánico porque desde el momento en el que entré en la facultad de Derecho sabía que no quería ser abogada. Pero como no tenía ni idea de lo que quería hacer con mi vida, no sabía qué hacer si no estudiaba Derecho.

Estaba constantemente tensa, estresada, discutiendo y mis pensamientos, acciones y hábitos perpetuaban esos sentimientos. Además, estaba rodeada de todas aquellas personas que estaban emocionadas de estar estudiando

Derecho, lo cual me hacía sentir que yo no encajaba allí. Me sentía increíblemente sola. Odiaba todo lo que teníamos que leer y escribir para ser abogados. Aún no sabía que tenía dislexia y TDAH. Era todo un desastre.

Mi rutina diaria era la siguiente: Despertarme con resaca. Pensar: «Mierda, llego tarde. ¿Por qué lo sigo haciendo?». Mirar al techo y pensar en las clases que tenía ese día y en lo retrasada que iba con todas las entregas. Encender un cigarro y dar vueltas por el departamento. Ir al Dunkin' Donuts y pedir la taza más grande de café con crema y tres de azúcar. Ir a clase. Sentarme en clase y tener pánico por si decían mi nombre. Comprar una ensalada para comer. Sentarme sola en la biblioteca e intentar estudiar. Procrastinar durante varias horas mientras hablaba con una amiga. Irme a casa. Acabarme una botella de vino con mi compañera de habitación y quedarme dormida. Despertarme con resaca.

Era una rutina perfecta para crearme un pedazo de vida gorda y decepcionante, ¿verdad? Y no me quedé ahí. Seguí.

Repetí ese patrón cada día durante tres años, e incluso cuando te lo cuento ahora intento reírme para quitarle importancia al asunto, pero de verdad que de solo pensarlo me pongo enferma. Vivía en una constante ansiedad y tensión. Casi no recuerdo nada. Viendo mis patrones de pensamiento y comportamiento, las decisiones que tomaba a diario me mantenían encadenada en un ciclo doloroso y defectuoso. Los pensamientos negativos (todas las variaciones del «La cagas en todo») me bombardeaban de tal forma que no podía centrarme en nada más que en sobrevivir el día a día. Cuanto más repetía el ciclo, más tensa estaba. Los pensamientos negativos te dejan el sistema nervioso destrozado. *Los pensamientos y sentimientos negativos crean una espiral negativa de la que no sabes escapar.*

Cuando estás en modo supervivencia, las cosas van empeorando cada vez más hasta que tocas fondo. Y ya ves, todo empeoró.

Mi primer año fue un verdadero churro. Y luego la cagué de lo lindo.

Ese primer verano en la facultad de Derecho hice unas prácticas en la oficina del fiscal general en Gran Rapids, en Míchigan. El fiscal general me pidió que hiciera un proyecto de investigación sobre las tasas de reincidencia en Míchigan. Era una oportunidad increíble. No solo aprendería muchísimo sobre un tema que me interesaba sino que también construiría una pieza clave para mi futuro, ¡estaba trabajando directamente para el fiscal general de un estado! Pero me abrumó tanto un proyecto de ese calibre que ni siquiera empecé. Ni siquiera abrí un libro. Ni uno.

«Ya estamos otra vez...»

Mi nivel de ansiedad era tan crónico que no recuerdo ni los trayectos en coche al trabajo ni de vuelta a casa ese verano (era un trayecto de 80 km). Cuando estoy insegura no solo me siento incómoda en mi propia piel sino que a veces abandono mi cuerpo por completo. Simplemente mi mente huye flotando cuando se me disparan los nervios. Los psicólogos lo llaman *disociación* y yo me volví una experta en hacerlo y en distanciarme mentalmente de la gente, de los lugares, los sentimientos y las emociones que me daban miedo o me parecían peligrosas por algún motivo. Consecuentemente, tengo muy pocos recuerdos de la primera parte de mi vida porque no estaba suficientemente presente a nivel mental para que esos recuerdos cuajaran.

Pero esto sí lo recuerdo: casi al final del verano el fiscal general me llamó para que fuera a su despacho. Tenía la cara de color rojo encendido y estaba sudando profusamente a través del saco. Me inventé un millón de excusas por las que aún no había acabado el proyecto. Salí de su despacho y nunca volví. Ni siquiera dejé las prácticas; simplemente desaparecí. Supongo que empecé a hacer *ghosting* o a esfumarme antes de que se pusiera de moda. Te prometo que me da tanta vergüenza que nunca antes había escrito esta historia.

Otro año conseguí un trabajo de verano increíble en un bufete de abogados en Nuevo México y una semana antes de empezar tuve un ataque de pánico por el hecho de tomar un avión e irme hasta la otra punta del país para vivir sola durante el verano. Llamé a la empresa y mentí, dije que había tenido una emergencia familiar y que no podía ir.

¿Te suena a algo que haría la Mel Robbins que conoces? Tal y como puedes observar en mi historia, los pensamientos negativos («No puedo hacerlo») desencadenaban sentimientos negativos (ansiedad) y acciones negativas (huir) y se creaba una espiral. Y en cuanto entras en una espiral se necesita mucha fuerza para salir de ese giro centrífugo. Voy a hacer hincapié en los pensamientos negativos («No puedo hacerlo, me odio, la cago constantemente») porque cuando estás tan acostumbrado a oírlos puede que no te des cuenta de que están allí. Tampoco te das cuenta de cómo estos pensamientos, cuando se repiten, crean su propia vida.

Por supuesto yo quería triunfar y ser fuerte. Y por supuesto quería aprovechar esas oportunidades. Pero mi mente estaba tan obsesionada con la narrativa en la que había invertido (repite conmigo: «Siempre la cago»), que no podía percibir como oportunidades el enorme proyecto con el fiscal general o el trabajo de verano en Nuevo México. En cuanto algo me parecía abrumador tiraba la toalla o huía, porque esto es lo que haces cuando crees que la cagas en todo. Incluso si esto significa que arrojas tus sueños por la ventana.

Y, evidentemente, en cuanto abandoné esas dos oportunidades tan magníficas me sentí aún peor. La espiral se hizo aún más profunda. Más pensamientos negativos. Más remordimientos, lo cual te hunde aún más.

Esto es tan sumamente importante que tengo que repetirlo: cuando aumentan tus pensamientos negativos te puedes quedar atascado en un círculo vicioso de pensamientos catastróficos. Esto es básicamente lo que hice mientras estudié Derecho: amontoné pensamientos negativos hasta que me asfixié. Toqué fondo. Sentí como si un mazo gigante me hubiera hecho la vida añicos. Y era yo quien lo empuñaba. Daba igual lo que hiciera para intentar arreglarlo, porque constantemente me estrellaba y me quemaba.

No tenía ninguna de las herramientas que estás a punto de descubrir. No conocía la conexión entre mi trauma infantil y mi comportamiento autodestructivo. Tampoco sabía cómo dejar de hacer que mis errores me apuntaran a mí. No sabía cómo dejar de creer que las cosas malas demostraban que yo era intrínsecamente una mala persona. Estaba muy avergonzada de mí misma y de las cosas que no paraba de hacer. Así que hice lo que hacen la mayoría de las personas que sufren dolor o que tienen una crisis: intenté atontarlo. Hay millones de maneras de atontarnos e intentar esconder el dolor: consumir alcohol, drogas, comprar compulsivamente, comer según las emociones del momento...

Prepárate, porque ahora las cosas se ponen negras de verdad.

Hice todo esto para atontarme y también empecé a ponerle el cuerno a mi novio de la facultad de Derecho con mi ex de la universidad, porque, tal y como te contarán los psicólogos, tener relaciones sexuales a escondidas es una forma embriagadora de aliviar el estrés. Pero ya te digo que también es un barril de pólvora que implosiona y te destruye la vida. Esto es lo que me pasó a mí porque al final los dos se enteraron. «Otra cagada monumental, Mel.» Y no me pasa por alto lo significativo que es que me estuviera jodiendo la vida engañando a mi novio e incluso eso lo fastidié porque al final, todo se descubrió. ¿La estaba cagando en el proceso de cagarla? Esto sí que es hacer las cosas mal a lo grande. No me enorgullece admitir lo que hice cuando intentaba sobrevivir. Te lo cuento para demostrarte que si estás atrapado en un ciclo de remordimiento o un círculo de comportamiento autodestructivo, hay una salida. Si yo puedo cambiar, tú también.

Esta no es la historia de mi retorno.

Por suerte, mi gran descalabro me acabó llevando allí donde empezaría mi trayecto vital de crecimiento personal: en el diván de una terapeuta. Allí empecé a entender que me lo estaba haciendo todo yo a mí misma. Sin querer, evidentemente, pero entendí que tenía traumas infantiles y patrones de pensamiento, creencias y comportamiento que se habían convertido en la opción por defecto en mi subconsciente y me llevaban una y otra vez a sabotearme a mí misma.

Con la ayuda de mi terapeuta fui capaz de enfrentarme a lo que me había pasado y a todas las cosas horribles que había hecho para intentar sobrevivir. También me ayudó a ver que tenía que hacerme responsable de toda la mierda que me pasaba en la vida de ahí en adelante. Me sinceré sobre cómo permití entrar en un pozo tan profundo que me hacía sentirme tan alejada de casa, lejos de quien era yo realmente. Y aun así, me odiaba por haber tocado fondo (¡otra cagada que añadir a la lista, Mel!). «¿Cómo se me fue tanto de las manos?» Igual que mi hija, me creía la frase de «soy una mala persona» y parecía como si mi vida me lo demostrara. Seguía dejándome por los suelos. Sabía que esos pensamientos negativos me estaban hundiendo, pero no tenía ni idea de cómo acallar las palizas implacables que tenía en la cabeza.

Esto fue décadas antes de que estuvieran disponibles los *podcasts*, los cursos online o diferentes libros de autoayuda. Por eso me apasiona tanto este tema y compartir mis momentos más difíciles no me provoca remordimientos porque me he sentido sola y perdida muchas veces.

Esta sí es la historia de mi retorno.

Esto es lo que aprendí y que quiero que escuches: *Cuando crees que la cagaste en todo, empiezas a odiarte. Cuando te odias, inevitablemente haces cosas que odias.* Tus pensamientos crean una espiral negativa.

También he aprendido que esto se puede aplicar a la otra cara de la moneda: cuando te quieres, inevitablemente haces cosas que te gustan. Cuando te tratas con respeto, haces cosas respetables. Cuando te aplaudes, haces cosas que merecen ser aplaudidas. Tal y como hemos comentado antes, puedes cambiarlo: ahora mismo, es tu subconsciente y toda tu programación pasada contra ti.

Interrumpir esos sentimientos de odio hacia ti, que te hunden en la miseria (vergüenza, arrepentimiento, fracaso, sentir que no vales nada), te obliga a ver la verdad. No estás estropeado, estás bloqueado. Puede que hayas hecho cosas malas, pero no eres una mala persona. No sabías cómo hacerlo diferente porque no entendías la fuerza que tenían sobre ti los pensamientos negativos constantes, los traumas del pasado y tu infancia. El primer paso es perdonarte por todas las cosas que hiciste mientras intentabas sobrevivir. El siguiente paso: silencio, y luego corre al destructor que vive en tu mente.

CAPÍTULO SEIS

¿DE DÓNDE SALE TODA ESTA MIERDA NEGATIVA?

Todo el mundo tiene un mantra o una creencia negativa sobre sí mismo: «La cago siempre». «Soy una mala persona.» «Soy feo.» «Soy un fracaso.» Bla, bla, bla.

Puede que hayas fracasado y la hayas cagado olímpicamente. Quizá no estés ganando concursos de belleza. Tal vez seas el más bajito de tus amigos. Puede que todo esto sea verdad. Pero:

¿Pensar estas cosas te ayuda? ¿No va siendo hora de sentirte mejor?

Mi marido tiene razón: tienes que ir con cuidado para que esta historia negativa no se te atasque en la mente y se te repita constantemente. La pregunta es: ¿cómo diablos la elimino? Sobre todo si cuando miras al espejo sientes muchos remordimientos, dudas y decepciones. Tanto si te lo crees como si no, los pasos son tan sencillos como poner una lavadora.

Lavar la ropa y tus pensamientos negativos.

No sabría decirte cuantas veces he abierto la secadora para llenarla y ¡OTRA VEZ! el filtro está repleto de pelusa. «En serio, ¿soy la única en esta casa que sabe usar el índice y el pulgar para sacar esa capa de pelusa que hay en el filtro de la secadora?» Siempre hay una enorme capa gruesa de pelusa que obstruye el filtro por completo. Un día, vaciando el filtro de la secadora tuve una epifanía. Igual que el filtro de la secadora, tú y yo tenemos todo tipo de inmundicia por dentro que se nos ha ido acumulando con el tiempo.

Esos pensamientos negativos inevitables son como pelusas residuales de tu vida. Esos residuos se han ido acumulando desde que eras pequeño en forma de: opiniones ajenas, malas palabras de ti para ti, rechazos, decepciones, desamores, discriminaciones, traumas, culpa y baja autoestima. Esas experiencias te han creado una «pelusa mental». Te obstruye la mente y te bloquea evitando que te puedas aplaudir a ti mismo.

Esto va mucho más allá de una bonita metáfora. En tu cerebro hay un filtro. Se llama Sistema de activación reticular, o RAS por sus siglas en inglés. Yo lo denomino «filtro» porque las experiencias negativas tienden a atascarse en el RAS, pero técnicamente es una red viva de neuronas que está colocada como una redecilla de pelo en tu cerebro. Cuando tu RAS está abarrotado de pensamientos, creencias y experiencias del pasado, te quedas atascado ahí. Por eso repites los mismos errores, tienes los mismos pensamientos negativos y vives con eco en la mente.

El hábito de chocarte la mano y todas las herramientas contenidas en este libro son como si usaras el pulgar y el índice para sacar del filtro toda la mierda que se ha acumulado. Y por eso también quiero que lo practiques a diario.

No puedes lavar la ropa sin crear pelusa y no puedes vivir ni un día sin sentir o pensar algo que te hace sentir como una mierda. La clave está en no dejar que se acumulen las cosas negativas. Tienes que aprender a eliminar ese residuo de tu sistema cada día para que no se quede pegado.

Saluda a tu nuevo mejor amigo, RAS.

Hay expertos que califican el RAS como «el vigilante de tu mente» o «el portero». Tu RAS tiene una labor fundamental: decide (filtra) la información que llega a tu mente consciente y la información que se queda fuera. Cada día, tu RAS tiene que controlar 34 gigas de información. Quiero que seas consciente de la enorme labor que tiene tu RAS y por qué necesita que le ayudes para que él te pueda ayudar a ti. En realidad necesita más que tu ayuda, necesita un abrazo porque ha estado haciendo horas extra y ha estado filtrando el mundo entre toda tu mierda antigua.

Tu RAS bloquea un 99 por ciento de lo que te rodea para impedir que llegue a tu mente consciente, porque si no lo hiciera, te explotaría la cabeza por una sobrecarga de información. Solo hay cuatro cosas que siempre atraviesan tu RAS y te llegan a la mente consciente:

- El sonido de tu nombre cuando alguien te llama
- Cualquier cosa que amenace tu seguridad o la seguridad de aquellos que te rodean.
- Las señales de que tu pareja tiene ganas de tener relaciones sexuales.
- Aquello que tu RAS considere que es importante para ti (y esto implica que tu RAS pensará que cualquier pensamiento que repitas o tema en el que te centres, es importante).

Este último punto lo es todo porque si sabes lo que es importante para ti, puedes entrenar tu RAS para que filtre el mundo cada día y te ayude a encontrarlo. Absorbe el poder de estas palabras.

Puedes enseñarle a tu mente que encuentre las cosas que quieres ver, cosas que te hacen crecer y te apoyan, que te hacen sentir más feliz y orgulloso, cosas que te llevarán a alcanzar tus sueños. Ahora mismo, tu RAS cree que quieres ver el mismo mundo que veías cuando ibas a la escuela ¡porque no has cambiado tu opinión sobre ti desde entonces!

Ha llegado el momento de limpiar tu filtro.

Cuando sabes cómo usarlo, tu RAS se convierte en una linterna que te ilumina el camino y te enfoca todas las oportunidades y sincronías y las sorpresas escondidas que te esperan en el mismo, justo a la vuelta de la esquina.

Cuando le dices al RAS lo que quieres ver, te funciona a ti. Pero aquí está la trampa. Si tus pensamientos negativos («soy un fracaso», «soy una mala persona», «no soy suficientemente bueno», «nada me sale bien así que por qué intentarlo») son la banda sonora de tu vida, tu RAS buscará cualquier obstáculo, impedimento, cualquier inconveniente para corroborar tu argumento.

Toma el ejemplo de mi marido, Chris, que durante mucho tiempo se creyó la frase de «soy un fracaso» y durante años eso es lo único que podía ver cuando se miraba en el espejo. Tenía todo tipo de «pruebas» que lo corroboraban. Al principio de su trayectoria profesional iba pasando de un trabajo a otro, luego abrió un restaurante de *pizzas* y un negocio de venta al mayoreo. Tanto amigos como familiares invirtieron en su proyecto, él y su mejor amigo se entregaron en cuerpo y alma y después de siete años, tuvieron que cerrar.

Los últimos años, cuando el negocio estaba fracasando, fueron una montaña rusa. Teníamos hipotecas en la casa y las deudas devastadoras y el miedo eran inevitables, a menos que estuviéramos demasiado borrachos como para pensar en ello. Y a menudo lo estábamos. Cuando Chris dejó el negocio quedó destrozado. Un despojo. Yo pasé a ser el sustento económico de la familia porque no teníamos otra opción (algo que me molestaba mucho en ese momento) y por suerte (y gracias a trabajar como si no hubiera mañana) ahora me doy cuenta de que es justo lo que estaba destinada a hacer. No quisiera revivir nunca esos años: la ansiedad era tan devastadora que a veces me costaba salir de la cama.

No quería ser responsable de mi propia vida, de mi propia recuperación y de mi futuro. Me enojé muchísimo cuando me di cuenta de que Chris no me iba a salvar. Por mucho que no lo soportara, sabía cuál era la realidad: si se tenía que dar la vuelta a esa situación tan demoledora, el cambio tenía que empezar conmigo. «Tienes que luchar —me decía—. Tienes que encontrar la motivación para salir de la cama. Incluso si esa motivación es simplemente que así no gastarás una hora de tu vida hundiéndote en el miedo. Tienes que anclarte con un objetivo que te haga avanzar, incluso si ese objetivo es despertarte y no sentirte fatal.»

La decisión que me cambió la vida en ese momento fue tan sencilla como salir de la cama. Decidí atravesar el miedo en vez de quedarme acostada sumergida en el miedo. Cuando tocas fondo emocionalmente, tienes que encontrar el valor de decir «no voy a seguir haciéndome esto. Voy a cambiar». Y ese fue el momento en el que inventé «El poder de los 5 segundos». Igual que la NASA utiliza una cuenta atrás de 5-4-3-2-1 para lanzar un cohete, yo me hacía una cuenta atrás 5-4-3-2-1 para lanzarme a la acción antes de que los pensamientos negativos me acorralaran. Lo digo muy en serio. Suena el despertador. No mires al techo. Nada de un ataque de pánico. No pospongas la alarma. No des vueltas dentro de la cama ni escondas la cabeza debajo de la almohada para olvidarte del día. 5-4-3-2-1: a lograrlo.

Utilicé el poder de los 5 segundos para salir disparada de la cama. Lo utilicé para dejar de apuntar mi rabia hacia Chris por estar donde estábamos y redirigir mi fuego y energía para arreglar lo que pudiera arreglar. Lo utilicé para dejar de beber tanto. Lo utilicé para ponerme a hacer llamadas en caliente. Una de esas llamadas me llevó a un trabajo de medio tiempo en una agencia de marketing digital y otra me consiguió un *casting* en la radio gracias al cual empecé a presentar un programa de consejos los sábados por la mañana. Lo utilicé para ponerme en contacto con amigos. Para contar la verdad. Para pedir ayuda. Para levantarme cada día y volver a hacerlo. Una y otra vez. Poco a poco, día a día, mi vida empezó a cambiar porque estaba cambiando cómo vivía en mi día a día. E igual que correr un maratón, cambiar la vida se hace dando un paso detrás de otro. Y ojalá hubiera conocido el hábito de chocarse la mano en ese momento, porque la voz que llevaba dentro no se callaba. Hubiera sido mucho más fácil lidiar con todo esto si hubiera sido más buena conmigo y me hubiera animado más a mí misma en el camino.

Un nuevo camino hacia delante...

Doy las gracias al poder de los 5 segundos y a todas las lecciones que he aprendido. Mi visión del momento en el que toqué fondo y conseguimos salir del pozo es totalmente diferente de la de Chris. Sin ese periodo de tiempo tan doloroso en nuestras vidas, no habríamos alcanzado la historia de éxito. No existiría el poder de los 5 segundos. Doy las gracias por lo que he aprendido sobre mi propia fortaleza y el poder del perdón. Agradezco que Chris se quedara en casa a cuidar de nuestros tres hijos durante unos años mientras se esforzaba por recuperarse. Siempre había querido tener una parte más activa cuando los niños se hicieran mayores, y cuando creció mi negocio de conferencista, Chris dio un paso al frente y desempeñó un papel fundamental para ayudarme a construir mi negocio.

La visión que tengo yo de este capítulo de nuestras vidas es que el hecho de que el negocio fracasara nos abrió las puertas a esta maravillosa situación nueva y a los roles adecuados en nuestro matrimonio, en la vida y dentro de la familia. Yo pensaba que esta experiencia había pavimentado el camino hacia una increíble historia de éxito, y te prometo que pensaba que ya lo habíamos dejado atrás.

... pero resulta que el punto de vista de Chris era totalmente distinto.

Mirara donde mirara solo veía pruebas de que era un fracaso rotundo. Si iba a recoger a los niños a la escuela, esto significaba que había fracasado. Si cortaba el césped en casa, significaba que había fracasado. Si preparaba la cena, era un fracaso. Siendo el presidente de los clubes del instituto, era un fracaso. El hecho de que nuestros hijos digan que el tiempo que pudieron pasar con él durante esos años fue uno de los mejores regalos de su infancia no cambia lo que Chris pensaba de él. Era un fracaso.

Y cuando volvió a trabajar, su historia no se alteró. Era el director financiero del negocio «Mel», un recordatorio de que había fracasado con su negocio. No importaba que fuera «nuestro» negocio, ni que en los papeles, él fuera legalmente el copropietario del 50 por ciento de nuestro negocio. No se podía deshacer de la sensación de vergüenza y de que no valía lo suficiente por haber fracasado en su «vida profesional» y haber «perdido» el dinero de otras personas en el restaurante.

Esto nos lo hacemos todos.

Esta es la banda sonora de cualquier vida, simplemente cambia la creencia de Chris (soy un fracaso) por la tuya (la cago siempre, todo el mundo me odia, y la lista sigue). La historia de Chris (e infinitas historias mías) son solo ejemplos de cómo tu RAS puede tirarte la vida entera por la ventana. Estoy convencida de que puedes ver un patrón similar en tu propia vida. En cuanto empiezas a repetirte tu creencia negativa central ese portero de tu mente, el RAS, filtra el mundo para confirmar esas creencias. Cuando Chris estaba en el campo donde nuestra hija jugaba *lacrosse*, entrenando a su equipo, no lo veía como un gran triunfo por tener este tipo de flexibilidad y este tiempo. Se centraba en ese padre que iba de un lado para otro en el margen del campo mirando el celular, seguramente en alguna videollamada de trabajo y zas, se confirmaba la creencia de Chris. «Soy un fracaso, no debería estar entrenando este equipo, ese debería ser yo.»

Si le decía que era el mejor padre del mundo, y que yo no podría estar haciendo lo que hacía sin él, eran palabras en vano; el portero de su mente lo bloqueaba porque no encajaba con su creencia. Si quedaba con nuestro contador y planificaba las finanzas para el año siguiente, no era suyo el negocio en el que era director financiero, era mío. De nuevo, había fracasado.

La información más importante que debes sacar de todo esto es que, igual que una computadora, tu cerebro está programado de una manera determinada. Nadie lo puede cambiar. De la misma forma que no puedo cambiar las creencias de mi marido o de mi hija, tampoco puedo cambiar la tuya. Eres tú quien tiene que decidir que estás harto de pensar esta porquería. Tú puedes cambiar tu programación (tus creencias y tu RAS). Tu mente está a la espera de que le digas cómo te puede ayudar, y tu RAS es la clave.

Y tal vez esto también te ayude: solo tú sigues pensando en lo que pasó hace cinco años, nadie más. Nadie más está llevando un registro con tanta diligencia como tú. Tú eres la única persona que va catalogando todas tus debilidades, tus errores y problemas, y tu foco de atención (¡lo adivinaste!) está en todas tus debilidades, errores y problemas. Se te están creando estas creencias tóxicas y falsas sobre ti que actúan como murallas que te tienen atrapado en el pasado. ¿Y si te dejas salir de esa prisión mental? Ya cumpliste la condena. Ya te has atormentado. Llegó el momento de liberarte del pasado y empezarte a centrar en el futuro que quieres crear. Tienes que empezar reconociendo que tienes una historia o una creencia sobre ti. Y que esa creencia te está hundiendo.

Chris empezó a trabajar para sanar su interior: meditación, terapia, se hizo budista practicante, empezó a hacer las paces consigo mismo. Después de varios años encontró su propio camino hacia una vida con mayor sentido. Fundó un retiro para hombres llamado Soul Degree; la oportunidad para que un grupo de hombres se reuniera para hacer lo que los hombres no hacen nunca: tomarse tiempo para conectar con otros hombres sobre sus experiencias vitales y reconectar a un nivel más profundo con ellos mismos y con lo esencial de la vida. Si Chris y yo podemos darle la vuelta a nuestras vidas, tú también puedes, utilizando tu RAS.

Tú eres el jefe de tu RAS.

Estoy convencida de que has vivido la experiencia de que corten contigo, y durante días, semanas o incluso meses, lo único que ves son cosas que te recuerdan a tu ex. Escuchas canciones tristes sin parar. Vas llorando por las esquinas. Lo espías por internet. Todo esto le dice a tu RAS que tu ex aún es importante. Y aunque lleves semanas o meses sin verlo, tienes recordatorios por todas partes.

Y de repente conoces a otra persona y es como si el portero de tu mente hubiera corrido a tu ex de la fila y hubiera dejado que tu nuevo amor se colara hasta el principio de la fila. En un abrir y cerrar de ojos, lo único que ves son personas enamoradas, no haces más que oír canciones de amor y parece que todo el mundo está tan feliz como tú. Esto lo hizo tu RAS. ¿Y sabes lo que dejaste de ver? Señales de tu ex.

Cuando lo que te importa cambia, tu manera de ver el mundo y de verte a ti también cambia. Tu RAS filtra toda la antigua porquería y los sentimientos de mierda relacionados con tu ex y abre la puerta para que entren cosas relacionadas con tu nuevo amor. Hará exactamente lo mismo por ti cuando decidas que ha llegado el momento de dejar de martirizarte.

Las historias que te cuentas (sobre ti) son cruciales. Si no dejas de repetirte la historia de que «eres un fracaso» o «eres una mala persona», o de encontrarle defectos a tu aspecto físico, o a tu cuenta bancaria, tu RAS creerá que es importante y solo te enseñará más motivos para que creas que eres un fracaso o una mala persona.

Sin embargo, la otra cara de la moneda también es cierta. Si cambias la historia que te cuentas desde «soy una mala persona» hasta «estoy en proceso de creación y cada vez soy mejor», cuanto más te lo repitas, más rápido responderá el portero de tu cerebro.

Dale la vuelta.

Te voy a dar una perspectiva diferente desde la que mirar la vida. Si estás dispuesto a probarlo, junto con el reto de chocarte la mano, experimentarás cambios reales y emocionantes en tu vida. Vamos a empezar.

Creencia restrictiva actual: La cago siempre. Soy un fracaso.
Dale la vuelta: Me perdono por las cosas que hice cuando intentaba sobrevivir. Cada día soy una mejor versión de mí.

He aquí la verdad: cuando crees que conviertes todo lo que hay en tu vida en un desastre, simplemente estás creyendo en la idea equivocada. Si dices «Lo arruino todo», das fe de dos cosas: 1) que eres tan poderoso que constantemente creas solo un tipo de resultado en tu vida, sin variaciones, y 2) que ese resultado es malo. Dale un par de vueltas: eres tan influyente, tan omnipresente, una fuerza de la naturaleza de tal magnitud que cuando estás cerca de algo, incluso de algo bueno, se convierte en un desastre. Este es un muy buen punto de partida. Ya verás.

Una verdad y una mentira.

Ya diste con una verdad: eres poderoso. Pero esto ya lo sabes. Ves pruebas de tu poder por todas partes; en todos los desastres que has generado en tu vida. No serías capaz de crear tal cantidad de cataclismos monumentales en tu vida si no fueras poderoso. ¿Te das cuenta?

Si echo la vista atrás, puedo contabilizar todos los problemas que he generado en mi vida: en la facultad de Derecho, en mis dos trabajos, con mis dos novios. Y tocar fondo a los cuarenta y culpar a Chris. Había montones de mierda por todas partes y logré sobreponerme a cada uno de ellos. Quiero que visualices todos los desastres que has creado. Si eres capaz de crear un montón rebosante de mierda maloliente en tu vida, aquí tienes otra verdad: también tienes el poder necesario para crear algo realmente increíble.

Si eres capaz de crear todos esos montones de mierda, ¿por qué no te dedicas a crear montones de brillantina?

Los resultados asombrosos se pueden materializar con la misma facilidad que los malos. En serio. Pero todo gira en torno de lo que crees que eres capaz de hacer y en qué te concentras. Si te centras en el hecho de que generas cosas malas en tu vida, tienes que darle la vuelta al tema. Dale la vuelta a esa creencia.

Pasa a la acción: Si te levantas por la mañana, te miras al espejo y tu reacción es *Puaj*, consigues una vida *Puaj*.

Empieza el día chocándote la mano en el espejo, con un «Me perdono y me estoy convirtiendo en una mejor versión de mí» y pensando que hay un nuevo mundo al otro lado de la puerta. «Esto no me gusta pero puedo controlar mi respuesta.»

Ahora mismo tienes la gran habilidad de mirar las cosas desde un determinado punto de vista. ¿Y si generaras una habilidad igual de potente pero que te llevara al resultado opuesto?

¿Y si en vez de deslizar a la izquierda, como en las aplicaciones de citas, deslizaras a la derecha?

En vez de decir: «¡La volví a cagar!», di: «¿Cómo puedo arreglarlo?» «¿Cómo puedo hacer que esta situación tenga el mejor resultado para mí? ¿Qué está en mis manos?» «La cagué» no es la única respuesta a la que puedes optar. Piénsalo bien.

Una última cosa: si te vas a llevar todos los méritos por haberla cagado, por lo menos llévate también los méritos por lo que salió bien. Aquí tienes otras afirmaciones que te pueden ayudar a darle la vuelta a tu creencia:

Puedo resolver cualquier problema. («Puedo arreglar cualquier cagada.»)

Esto me está preparando para algo increíble que está por llegar. («Si me está preparando, no la estoy cagando, estoy aprendiendo.»)

Nacimos así.

He aquí otra cosa genial de tu RAS: entrenarlo para que te sirva a ti será muy fácil. La flexibilidad mental es algo que llevas dentro. Ya has experimentado el poder de tu RAS y ni siquiera lo sabías. ¿No te parece brutal? Te voy a enseñar a qué me refiero ¡y lo predispuesto que está tu RAS a ayudarte! Tengo un ejemplo para ilustrar el poder de tu RAS: comprar un coche nuevo.

Imagina que te quieres comprar un coche nuevo y decidiste hacer una prueba de manejo con un Acura rojo. Te gusta porque 1) el rojo es un color fantástico, y 2) no conoces a nadie que tenga un Acura. Además, leíste que es un coche seguro y de fiar.

Ahora, mientras estás leyendo este libro, quiero que te detengas y pienses: ¿cuándo fue la última vez que viste un Acura rojo? A menos que tengas tú uno o que trabajes en una agencia Acura, pondría la mano en el fuego de que no recuerdas cuando viste uno por última vez porque hasta ahora esto no era importante para ti. Y como no era importante para ti, tu RAS bloqueaba todos los Acura rojos de tu mente consciente.

Cada día te pasaban por delante Acura rojos pero no los veías porque no eran importantes para ti hasta ahora. Tu cerebro no puede procesar conscientemente todos y cada uno de los modelos de cada fabricante que te pasa por delante o que está estacionado en la calle. Esto forma parte del exceso de información que tu RAS bloquea constantemente a tu mente consciente. Está claro que «ves» todos esos coches. Simplemente no registras la información. Vienen y van. Pasan por el filtro de tu cerebro. Igual que nuestra hija que «ve» todas las personas en el bar que no son tan perfectas como ella se imagina pero simplemente no las registra.

Pero en cuanto empiezas a pensar en comprarte un Acura rojo, tu RAS es tan hábil que cambiará su propio sistema de filtrado en un abrir y cerrar de ojos. Pensar en comprarte un Acura rojo enciende el colador de espaguetis que tienes en la cabeza. Esta red neuronal se fortalece cuando lees sobre el tema, cuando haces una prueba de manejo, cuando comparas las diferentes opciones de compra, cuando firmas los papeles, cuando te lo llevas de la agencia y cuando lo publicas en Instagram. Todos estos pensamientos y acciones le dicen a tu RAS que te encantan los Acura rojos. De repente, de la noche a la mañana, ya no podrás ir por la calle sin ver Acura rojos. Y esto es porque el portero de tu mente acaba de arrastrar los Acura rojos de la parte subconsciente de tu cerebro hasta la parte frontal de tu subconsciente.

Este es solo un ejemplo entre un millón sobre cómo tu RAS remueve cielo y tierra para enseñarte lo que cree que es importante para ti. Solo deja fuera todas las veces que tu hija te viene y te dice «Qué suerte tengo de que estés en casa, papá» y se centra en el hombre de negocios que está pegado al celular porque tu RAS cree que te quieres sentir como un fracasado. Llevas tanto tiempo sintiéndote como un fracasado en tu trayectoria profesional que tu RAS cree que esto es importante para ti. Y lo mismo pasa si piensas: «Soy una mala persona». Si crees que eres una mala persona, te sentirás como una mala persona después de cualquier conversación difícil. Te centrarás en las reacciones de tus amigos e ignorarás el hecho de que deberías estar orgulloso de ti mismo por haber marcado un límite.

Aquí está la puerta de salida.

Voy a seguir descifrándotelo más, porque es de vital importancia. Cuando te hablas constantemente de forma negativa, tu RAS cree que es importante. Igual que con el Acura rojo, tu RAS escanea tu entorno y busca la manera de afirmar tus pensamientos negativos como: «Estoy feísimo», «No soporto mi cuerpo», «¿Por qué no soy guapa?». Tus pensamientos le dicen a tu RAS lo que es importante. Por eso te sientes atrapado en un mundo que parece que vaya contra ti.

Volver a entrenar a tu RAS para salir de la autodegradación empieza cada mañana en el espejo del baño. Lo que le digas a la persona que hay en el espejo y cómo la trates, es importante. Así que a partir de mañana más te vale despertarte cada día y chocarte la mano porque tu RAS te está observando. Siempre te observa.

Te lo estoy explicando hasta el mínimo detalle porque necesito que entiendas por qué te funcionará esto de chocarte la mano. Sé que lo ves con escepticismo, por eso te estoy explicando toda la ciencia que hay detrás y te estoy desvelando el impacto que han tenido tus experiencias pasadas en tus creencias y cómo funciona el filtro que tienes en el cerebro y por qué necesita tu ayuda. El vigilante de tu cerebro quiere ayudarte.

Ahora mismo tienes una tendencia a vivir en un estado mental y emocional débil por culpa de tu pasado. Por eso tienes una autoestima baja, poca confianza en ti mismo y poca motivación. El hábito de chocarte la mano le da la vuelta a la tortilla y te ayuda a volver al estado mental y emocional fuerte con el que te habían diseñado, un estado que te inspira a pasar a la acción. Ya lo he dicho antes y lo vuelvo a decir. No conseguirás una vida nueva con solo pensarla. Tienes que actuar para conseguirla, chocándote la mano una y otra vez. Actuar de forma persistente hacia el cambio no siempre es fácil, pero puedes hacerlo.

Cambia cómo ves el mundo y el mundo que ves cambiará.

Sí, es así de sencillo. Y deja que te lo repita: yo entiendo que tus problemas son grandes y abrumadores y reales. El hábito de chocarte la mano no cambia esas realidades. Te cambia a ti. Cómo te ves a ti y lo que eres capaz de conseguir. Cómo ves el mundo y qué oportunidades o soluciones puedes crear. Y cómo te esfuerzas para avanzar basándote en la fe y en la creencia de que, cuando lo consigas, pasará algo maravilloso.

Cada día, tu cerebro empezará a recibir el nuevo mensaje de lo que es importante para ti y para tu futuro. Los astros se alinearán y empezarás a filtrar el mundo de una manera completamente nueva que te ayudará a llegar allí donde quieres llegar. Ver las cosas de forma diferente no hará que tus problemas desaparezcan, pero hará que veas soluciones diferentes, oportunidades diferentes y posibilidades diferentes que no habías visto antes. Y esto representará una diferencia abismal.

La pregunta es, aparte de chocarme la mano, ¿de qué otras formas puedo entrenar mi RAS para que me funcione? Agárrate fuerte, porque esto sonará tan absurdo como lo de chocarte la mano en el espejo. Por lo menos, esta fue la reacción de nuestra hija. Así que vamos a quitarnos esos lentes de sol, tirar a la basura esas cosas horribles que te dices y empezar a entrenar el cerebro para que te vea a ti y a tu futuro de una forma completamente distinta.

CAPÍTULO SIETE

¿POR QUÉ DE REPENTE VEO CORAZONES POR TODAS PARTES?

Cuando les expliqué el hábito de chocarse la mano a mis hijas, una de ellas me dijo: «¿O sea que si me choco la mano en el espejo dejaré de pensar que soy una mala persona? ¿En serio?».

Viendo el escepticismo en su voz, decidí enfocarlo de otra forma:

«Sé que suena imposible pero ¿y si pudiera demostrarles que puedes cambiar lo que opinas de ti misma en tiempo real?»

«¿Si pudiera dejar de pensar que soy una mala persona a todas horas? —dijo—. Pues sería genial.»

Les expliqué el ejemplo del Acura rojo y se les encendió el foco: «Ah, sí. A mí me ha pasado. Mi compañera de habitación se compró un *Beetle* de Volkswagen. Yo no me había subido nunca en un coche así. ¡Y ahora los veo por todas partes! Es una locura».

Respondí: «Exactamente. Aquí ven cómo su cerebro cambia la forma como ven el mundo, en tiempo real. Ahora mismo, dices: "Soy una mala persona" y seguramente ves cosas cada día que te hacen pensar que es verdad. ¿Me equivoco?».

Contestó: «Sí. Como lo de que olvidé que tenía que ir al dentista ayer. Lo olvidé y enseguida me dije: "Lo ves, la volviste a cagar"».

«Es un gran ejemplo. Ahora, vamos a darle la vuelta. Vamos a enseñarle a tu mente que no vea todas las cosas que te pasan en la vida que demuestran que eres mala. Puedes olvidarte de una visita al dentista y dejarlo ir sin pensar "Soy una mala persona". Solo tienes que ser prudente y decirle a tu mente qué es exactamente lo que quieres pensar de ti cuando la cagas.»

Me lanzó una mirada llena de curiosidad. «¿En serio? ¿Cómo?»

«Primero tienes que entrenar la mente jugando un juego muy sencillo que cambia la forma como ves el mundo en tiempo real. Cada día, busca cosas que tengan forma de corazón en el mundo que te rodea. Puede ser una piedra con forma de corazón, o una hoja con forma de corazón, o una mancha de aceite en el suelo de tu garaje con forma de corazón, o una mancha de leche con forma de corazón en tu capuchino, todo vale.»

«¿Quieres decir igual que tú, que siempre buscas piedras con forma de corazón cuando paseamos por la playa?»

«Sí.»

«¿En serio? Es la tontería más grande que he oído en la vida, mamá.»

Nuestra otra hija entró en la conversación: «Estoy de acuerdo contigo. ¿Cómo me va a ayudar esto a no sentir que soy la más corpulenta de mis amigas? ¿Especialmente cuando lo soy? Quiero que me enseñes a ser feliz y a tener éxito y a ganar mucho dinero en mi nueva vida profesional. Eres una persona que ofrece autoayuda. ¿Cómo me pueden cambiar la opinión que tengo de mí las piedras que hay en el suelo?».

No te preocupes. Tenía una respuesta brillante. Les dije: «El objetivo de este ejercicio es entrenar tu mente para que vea cosas que bloqueas actualmente y demostrarte que puedes conseguir que tu cerebro trabaje para ti si le dices lo que te resulta importante a ti. Y si quieres ganar mucho dinero, más te vale entrenar la mente para que vea las oportunidades y las gangas que les pasan desapercibidas a los demás, igual que las "absurdas piedras con forma de corazón que hay por el suelo" que no ves porque no las estás buscando. Y si quieres dejar de pensar que eres una mala persona o quieres dejar de odiar tu aspecto, más te vale entrenar la mente para que deje de asociar ese pensamiento con todo lo que ves».

Me di cuenta de que mi argumento les había llegado. Así que fui más lejos aún: «Además, si les dijera a cualquiera de las dos que repitieran un mantra positivo como "Soy guapa" o "Soy una buena persona", pensarían "Pero qué tontería" porque no se lo creerían ahora mismo. Así que primero les tengo que enseñar el poder que tienen de cambiar lo que ve su mente.

Luego confiarán en mis palabras y utilizarán estas herramientas "absurdas" para cambiar la manera como se ven».

Las buenas personas la cagan constantemente. Y esto no te hace ser una mala persona. Y aunque lo seas, ¿por qué deberías ser odiosa? Lo único que tienes que hacer es cambiar cómo ves las cosas para sentirte empoderada y respaldada. E imagínate cuanto más fácil e incluso satisfactorio sería todo si pudieras acallar todo el ruido y te quisieras mientras te esfuerzas por alcanzar tus objetivos de salud. Ahora que las había convencido, querían saber cómo hacer el ejercicio de los corazones.

Ahora te toca a ti. En serio.

A partir de mañana, encuentra algo con forma de corazón en el mundo que te rodea. Cuando lo encuentres, para y míralo. Tómale una foto. Saborea el momento durante unos instantes. Yo veo uno cada día y me sigue maravillando cada vez que me pasa. Buscar corazones hará que tu vida se convierta en la búsqueda del tesoro por la que cada mañana te despiertas sabiendo que en algún momento del día te toparás con ese pequeño corazón secreto que estabas destinado a encontrar.

Este ejercicio no solo te hace abrir los ojos ante el poder de tu RAS y en lo rápido que nos cambia la mente cuando le decimos lo que queremos ver, sino que te demuestra que hay una manera distinta de ver el mundo que te rodea. Y esto significa que hay una manera distinta de verte a ti y de ver el sitio que ocupas en el mundo.

Si lo intentas y no ves un corazón, seguramente sea por tu escepticismo o porque pienses que esto es algo absurdo, así que le dijiste a tu RAS que «esto no es importante». Si quieres tener la mente abierta y dar la vuelta a esos pensamientos negativos, tienes que eliminar aquello en tu vida que evita que pases a la acción. El escepticismo, las dudas y el cinismo son como la pelusa de la secadora. Te bloquean. Esta es una manera de practicar el optimismo y los cambios de mentalidad hacia lo positivo en una situación sencilla en la que arriesgas muy poco. Además, si no puedes jugar un sencillo juego de encontrar piedras con forma de corazón, no serás capaz de jugar el juego de encontrar oportunidades cuando arriesgues más en la vida.

Ve el mundo de una forma diferente.

Haz este ejercicio durante una semana y te darás cuenta de que cada día ves un mundo entero que tu mente no te permite experimentar. Yo llevo años haciéndolo y sigo encontrando un corazón cada día. Si me sigues en las redes sociales, verás que publico constantemente los corazones que encuentro y, cada día, hay personas de todo el mundo que me etiquetan y comparten los corazones que encuentran.

Y así es como lo puedes amplificar aún más: supón que los corazones que encuentras hubieran sido colocados allí expresamente para que los encontraras. Cuando encuentres uno, cierra los ojos un momento, sonríe e intenta sentir la cálida ola de conexión con una fuerza superior, una fuerza que no puedes acabar de explicar. Esto es lo que hago yo y me hace sentir que Dios y el universo me apoyan y me guían.

Hay fuerzas en acción que intentan ayudarte para que veas el mundo con otros ojos. Hay pistas que te llevarán hacia los objetivos y los logros que has esquivado. Lo único que te ha pasado es que has estado mirando las cosas de la forma equivocada. En cuanto empieces a encontrar los corazones, te fascinará ver que tu mente realmente cambia para ver lo que le dices que vea.

Cuando te vuelves muy bueno en este juego, eres capaz de hacer que te aparezcan en la vida cosas realmente alucinantes. Estoy convencida de que has experimentado alguna vez lo de echar la vista atrás en tu vida y ver cómo se conectan los puntos que te han llevado a estar donde estás ahora. Lo genial de entrenar tu RAS para que vea lo que quieres ver es que te ayuda a empezar a unir los puntos hacia delante, desde este momento hasta el futuro que te imaginas. Tu mente está diseñada para ayudarte a conseguir lo que quieres cuando utilizas las herramientas de este libro. En el capítulo 14, te contaré una historia increíble y te daré las explicaciones científicas que me sirvieron para utilizar mi RAS y una creencia firme para visualizar algo milagroso en mi vida. Y te desvelaré cómo tú también lo puedes hacer.

Crear nuevas creencias.

Ahora que ya conoces el RAS y has empezado a buscar corazones, ha llegado el momento de afrontar esas creencias negativas que te dan vueltas sin parar

@melrobbins

keri.rakoce

kathryn__rede
I can't get a good picture but I immediately saw a heart in my coffee 😍 @melrobbins
I LOVE THIS!!!!

keri.rakoce
When you change the way you see the world, the world you see changes.

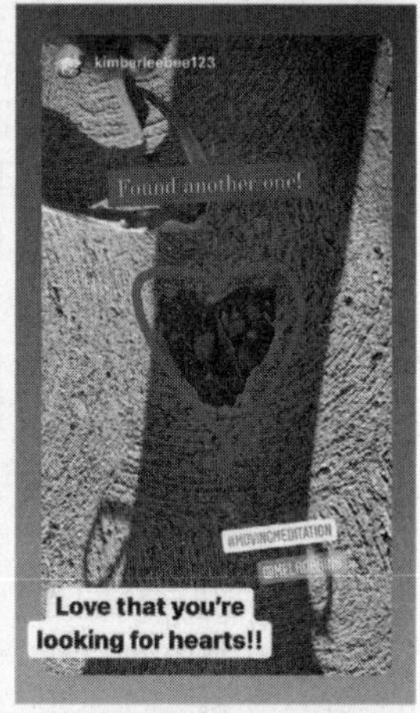
kimberleebee123
Found another one!
#MOVINGMEDITATION
Love that you're looking for hearts!!

Look for love, everywhere.

juliaellerston
LOVE THIS
@MELROBBINS
CLEARLY MY MORNING MOCHA WANTED A LITTLE EXTRA MINDFULNESS AND HAPPINESS THIS MORNING!

por la cabeza. Es el momento de poner orden interrumpiendo los antiguos patrones de pensamiento y sustituyéndolos por cómo te quieres sentir. Hay tres pasos que quiero que empieces a implementar para modificar la banda sonora que tienes en la cabeza:

Primer paso: «No lo voy a pensar».

Los pensamientos negativos aparecen siempre como hongos. No puedes evitar que pase, pero puedes interrumpirlos. He aquí cómo hacerlo: utiliza la versión verbal de chocarte la mano para aplastar los pensamientos negativos. Tú eliges lo que piensas. Esto significa que también eliges lo que no piensas. En cuanto te venga un pensamiento negativo a la cabeza («Nada me sale bien, siempre la cago, nadie me querrá nunca») interrúmpelo con cinco poderosas palabras que redirigen tu RAS: «No lo voy a pensar».

Esto es el significado de comprobar cómo está el filtro; compruebas cómo están tus pensamientos. Es sencillísimo, pero si le das mil vueltas a las cosas, te preocupas demasiado, eres catastrofista, te paralizan los miedos o tienes problemas de ansiedad, esto te cambiará la vida. Dentro de un momento te contaré cómo reeducar tu RAS correctamente para que piense por defecto lo que tú quieres pensar, pero antes quiero entretenerme un poco aquí y explicar realmente lo que te pido que hagas. Esta parte (interrumpir la preocupación y eliminarla como la pelusa del filtro de la lavadora) es fundamental.

Cuando empecé a hacerlo hace unos años, intentaba interrumpir los pensamientos que me hacían sentir ansiedad. Me chocó la cantidad de veces al día que tenía que decir «No lo voy a pensar». Esto fue algo revelador: la frecuencia con la que la banda sonora negativa se reproducía en mi cabeza.

Si una amiga no me respondía un correo electrónico o una llamada al instante, la voz negativa me decía «Seguro que está enojada conmigo». Pero en cuanto me daba cuenta de ello, decía «No lo voy a pensar».

Si veía a alguien publicando una foto de sus pies en una hamaca con el océano de fondo, me sentía celosa y oía como esa voz me decía: «Ódiala», y justo después me daba un coscorrón con un: «Nunca me podré permitir este tipo de vacaciones», hasta que lo paraba con «No lo voy a pensar».

Si veía una foto mía en shorts, empezaba a martirizarme: *Por Dios, qué asco esta celulitis que tengo*, hasta que llegaba el «No lo voy a pensar».

Tu voz negativa tiene una debilidad: no soporta que la interrumpan ni que le digan que se calle. Una vez detrás de la otra, puedes eliminar esos pensamientos negativos antes de que se queden atascados en tu cabeza. Recuerda que, desde el principio de este libro, te he dicho que tu mente está diseñada para ayudarte a conseguir lo que quieres. Cuando llegaste al mundo eras un pequeño explorador que se arriesgaba y no tenía miedo de probar cosas nuevas. Creías en ti y te encantaba verte en el espejo. Estas herramientas que estás aprendiendo te devuelven la esencia de quien eres.

Segundo paso: hazte una notita.

En cuanto ya hayas dado tu réplica con el «No lo voy a pensar», ha llegado el momento de crear una nueva creencia que le diga a tu RAS lo que quieres que vea y que tu mente crea que es verdad. Ya te he explicado por qué la mayoría de los mantras positivos no funcionan: tu mente los rechaza porque no se los cree. Por eso no puedes limitarte a repetir «Soy una persona genial» o «Soy preciosa» y esperar a que tu mente te de pruebas de ello.

Es fundamental que tu mantra diga algo que te puedas *creer ahora mismo.* ¿Y cómo se hace? Te voy a dar algunos que a mí me encantan pero prueba unos cuantos y observa cuál encaja contigo. Dilo en voz alta y fíjate en cómo responde tu mente. ¿Se te ocurren un millón de motivos por los que este nuevo mantra no es verdad? Entonces prueba con otro hasta que encuentres uno al que tu mente le devuelva el guiño. Notarás que es significativo porque te hará sentir con ganas de chocarte la mano en el espejo cuando lo digas. Por dentro dirás ¡Sí!, energéticamente, al instante. Lo sabrás cuando encuentres el que te funcione a ti.

«Hoy me merezco sentirme bien.»
«Los días malos forman parte de una buena vida.»
«Hoy me merezco cuidarme.»
«Fracasar es una mierda, pero gracias a ello tengo más fuerza y sabiduría.»
«Sé que esto me está preparando para algo.»
«Soy suficiente tal y como soy.»
«Voy a salir de ésta.»
«Cada día soy un poco más fuerte.»
«Estoy orgullosa de mí por haberme presentado hoy.»

«Yo puedo con esto.»
«Hoy tengo la oportunidad de probar algo nuevo.»
«Hoy puedo pasar a la acción.»
«Aunque las cosas están complicadas, sé que pasará.»
«Se me permite estar en proceso de creación.»
«Lo menos interesante de mí es mi aspecto físico.»
«Estoy empezando un nuevo capítulo.»
«Me merezco cosas buenas.»
«Cada día crezco como persona.»
«Elijo centrarme en lo que puedo cambiar.»
«Esto es temporal.»
«Si me esfuerzo, puedo conseguirlo.»

Seguramente habrás notado que muchos gimnasios y estudios de yoga y de *spinning* tienen frases motivacionales en las paredes: «Todo es posible». «Inhala confianza, exhala dudas.» «La fuerza la llevas dentro.» «Tú puedes.» Esto es un ejemplo de un apunte visual para cambiar colocado justo allí donde estás actuando. Quiero que hagas lo mismo con tu nueva creencia para que la recuerdes y te acuerdes de usarla.

Un grupo de investigadores de Harvard y Wharton descubrieron que es más probable que la gente se mantenga fiel a sus buenos propósitos cuando se pone una señal que cumpla dos requisitos: 1) que sea ligeramente inesperado (para que resalte en tu cerebro), y 2) que esté en el lugar donde llevarás a cabo ese hábito. Yo te recomiendo que te pongas esta señal en el espejo del baño. De esta forma, cada mañana te acordarás de tu mantra y de chocarte la mano.

Desde que lancé el reto de <High5Challenge.com>, he recibido comentarios de miles de ustedes contándome las señales que se han puesto en el baño para recordar este hábito diario, y quiero compartir algunos de mis favoritos:

- En un post-it, escribe tu mantra y pégalo en el espejo como recordatorio para chocarte la mano.
- Traza el contorno de tu mano con pintalabios o lápiz de ojos en el espejo del baño y escribe tu mantra debajo.
- Traza el contorno de tu mano en un papel, recórtalo y escribe tu mantra en el interior. Luego pégalo en el espejo.

- Escríbete cosas en los espejos con un marcador de pizarra.
- Llena un frasco con mensajes para ti. Cada mañana, ¡chócate la mano y saca un mensaje!
- Pon un objeto (cuanto más inusual mejor) en el baño y pégale una nota con tu mantra.

Tercer paso: actúa como la persona en la que te quieres convertir.

Ahora que ya le plantas cara a tu creencia negativa y dices tu nuevo mantra, ha llegado el paso más decisivo: tienes que actuar físicamente para corresponderle a tu nueva creencia positiva.

Una de las maneras más efectivas de cambiar de opinión sobre ti es adentrarte en la terapia de activación conductual. Es un método terapéutico simple pero extremadamente efectivo que afirma lo siguiente: actúa como la persona en la que te quieres convertir, da igual cómo te sientas ahora mismo. Además de crear un impulso, esto tiene poder porque tu cerebro ve que pasas a la acción. Tus antiguos pensamientos negativos están tan arraigados que no te bastan las palabras para dejar tus viejas costumbres y creencias. Tienes que ver cómo pasas a la acción para cambiar.

La acción te demuestra que tu nueva creencia es cierta, y esto ayuda a tu RAS a cambiarte el filtro aún más rápido. Y lo mejor de todo es que cuando te tratas como si valieras la pena y fueras encantador, no solo cambias tu RAS, sino que también generas autoaceptación, y, tal como has aprendido antes, es la mentalidad más importante para alcanzar la felicidad y la satisfacción.

Te voy a dar algunos ejemplos. Si, como mi hija, te quieres dedicar a la música pero te atormenta la baja autoestima, empieza a actuar como una persona que se expone al exterior. Esto significa escribir canciones y publicarlas en internet. Organízate para tocar un recital en tu colonia. No importa lo nervioso, aterrado o dudoso que estés, hazlo de todas formas. Cuando tu mente ve que pasas a la acción, tu RAS se da cuenta de que esto es importante para ti y te abre un mundo de opciones para que toques más música.

Lo mismo se puede aplicar al amor propio. Si para ti tu aspecto físico lo es todo, empieza a actuar como alguien que se quiere a sí mismo. En vez de encontrarte todos los defectos en el espejo y clavarte puñales a ti mismo, céntrate en lo que valoras. Toma decisiones más saludables porque te mereces sentirte bien. Mueve el cuerpo, no para arreglarte, sino porque te quieres y te mereces sentirte bien. Ponte esos pósits en el espejo. Échate piropos. Y asegúrate de chocarte la mano cada mañana para demostrarle a tu cerebro que «soy el tipo de persona que se aplaude por ser yo».

Y para ir aún más lejos y hacer que esta transición sea aún más rápida, actúa para ayudar a otra persona. Sal del centro de atención. Llama a alguien y pregúntale cómo está. Haz un voluntariado. Cuando eres útil para los demás, aparte de sentirte muy bien, esto te saca de tu miseria y hace que te veas con otros ojos.

Juntémoslo todo.

Así que la próxima vez que tengas un pensamiento negativo, interrúmpelo con un «No lo voy a pensar». Afirma tu nueva creencia. Y luego pasa a la acción. Haz algo que demuestre que tu creencia es cierta, tanto si esto es chocarte la mano en el espejo, u otra acción que le demuestre a tu cerebro que «para mí es importante sentirme así». Así es como cambias la historia que te cuentas, así como la manera como tu mente filtra el mundo y lo que ve en tiempo real.

Esto es justo lo que hace Kristien. Empezó chocándose la mano cada día y le pareció algo sorprendentemente poderoso. Después de tener problemas de peso y confianza propia, descubrió que no le funcionaría ningún plan de ejercicio hasta que empezara a quererse. Así que se convirtió en una entrenadora de salud y *fitness* en Bélgica y empezó a ofrecer un programa que enseña a mujeres lo que le funcionó a ella: que la salud física se basa en lo saludable que esté tu mente y no en llegar a una talla determinada. La salud es quererse y cuidarse.

Kristien empezó a enseñarles a sus clientes que se chocaran la mano en el espejo. Decía: «Cuando enseñé por primera vez lo de chocarse la mano, las mujeres a las que se lo enseñé se mostraban vergonzosas, porque no creían que se lo merecieran y no es normal ser el número uno para uno mismo. Pero en cuanto veo una mujer que se choca la mano y veo cómo va creciendo y cada vez tiene más confianza en ella misma, la felicidad y la sonrisa que esto me genera... ¡no se puede comprar ni con todo el dinero del mundo!».

Luego, Kristien decidió subirlo todo de nivel. Empezó a publicar sus nuevas creencias, incluyendo: «Estás mejorando cada día» y «Estoy orgullosa de ti» en el baño, para poder repetirlas cuando se chocara la mano. Después de ver cuánto le estaban ayudando a ella, decidió añadir las creencias en el espejo de la entrada porque hace los entrenamientos fuera de casa. ¡Quería asegurarse de que todo el mundo las viera al entrar!

¿No te parece increíble? Descubrió que si te chocas la mano y verbalizas tu creencia, es más fácil actuar para demostrar que te quieres. Dijo: «Una de las cosas más importantes que tenemos que aprender es a priorizarnos. Chocarte la mano y las creencias también te ayudan a actuar de esa forma».

Reprogramar tu mente.

Bueno, bueno, hemos hablado de muchas cosas. Chócala conmigo. ¡Muy bien! Voy a recapitular rápidamente para ver hasta dónde hemos llegado:

1. Nunca te vayas de un baño sin haberte chocado la mano en el espejo.

Esto crea nuevas conexiones neuronales que te ayudan a hacer que animarte sea tu nueva opción por defecto. Sí, la vida te ha ido dejando residuos que tienen un impacto en el filtro de tu mente, pero lo puedes cambiar si adquieres este nuevo hábito.

2. Inscríbete al reto de chocar los cinco en <High5Challenge.com>.

¡Deja que te apoye! Te proporcionaré los ánimos necesarios y seré el compromiso que te hace falta para completar este reto de cinco días. Es gratis y divertido, ¡así que inscríbete!

3. Identifica tus creencias negativas y prueba a darles la vuelta.

Planta cara a esos pensamientos, sustitúyelos por un mantra significativo que te creas y demuéstrale a tu RAS (mediante acciones físicas) que quieres que tu mente te enseñe un mundo nuevo repleto de oportunidades y cosas positivas.

Esto es solo el principio.

Todo lo que estás aprendiendo te está ayudando a romper los patrones de comportamiento y pensamiento que hacen que te quedes atascado. En el primer capítulo te expliqué que un choque de manos simboliza confianza, valentía y acción. Es mucho más que algo que haces en el espejo, es una actitud holística ante la vida. Se trata de cultivar y construir una actitud y una mentalidad en la vida que te empodere a tomar el control, a sentirte más feliz y a hacer cambios significativos. Estas herramientas también te ayudarán a eliminar la pelusa de tu pasado y a crear nuevas creencias positivas sobre ti y sobre tu futuro.

Ahora quiero hablarte de la realidad de la vida. Habrá momentos que te hundirán la actitud de chocarte la mano, harán que te sientas atascado y pesimista y te arrancarán la confianza. Es muy fácil percibir cuando te desaparece la actitud de chocarte la mano porque no tendrás ganas de ponerte en acción. Quiero enseñarte a darles la vuelta a estos desencadenantes emocionales naturales pero negativos. En cuanto los entiendas, podrás superarlos con la misma facilidad que podrás levantar la mano y chocartela en el espejo.

Tienes lo que necesitas para empezar a cambiar tu vida, pero quiero ir aún más allá y abordar aquello que a mí siempre me incita emocionalmente y me provoca depresión:

- Celos.
- Culpa.
- Inseguridad.
- Contratiempos inesperados.
- Ansiedad.
- Miedo.

Paso a paso, en las próximas páginas desvelarás estos sentimientos y aprenderás estrategias sencillas y probadas para recuperar tu mentalidad de «choca esos cinco» y empezar a avanzar. Al final del libro también encontrarás una guía muy sencilla sobre cómo implementar todo lo que has aprendido sobre el hábito de chocarte la mano y cultivar una actitud de «choca esos cinco» en tu vida diaria.

Así que, para empezar, vamos a echar un vistazo a algo que siempre me atrapa mentalmente:

«¿Por qué todo el mundo tiene lo que yo quiero?». Y, si realmente quiero exagerar: «Yo nunca tendré lo que ellos tienen o lo que han conseguido, así que me quedaré aquí de brazos cruzados y me pudriré con mis celos».

CAPÍTULO OCHO

¿POR QUÉ LA VIDA ES TAN FÁCIL PARA EL RESTO Y NO PARA MÍ?

Durante mucho tiempo tuve problemas de celos. La rabia y la frustración me consumían por dentro. Recuerdo una vez que un amigo nuestro se compró una casa preciosa y organizó una gran fiesta para celebrarlo. Tan pronto entramos en una casa cinco veces más grande que la nuestra, en un momento en el que teníamos niños pequeños y apenas podíamos pagar la hipoteca, pensé que me consumiría por dentro. Estaba tan celosa que apenas lo podía contener e hice lo que hacemos muchos de nosotros: me desquité con mi marido. De camino a casa, nos enredamos en una gran discusión porque me puse a llorar porque «nunca tendríamos una casa así de bonita».

Tenía esa creencia tóxica de que si otra persona tenía lo que yo quería, eso significaba que yo no lo tendría nunca. No entendía los celos ni cómo utilizarlos a mi favor, así que lo único que hacían los celos era dispararme todas las inseguridades. Si vives comparándote constante, implacablemente con los demás, como una gota china, siempre queriendo cosas, nunca serás capaz de verte como la persona capaz de conseguirlas. Otras personas serán héroes mientras tú te quedas sentado en la banca viendo lo que hacen. Este es un motivo por el cual los celos pueden ser tan deprimentes si te regodeas en ellos. Pero quiero que sepas lo muy útiles e importantes que también pueden ser.

Aquí tienes algunas cosas que oigo que dice la gente cuando está celosa:

«Todo el mundo está ganando en el juego de la vida y a mí siempre me tocan las peores cartas. No es justo... Estoy harto de oír a todo el mundo hablar de que si comen lo que quieren y no engordan, de sus vacaciones relajantes, de las lujosas renovaciones en casa y de perros fantásticos que no se comen el sofá... yo quería todo esto».

«¡Oh! Ya viene con sus publicaciones de "perdí peso y lo tengo todo"... Si yo tuviera un entrenador personal también estaría así... Si vuelve a decir "para mí es muy fácil" una vez más... Hace diez años tuve la idea de empezar Uber. Ya casi lo tenía y... Cuando no tienes hijos es mucho más fácil... Ojalá mi marido me entendiera... Mi vida ha sido mucho peor y no ando presumiendo... Todo el mundo puede utilizar los filtros de las redes sociales, intenta tener tan buen aspecto en la vida real... Todo el mundo me está superando y yo ya no tengo espacio para brillar.»

«Apaga y vámonos. Ahora me doy cuenta de que yo quería que sus triunfos fueran mis triunfos. Pero se quedaron con todo el éxito y ya es demasiado tarde para que gane yo. Me quedaré aquí de brazos cruzados y me pudriré con mi inferioridad.»

La verdad es que, en un momento u otro, todos nos hemos sentido como si nos hubieran robado la versión de ensueño de nuestra vida (y por una buena causa, ya lo entenderás al final de esta historia).

Con este tipo de discursos a uno mismo, nos cerramos las puertas mentalmente a lo que queremos porque alguien ya lo hizo. Tiramos la toalla con nosotros. Los celos toman las riendas y en vez de animarte para tener la vida que quieres, empiezas una espiral moral de pensamientos y sentimientos terribles sobre ti.

Quiero que entiendas que los celos son un indicador de que puedes y debes tener aquello que anhelas. Te voy a proporcionar algunas herramientas para modificar tu mentalidad y que puedas estar más emocionado por tu futuro y tengas las fuerzas necesarias para construirte la vida que quieres.

Pero, primero, quiero que te fijes bien en cómo percibes el éxito. ¿Crees que el éxito, la felicidad y el amor son un recurso limitado? Yo lo creí durante mucho tiempo y esto me bloqueaba. Pensaba que si la cantidad de éxito y de felicidad que podían estar en circulación era X, no había suficiente para mí.

En cuanto entendí que la felicidad y el éxito son ilimitados y que son para todo el mundo (¡todo el mundo!), empecé a generar la valentía y la convicción de que conseguiría mi parte. Solo con ese pensamiento solté las riendas que me permitieron dejar de pudrirme en mis celos y empezar a trabajar para conseguir lo que quería.

A lo largo de toda la vida nos dicen «No te pongas celoso» como si fuera algo de lo que deberíamos avergonzarnos, como si fuera algo indecoroso, ruin y malo. Pero los celos no son nada más que el deseo bloqueado. Si pudieras convertir los celos en inspiración, el bloqueo desaparecería. Si pudieras celebrar los celos como una señal de tu siguiente gran paso en la vida, te quitaría el peso de la frustración y de la inseguridad que sientes y te permitiría avanzar de nuevo con una actitud de «choca esos cinco».

Para entender cómo funciona todo esto de los celos y cómo lo puedes transformar en inspiración, lo mejor que podemos hacer es empezar en la turbia ciénaga de los celos, del autodesprecio, de la tremenda baja autoestima. Las redes sociales.

La verdad que nadie te cuenta sobre los celos.

El otro día estaba viendo cómo mi hija iba navegando por las redes sociales y le pregunté: «¿En qué estás pensando ahora mismo?».

Me contestó: «Cuando estoy en Instagram veo las vidas de la gente, a qué se dedican y sus experiencias, y quiero hacer lo mismo con mi vida pero luego me convenzo de que eso nunca me pasará a mí por mucho que lo quiera. Y esto me hace sentir mal».

Luego le dije: «Dime una experiencia que quieras tener y que creas que nunca vivirás».

Me respondió: «El otro día en las redes vi el video de una chica que se mudó a una isla en México, encontró trabajo allí y ahora se lo está pasando en grande viviendo en la playa».

Le dije: «Bueno, suena bien. ¿Por qué no lo haces tú?».

Me dijo: «Mamá, es más fácil de decir que de hacer. Verla me puso celosa porque me gustaría estar haciendo eso. Siempre he soñado con viajar y explorar el mundo pero nunca me permitiría ni pensar en hacer lo que hizo ella, porque supongo que en el fondo pienso "Bueno, me alegro por ella pero yo nunca podría hacer algo así". Siento que se me está acabando el tiempo, mamá. Ya tengo veintidós años».

Cuando dijo: «Ya tengo veintidós años», lo primero que pensé fue «¿Estás bromeando, no?» lo cual, por suerte, no dije. Mi segundo pensamiento fue «No puedo creer cuánta presión se está poniendo a sí misma. ¡Pero si está empezando la vida! Tiene todo el tiempo del mundo, y ahora es el momento de hacer algo tan increíble como eso». Pero tampoco se lo dije. Me limité a escucharla.

«Lo único que quiero hacer ahora mismo es viajar y trabajar. Viajar es mi sueño. Pero no hago más que ver los obstáculos y los motivos por los cuales no me saldría bien. No soy el tipo de persona que va y hace algo así, y no me imagino que pudiera funcionar de todas formas. La veo viviendo la vida a lo grande en México y me pone muy celosa porque es algo genial para ella pero que nunca me pasaría a mí».

Y luego jugué una de las mejores cartas que he aprendido a jugar como madre. Le dije: «¿Quieres que me limite a escucharte o quieres que te diga lo que pienso?».

Me miró y me dijo: «Quiero saber lo que piensas».

Le dije: «Lo que me choca más es cómo tu baja autoestima evita que explores o te decantes hacia tus sueños y deseos más profundos. Sabes perfectamente lo que quieres. Desde que fuiste a Camboya con tu abuela en secundaria, tu corazón ha querido viajar y explorar el mundo. Todas estas preocupaciones y dudas que tienes son normales. Todos las tenemos.

»Mientras pienses "nunca seré yo", no pasarás a la acción con las cosas que sueñas. Es normal sentirse celosa cuando ves a otras personas haciendo lo que te da miedo hacer. Pero si lo único que haces es pensar en lo que quieres, no es un sueño, es un deseo. Un sueño requiere acción. Requiere colaboración. Solo se hace realidad si encuentras el valor de acercarte a él».

Si te ves reflejado en esta conversación, aquí tienes una cosa muy sencilla de la que tienes que darte cuenta si te encuentras acribillado por tu baja autoestima: El mundo no te dijo «No puedes tenerlo». Te lo dijiste tú.

Dale la vuelta.

Tienes que aprender que todas esas otras personas no te ganaron: te iluminaron el camino... ¡y pueden chocarte la mano en el proceso! Mírate en el espejo y, en vez de ver a un fracasado, observa lo que realmente hay allí: un aliado que te ayudará a conseguirlo. Acéptate como tu mejor socio en la vida y te sorprenderán los otros socios que encontrarás para conseguir eso que tanto anhelas. Cuando veas el potencial en la vida, cambiarás; te convertirás en alguien que puede chocarte la mano por el camino en vez de pudrirse de celos. Para pasar a la acción convertirás el obstáculo en inspiración.

En cualquier aspecto de tu vida en el que sientas celos, les darás la vuelta y los convertirás en inspiración:

Creencia restrictiva actual: Si otra persona lo tiene, yo no puedo tenerlo.
Dale la vuelta: Su triunfo es solo una muestra de que yo también puedo conseguirlo.

Los celos te están diciendo algo.

Por un momento, piensa en quién te provoca celos, alguien en tu vida o alguien que admiras desde la distancia. Ahora concibe esa sensación de celos como una señal que intenta captar tu atención. No te alejes de los celos que sientes. No intentes esconderlos y no dejes que te avergüencen o te asusten. Dirígete hacia ellos porque esa es la manera más rápida de averiguar lo que quieres.

Los celos son un instrumento de navegación, igual que la curiosidad o el deseo. Te dicen hacia qué dirección tienes que enfocar tu vida. Mañana, cuando te plantes delante del espejo, haz que el acto de chocarte la mano simbolice tu compromiso de esforzarte por lo que quieres. Te lo mereces. Y de empoderarte para conseguirlo.

A nuestra hija, ver a su amiga viviendo y trabajando todo el verano en México la ponía celosa. Esto es bueno. Tiene que seguir esos celos porque la llevarán hacia aquello que más desea. Y cuando ves a otra persona haciendo lo que tú deseas, puede que sientas dolor. La mayoría de nosotros dejamos que ese dolor nos bloquee. Pero tienes que sacarle ventaja. Dale la vuelta para que te inspire a cambiar.

En el caso de nuestra hija, debería escribirle a la chica y decirle: «Me encantaría hablar contigo. Me encantaría hacer lo que estás haciendo y me gustaría aprender de ti». Esto es todo lo que tienes que hacer para acercarte a lo que quieres. Solo esa acción transforma los celos en inspiración.

Otra cosa que podría hacer es empezar a seguir a personas en las redes sociales que estén viajando por el mundo y trabajando allí donde van. Ver más pruebas de lo que quieres ayudará a tu RAS a cambiar más rápido, para que sepas que tú también podrías vivir eso. Avanza hacia lo que quieres y los celos desaparecerán, y aquello que te está esperando estará un paso más cerca de ti.

Así es como puedes empezar a hacerlo, especialmente si no estás seguro de lo que quieres:

Vuelve a mirar a las personas que hay en tu vida. ¿De quién tienes celos?

Quizá estás celoso de su energía, su entusiasmo y su actitud positiva. Tal vez estés celoso de su canal de YouTube o del negocio que abrieron. Puede que sea por su grupo de amigas inseparables o por la organización sin ánimo de lucro que creó. Quizá estás celoso de cómo cuida su salud, su estilo de vida, su autenticidad, dónde vive o el hecho de que esté probando cosas nuevas constantemente y se esté abriendo al mundo.

Ahora ve más allá: ríndete ante la atracción de tu deseo.

No te quedes de brazos cruzados hundiéndote en tus celos. Descífralo. ¿Qué es exactamente lo que te pone celoso de la vida o de la trayectoria profesional de esta persona?

Normalmente dejamos que los celos nos hagan sentir inseguridad. Nos anulamos porque vemos lo que hacen los demás o lo que tienen y nos sentimos mal por quererlo. Esto se debe a que no crees ser capaz de conseguirlo en tu vida.

El hecho de que tu amiga haya renovado su cocina te hace sentir mal por tener una cocina mediocre y eso hace que te molestes con tu pareja porque no han priorizado ahorrar dinero para arreglar la casa. Tal y como ya confesé antes, esto me pasó mucho a mí cuando Chris y yo estábamos en apuros económicamente hablando. El hecho de que cualquier amigo se comprara muebles nuevos, que hiciera una ampliación o que se fuera de vacaciones me ponía tremendamente celosa porque dudaba de mi capacidad de obtener lo mismo para mí.

Me ponía muy triste cuando me repetía: «Nunca tendremos una vida así».

Echando la vista, atrás puedo contarte exactamente lo que me pasaba: no tenía nada que ver con nuestra casa ni con Chris. Tenía que ver con mi deseo de triunfar lo suficiente como para permitirme cosas así de bonitas, y con mi ambición. Y en ese momento no estaba aceptando mi ambición. Presionaba a Chris para que hiciera avances en su trayectoria profesional, para que ganara dinero y me diera lo que quería. Pero tus deseos son tu responsabilidad, no la de los demás. Si quieres abundancia económica, ser desagradable con tu marido no te generará esa abundancia. Tienes que mirarte al espejo y ser sincero sobre lo que quieres, y así es como lo conseguirás.

O puede que la cocina de tu amiga no te provoque nada. Y que sea la transformación de salud que hizo tu hermano lo que te saca de quicio. Lo ha ido documentando en Facebook y esto hace que te arrepientas de no haber empezado a hacer ejercicio hace un año. Al principio sus publicaciones te inspiraban pero ahora ya te molesta ver cómo va perdiendo peso. Incluso empiezas a poner los ojos en blanco cuando ves lo feliz y entusiasta que parece en las redes.

Si sientes celos y malicia cuando ves las publicaciones de tu hermano, significa que quieres eso. Simplemente te bloquea la baja autoestima. En cuanto empiezas a ver el tira y afloja de tus deseos (es decir, que tus deseos te atraen pero las dudas o el miedo te alejan de lo que quieres) lo empiezas a ver por todas partes. Tienes tantas ganas de tener lo que el destino te depara que te duele cuando algo te recuerda que no lo tienes... *aún*.

Esto también pasa en la vida profesional. Por ejemplo, pensaste que el nuevo negocio de tu vecina de productos para el cuidado de la piel no duraría ni dos días. Te ha pedido tantas veces si querías probar los productos que su pasión por lo que hace te repele y te parece impresionante a la vez. Si eres sincera contigo, parece que se lo está pasando en grande y que está ganando mucho dinero, y todas las nuevas amistades que ha creado a partir de este negocio, te ponen celosa.

En vez de apartarla, quiero que te rindas ante la atracción de lo que deseas. Hay algo de lo que hace que sientes que es para ti. ¿Cómo lo puedes saber? Estás celosa. Y estás de suerte: tienes alguien a quien puedes llamar y con quien puedes hablar que está en el camino que te atrae. Esto no significa que tengas que vender productos para el cuidado de la piel. Pero quizá si le llamas y le preguntas acerca de su trayectoria, aprenderás algo que te dará una pista sobre lo que te falta. Con solo una llamada despejas las dudas y conviertes los celos en acción inspirada.

O tal vez tu hijo menor ya se fue a la universidad y ahora sientes el nido vacío. Aprecias esos años en los que te pudiste quedar en casa con los niños. Pero, ahora, todas tus amigas que trabajaron a la vez que criaban a sus hijos te hacen sentir extremadamente insegura y celosa. Tu currículum tiene un hueco de veinte años y no tienes ni idea de por dónde empezar. No saber qué hacer no es una excusa para no hacer algo. Lo primero que tienes que hacer es seguir ese tira y afloja y empezar a hablar con esas amigas, y con otras personas que formen parte de tu entorno, sobre el siguiente capítulo de tu vida que resulta evidente que deseas crearte.

Es más fácil envidiar a los demás o juzgarlos que admitir que te falta algo en la vida. Si no actúas, tu baja autoestima y tus celos no harán más que seguir creciendo. Se supone que tienes que hacer algo increíble con este nuevo capítulo de tu vida. Esto es lo que te depara el destino. No permitas que los celos te bloqueen. Dales la vuelta, conviértelos en inspiración y empieza a buscar ese algo.

Este consejo no solo te lo doy a ti; también me lo doy a mí.

Yo antes dejaba que la baja autoestima y los celos me consumieran por dentro. Pero ahora que sé que los celos no son nada más que deseos bloqueados, entiendo cómo utilizarlos para conseguir lo que quiero. Es una emoción normal y no hay día que no sienta un pinchazo de celos. Me pasa casi cada vez que me pierdo en las redes sociales. En vez de dejar que se me enconen los celos, dejo que me lleven hacia aquello que me depara el destino. Por dentro me digo: «Ah, qué interesante, estoy celosa». Exploro la sensación y la convierto en una señal que me inspira a actuar.

Ahora mismo, en mi vida profesional, cuando miro hacia delante, la gente que me pone más celosa son aquellas personas que ya empezaron y lanzaron *podcasts*. Por ejemplo, mi amigo Lewis Howes lleva siete años presentando el *podcast The School of Greatness* («La escuela de la excelencia»), y estoy muy celosa de él. De hecho, tengo muchos amigos que tienen *podcasts* con los que están triunfando y los envidio mucho. En serio, ¡mucho! No me lo había planteado nunca antes pero estoy rodeada de amigos y amigas que presentan *podcasts*.

Estoy celosa y luego (ya me dirás si tú también lo haces) me martirizo por no tener un *podcast*... aún. Mi don es mi voz. La mejor versión de mí sale cuando estoy cara a cara con alguien, hablando de la vida. Esto es lo que hago en los escenarios, esto es lo que hago cuando soy *coach*, esto es lo que hago con mis audiolibros, y esto es lo que hice como presentadora de un programa de debate en la tele. Como tengo dislexia y TDAH, escribir es la manera más complicada de crear contenidos pero, en cambio, hablar con un micrófono es pan comido.

Crear un *podcast* sería algo tan natural y fluido como beber un vaso de agua. Creo que me encantaría. ¿Y por qué no he lanzado un *podcast*? Por el mismo motivo por el que mi hija no ha empezado a planificar un viaje por el mundo. Por el mismo motivo por el que tú no has seguido ese sueño que te ha estado rondando por la cabeza todos estos años. Lo quieres con todas tus fuerzas pero las dudas te han convencido de que «nunca serás tú quien lo consiga. Es demasiado tarde. Otra persona ya aprovechó la oportunidad. Seré una copia barata».

La verdad es que cuando lo pongo por escrito no tiene ningún sentido. No hay nada que me impida tomar un micrófono de cuando trabajaba en la radio, conectarlo a una grabadora y grabar un *podcast*. O abrir la aplicación de grabar de mi celular y darle al botón de grabar. No hay nada que me lo impida, solo yo.

Me he dicho: «Es demasiado tarde. Ya se te fue el tren. Todo el mundo tiene un *podcast*, hasta la abuela de Fulanito. Seguro que el mío no triunfará ahora. Hay tantas personas que me llevan ventaja con esto de los *podcasts*, ¿cómo podría hacer algo diferente?». He entrenado mi RAS para que me enseñe los motivos por los que no debería empezar. Ups. Después de confesártelo, tenía curiosidad. ¿Cuántos *podcasts* hay? Pensé, quizá 100 000. Lo busqué en Google. Agárrate fuerte.

Hay casi dos millones de programas y 43 millones de capítulos individuales en el mundo de los *podcasts*. ¿Dos millones de programas? Ya te he dicho que no puedes lavar la ropa sin crear pelusa. Ni tampoco puedes vivir un día sin tener pensamientos negativos. Pero cuando vi que había «dos millones de programas», noté que se me hundía el corazón. *Uf.* Cuando te pasa esto, tienes que imaginarte limpiando el filtro para que puedas mantener la mente abierta ante lo que te depara el destino. Tienes que imaginar cómo aplastas mentalmente ese *uf* y lo conviertes en un «Lo voy a hacer de todos modos».

Empieza a prestar atención a tus celos y averigua lo que te están intentando enseñar sobre dónde se supone que tiene que llegar tu alma. Si no lo haces, los celos se harán más fuertes y ruidosos. Te comerán vivo. En vez de mirar hacia delante y ver el lugar donde representa que está tu destino, empieza a buscar en tu entorno aquellas personas que ya lo lograron.

Asegúrate de que no te pasa esto.

Aquí tienes algunas preguntas que te pueden ayudar a darle la vuelta a tus celos y convertirlos en acciones inspiradas, porque necesitas chocarte la mano:

- ¿De quién tienes celos?
- ¿Qué te atrae de estas personas y de lo que hacen o de lo que tienen?
- ¿Qué partes te inspiran?
- ¿Qué partes no te gustan?
- ¿Cómo lo modificarías para hacerlo tuyo?
- ¿Cuál es el pensamiento negativo (o los pensamientos negativos) que evitaron que te permitieras perseguir este sueño?

Cuando me planteo estas preguntas me resulta evidente lo que me está intentando decir mi alma. Tengo que convertir en mi prioridad número uno el lanzamiento de un *podcast* en el próximo capítulo de mi trayectoria profesional. Lo primero que podría hacer para empezar, tan pronto acabe este manuscrito, es crear una planificación de lanzamiento. Luego podría ponerme en contacto con todos mis amigos y pedirles consejos. Podría hacer un curso por internet sobre *podcasts*. Podría registrarme en algún evento que organice la industria de los *podcasts*.

En cuanto pase a la acción, los celos desaparecerán, y a ti te pasará lo mismo.

Eso mismo le pasó a nuestra hija. Unos días después de nuestra conversación, se puso en contacto con su amiga en México y empezó a elaborar un plan. Elaboró un itinerario y modificó a quien seguía en las redes sociales para ver más fuentes de inspiración. Le pidió a su jefe si podría empezar el trabajo que había conseguido después de la universidad unos meses más tarde de lo que había previsto en un inicio. Es como si se hubiera bebido un elixir: de repente estaba llena de energía y vitalidad. Utilizó los celos como inspiración y empezó a actuar hacia lo que quería. Y no hay nada más energizante que eso.

Y aquí te dejo otra información importante: si no estás dispuesto a hacer lo necesario para cambiar o para alcanzar eso, no tienes derecho a ponerte celoso. Esto demuestra que te has acostumbrado a centrarte en lo que te falta pero que realmente no quieres.

Lo que me encanta de este hábito de convertir los celos en inspiración es que es muy sencillo, pero a la vez también es algo precioso. Afirma lo que yo creo que es nuestra naturaleza humana esencial: todos somos co-creadores en esta vida tan magnífica. Estamos todos profunda y energéticamente conectados los unos con los otros. El éxito de una persona puede ser un triunfo compartido entre muchos. Los logros de unos y otros nos elevan y su ejemplo nos inspira. Así que en vez de competir con aquellos que van por delante de ti, concíbelos como aliados que te pueden ayudar a conseguir lo que quieres. Y nunca olvides que cuando encuentras la confianza necesaria para avanzar en la vida te conviertes en la luz que guiará el camino de otra persona detrás de ti que aún está atascada.

CAPÍTULO NUEVE

¿NO ES MÁS FÁCIL SI NO DIGO NADA?

La culpa o el remordimiento es una de las emociones más poderosas del mundo. Si eres propenso a sentir culpa, tienes que saber cómo liberarte de ella. La sensación de culpa es como las riendas de un caballo. Imagínate que tu espíritu es como un bonito corcel que no quiere nada más que sentir su propio poder y su fuerza y su velocidad. Quiere galopar por los campos con el sol en el lomo y la melena al viento. Pero las riendas de culpa lo aprietan fuerte, le desaceleran el espíritu y al final lo acaban frenando. Algún ser querido se sentirá herido o decepcionado si quieres correr hacia tus sueños. Lo único que puede hacer el caballo es obedecer.

Si te entrenas para correr un maratón, tu pareja se ofenderá.

Si te pones a vender inmuebles los fines de semana, tu jefe se enterará y se enojará contigo.

Si te cambias de colonia, tus antiguas amistades te harán sentir como si te creyeras superior.

Si tomas ese trabajo en Londres, tus hijos tendrán que dejar su escuela y nunca te perdonarán por ello.

También puede sonar más sutil como:

«Pero... estoy intentando dejar el gluten. Bueno, sí, me como un trozo de lasaña, abuela...Claro, ya haré ese trabajo extra por ti aunque estoy de trabajo hasta el cuello... ¿Soy una mala madre por querer que nuestros hijos adultos se independicen?... ¿Quieres que te deje mi camioneta? Ya, bueno, claro... ¿Soy un monstruo por no querer ir a celebrar Nochebuena en casa de mi cuñada (otra vez) este año?... Mis hijos deambularán por las calles si me entreno para un maratón... Es más fácil si no digo nada».

La culpa es matadora.

Lo que me parece más interesante de la culpa es lo mucho que se malinterpreta. Es probable que creas que los demás «te hacen» sentir culpable. Esto no es verdad. En realidad los sentimientos de culpa son autoinfligidos. La culpa está unida a tus valores y a tus desencadenantes emocionales. Cuando te sientes culpable por algo es porque crees que hacer o decir lo que quieres herirá a otra persona o hará que se enoje contigo.

Lo que alimenta tu «culpa» es la idea de que alguien se enojará, se decepcionará, se incomodará o se molestará contigo. *Es más fácil no lidiar con eso* significa que es más fácil no lidiar con el hecho de que habrá personas que se enojarán contigo. Tanto si te sientes culpable por decir que «no» a cubrir el turno de un compañero de trabajo, o te sientes culpable por no incluir a tu amiga insegura en tu picnic, o te sientes culpable por querer celebrar las fiestas en tu casa este año porque tu suegra siempre organiza el día de Acción de Gracias en su casa: tú ya sabes lo que quieres hacer. Simplemente no quieres enfrentarte a los efectos colaterales que anticipas que llegarán si te priorizas a ti y a tus necesidades. La culpa te hace estar incómodo, así que cedes.

Te quieres mudar a California pero te sientes culpable porque sabes que tus padres estarán tristes. Te han ofrecido un ascenso pero te sientes culpable porque no se lo ofrecieron a Mary y ella también se lo merecía. Quieres estudiar enfermería pero te sientes culpable porque no habrá nadie que pueda cubrirte en casa.

A mí también me cuesta, esto. No es fácil aprender a decepcionar a la gente y aun así honrarte a ti. Pero puedes hacerlo, y te cambiará la vida.

Tengo una historia para ti sobre una mesa de billar.

Mi padre tiene como afición comprarse y restaurar antiguas mesas de billar que encuentra en ventas de garaje y liquidación de patrimonios. Cuando

Chris y yo nos casamos, su regalo de boda fue una mesa de billar Brunswick meticulosamente restaurada, construida hacia 1870, de la misma época que una antigua casona que nos compramos en las afueras de Boston. Después de casarnos se quedó en el sótano de mis padres, en Míchigan, durante años porque Chris y yo no teníamos donde ponerla. Cuando mi negocio empezó a arrancar, pudimos añadir un nuevo garaje con una sala de juegos junto a nuestra casa. Cuando se lo dije a mi padre se emocionó mucho y nos dijo «¡Qué bien! ¡Así tendrán un lugar donde poner la mesa de billar!». *Un momento. ¿Mesa de billar?*

¡Empecemos a complacer a todo el mundo!

Mi padre pagó a unos expertos en mesas de billar para que vinieran a armarnos la mesa con esmero en nuestra casa; a nivelar la pizarra, a alisar el fieltro, y a colocar las troneras trenzadas de cuero una por una. La mesa era preciosa y ocupaba la mitad de nuestra nueva sala de juegos. Por lo visto la culpa puede afectarte gravemente la percepción de la profundidad y la capacidad de medir correctamente. Los niños jugaban en extremos opuestos de la sala y la mesa de billar estaba plantada en medio, como un elefante en la habitación, cubierta de Legos, porque casi nunca la utilizábamos para jugar billar. Cuando los niños se hicieron mayores y mi negocio empezó a crecer, ya no necesitábamos una sala de juegos, necesitábamos un despacho. Pero no tenía manera de mover la mesa de billar.

Cuando la culpa te convierte en un tapete, todo el mundo parece una puerta.

Durante dos años más se quedó en el despacho como un portaaviones de fieltro, obligando a todo el mundo a darle la vuelta para ir de un lado al otro de la sala. Yo llevaba mi negocio desde fuera de casa pero no había espacio para poner escritorios en el «despacho», con lo que mis trabajadores tenían que sentarse en la isla de la cocina y en la sala.

Quería recuperar el espacio, pero yo (es decir, la culpa) no podía mover la mesa de billar. ¿Por qué? Porque quiero a mi padre más que nada en el mundo y no quería decepcionarlo. Pensaba en él cada vez que veía la mesa. Y como no vivía cerca de mis padres, me encantaba tener cosas de Míchigan en nuestra casa, en Massachusetts.

Como vivían en la otra punta del país, mis padres solo nos venían a visitar unas pocas veces al año. Sabía que mi padre lo entendería si la cambiábamos de sitio, pero colocarla en el desván me parecía como una bofetada en la cara de mis padres, que nos la habían regalado con mucho cariño.

Aunque pensaba en eso cada día, me negaba a tomar el teléfono y decírselo a mi padre. Y es que soy una persona complaciente. Y la idea de decepcionar a alguien me pone físicamente enferma.

Aviso: lo que te voy a decir no te va a gustar (pero tienes que escucharlo).

Complacer a los demás es genial si es lo que realmente quieres hacer y si te hace feliz. Pero se convierte en un problema cuando empiezas a traicionar tus propias necesidades por miedo a que otras personas se enojen contigo. Ahora mismo estoy hablando de no decepcionar a mi padre, pero este tema es mucho más vasto. Como soy una persona complaciente, hago lo que sea para manipular tu reacción emocional. Utilizo la palabra *manipular* a propósito, porque sé que te molesta. Las personas complacientes creen que están siendo «amables».

No, somos mentirosos. Si eres una persona complaciente te comportarás de una manera determinada para manipular lo que los demás piensan de ti. Por eso dedicas tanta energía refinándote para encajar o para gustar a los demás o para que nadie se enoje contigo. Estás manipulando lo que la gente piensa de ti. En vez de exponerte como eres realmente y tomar decisiones que te vayan bien a ti, te retuerces (o distorsionas tu sala de juegos nueva, en este caso) para que los demás no se enojen contigo.

La valentía y la confianza en uno mismo disipan la culpa.

Un día, utilizando la mesa de billar como superficie de trabajo para colocar todos los capítulos de *El poder de los 5 segundos* para la edición, me di cuenta de que si quería enseñarle a la gente cómo encontrar el valor y la confianza para tomar las riendas de sus vidas, yo tenía que encontrar el valor y la confianza necesarios para hablar con mi padre.

Estaba cediendo ante mi necesidad de tener un despacho e incluso de triunfar porque tenía miedo de decirle a mi padre lo que sentía. Tenía que hablar con mi padre.

Cada día que evitaba la conversación con mi padre era otro día que me sentía enfrentada a ese dilema cuando entraba en mi propio despacho. Me estaba carcomiendo. Y tampoco era justo para mi padre. Él no me regaló una mesa de billar para que me sintiera enfrentada a un dilema. Me la regaló para que la disfrutara.

Dale la vuelta.

Voy a repetir algo que ya te he dicho: ser una persona complaciente no tiene que ver con los demás. Tiene que ver con tus inseguridades. Y mi mayor inseguridad es que la gente se enoje conmigo. Una gran parte de llegar hasta aquí fue darle la vuelta a mi creencia restrictiva:

Creencia restrictiva actual: Si alguien se decepciona o se enoja con tus decisiones, dejará de quererte.

Dale la vuelta: puedes decepcionar a la gente o molestarlos con tus decisiones y ellos te seguirán queriendo.

Como madre de tres hijos, te puedo decir que constantemente nuestros hijos hacen cosas que me sacan de quicio, o que me entristecen o que me provocan un pinchazo de decepción. Y ni una vez ha tenido un impacto en lo muchísimo que los quiero a los tres. Sin embargo, como hija, seguía pensando que mis padres solo me querrían si les parecía bien todo lo que hacía.

Ojalá pudiera darte algo tan sencillo como el poder de los cinco segundos y decirte que lo único que necesitas es contar 5-4-3-2-1 y que por arte de magia se resolverá tu actitud complaciente y desaparecerá el pinchazo de la decepción. Pero la vida no funciona así, porque las relaciones son dar y recibir. He tardado cuarenta y cinco años en alcanzar esta epifanía de que el amor y la decepción pueden coexistir, y que a menudo coexisten.

Una buena hija nunca lo haría.

Las conversaciones difíciles tienen lugar porque tú decides que ha llegado el momento de tenerlas. Esto es justo lo que me pasó a mí. Un día tomé el teléfono y le llamé. Perdí un poco de tiempo con frases superficiales y le dije la verdad: «Papá, ya sabes que me encanta la mesa de billar. Pero mi negocio está creciendo mucho y necesito un despacho en casa».

Y me dijo: «Ah, ¡pues quedará genial en el despacho!».

Mi culpómetro se disparó por las nubes. El universo me estaba llevando de Guatemala a Guatepeor. Tenía que proceder a explicarle que necesitaba el espacio para poner escritorios. Él me sugirió que pusiera una plancha de madera contrachapada encima de la mesa de billar para convertirla en un lugar de trabajo durante las horas de oficina, y que la sacara los fines de semana y por las noches para poder jugar. No era una mala idea pero sabía que no me funcionaría por la disposición que necesitaba.

El corazón me latía a mil y me estaban sudando las manos. Mi padre pensaba que le estaba llamando para pedirle ayuda para resolver mi problema y yo estaba a punto de admitirle que ya tenía una solución que no le iba a gustar.

Ajústate el cinturón. ¡Allá vamos!

Respiré profundamente y le dije que iba a contratar a un servicio de profesionales de mesas de billar para que desarmaran su regalo con cariño y cuidado, y para que lo guardaran en un desván con regulación climática. Y le prometí que cuando sacara mi despacho de casa, o cuando ampliara la casa o cuando nos mudáramos a una casa más grande, la mesa de billar tendría su propia habitación.

Bien, ya lo había dicho.

Ahora, el drama.

No pasa nada, ya iré a mi propio funeral.

¿Decepcioné a mi padre en ese momento? Sí. ¿Me sentí culpable? Sí. Cuando los expertos en mesas de billar vinieron y se llevaron la mesa al desván, ¿me sentí como la peor hija del mundo? Sí. Cuando mi padre vino a visitarnos y vio el despacho por primera vez sin la mesa de billar, ¿seguía estando decepcionado? Sí. Cuando vi la expresión en su cara, ¿me dieron ganas de llorar? Por supuesto. ¿Sigue sacando el tema? ¡Qué te digo! Y, de hecho, cada vez que mis padres nos dicen que quieren regalarnos algo, mi madre se mete en la conversación y apunta «¿Seguro que lo van a utilizar? ¿O lo van a guardar en el desván con el resto de cosas que les hemos regalado?».

Yo también te quiero, mamá. Y sí, me lo gané. Y lo que es más, lo puedo digerir porque sé que me quiere y es humana y también tiene derecho a tener sentimientos. También sé que, a pesar de todo, nos queremos muchísimo.

Haciendo pedazos el manual de la buena hija.

La verdad es que, ahora que lo escribo, sigo sintiéndome mal por herir sus sentimientos, porque por el sarcasmo de mi madre puedo intuir que ella también se sintió herida. Y aunque me he disculpado mil veces, sigue doliendo saber que heriste a un ser querido. No soporto decepcionar a la gente. Así que cuando tengo estos sentimientos tan terribles, dejo que suban como la espuma, noto cómo se me retuerce el estómago, y dejo que pase. Como si fuera un retortijón. Se le llama una «punzada» de culpa porque es físicamente doloroso. Sin embargo, he aprendido a no extrapolarlo a la fase de «soy una mala hija» o «soy una egoísta de mierda».

Otra cosa que me ayuda es recordar mi intención. Mi intención no era herir los sentimientos de mis padres o ser desagradecida. Mi intención era construir un despacho y hacer crecer mi negocio. Tus padres, o cualquiera a quien hayas decepcionado, son seres humanos. Deja que sean humanos. Dales el espacio para sentir y decir lo que tienen que decir. No pasa nada. Estas cosas no son fáciles.

Es imposible ir por la vida sin herir ni decepcionar a las personas a las que quieres. Pero ten en cuenta que cuando priorizas a todo el mundo, la persona que acaba sufriendo y que se decepciona eres tú. El objetivo de la vida es atravesarla y sentirlo todo: las altas, las bajas, la gratitud, la culpa, la tristeza y el amor. Una buena vida está llena de malos días y una relación de cariño está llena de momentos que escuecen. Esto es lo que la hace real, verdadera y honesta.

Simplemente recuerda que la gente puede sentir que los decepcionaste o incluso molestado y seguirte queriendo. Y mamá y papá, si lo están leyendo, y sé que lo están leyendo, ¿saben la nueva casona/oficina que estamos construyendo? Tendrá un espacio fantástico para exhibir y disfrutar esa preciosa mesa de billar.

El día que fui sincera con mi padre aprendí una lección muy valiosa: por mucho miedo que te dé decepcionar a la gente a la que quieres, siempre vale la pena ser sincero con lo que necesitas.

Esto es mucho más difícil para las mujeres que para los hombres.

Libérate de la culpa.

Hace unos años, la empresa financiera JPMorgan Chase me contrató para crear un taller para su unidad de banca empresarial. El primer año fui a 24 ciudades e impartí seminarios a propietarios de pequeñas empresas. El segundo año hicimos lo mismo pero me centré en los problemas a los que se enfrentan las mujeres que tienen empresas. A lo largo de esas jornadas estuve delante de casi diez mil personas y tuve cientos de conversaciones individuales.

Lo más sorprendente de estas jornadas era el tema de la culpa, cómo salió el tema y por qué. En los eventos donde había una mezcla de hombres y mujeres propietarios de negocios nunca me pidieron consejo para gestionar la culpa. Pero en todos y cada uno de los eventos para mujeres empresarias, salía una y otra vez, especialmente cuando hablábamos de sueños y ambiciones.

Los estudios lo demuestran, pero para mí resultó evidente que la culpa era mil veces peor para las mujeres que para los hombres. Echamos la culpa en nuestro bote de la ropa sucia emocional como si fuera otro par de calcetines. Cargamos con la culpa con una sonrisa en la cara. Siempre lo hemos hecho porque así nos educaron. No deja de sorprenderme lo mucho más culpable que me siento cuando mi madre está triste. Mi hermano se limita a encogerse de hombros.

No importa lo que haga por ella, nunca es suficiente.

Si tu madre es una maestra Jedi de «hacerte sentir» culpable, te aseguro que ella también tiene dificultades con la culpa. Es una emoción dolorosa porque te sientes responsable de algo malo que pasó (como esta mañana, que me fui de la casa y sin querer me llevé las llaves de los dos coches y dejé a Chris tirado).

Madres e hijas se pasan la culpa como si fuera una papa caliente. Tu madre tiene la sensación de que hizo algo mal y que por eso no la llamas nunca. Cuando la llamas, no te gusta que diga «Cuánto tiempo sin saber nada de ti» (porque ella nunca te llama), pero te frustras porque da igual lo que hagas. Nunca es suficiente. ¿Y sabes qué? ¡Ella se siente igual contigo!

Lo único que queremos es sentirnos queridas y apoyadas. Esto nos trae de vuelta a nuestras necesidades básicas: que nos vean, que nos escuchen y que nos aplaudan. Cuando no sabes cómo pedir el apoyo emocional que necesitas, tiendes a conseguirlo de forma destructiva. «¿Por qué no me llamas nunca? ¿Estás demasiado ocupada para tu madre?» Lo único que busca es que le confirmes que aún es importante para ti porque tiene la sensación de que no lo es. Y tú haces lo mismo cuando saltas y le respondes: «El teléfono funciona en los dos sentidos, mamá». ¿Y luego te preguntas por qué te sientes tan culpable por trabajar? Porque, para tus hijos, estás demasiado ocupada. ¡Decir que te sientes culpable hace que tus compañeros de trabajo te digan que todo va bien! ¡Papa caliente!

La culpa se contrae y el amor se expande.

Si piensas desde la culpa («No puedo tener esto, no debería querer esto, no les gustará si lo hago»), estás jodido y, si no, también lo estás. Si piensas desde el amor, ves el mundo lleno de posibilidades en vez de sacrificios («Puedo aceptar el ascenso y llegar a tiempo al concierto de mi hijo». «Puedo vivir muy lejos de ti pero quererte mucho igualmente»). Puedo ser una hija fantástica y no llamar cada día. Esto lo escribo porque es un tema con el que sufro en mi vida y en el que estoy trabajando. No vivo cerca de mis padres y los extraño cada día.

Lo que me ayuda es aferrarme a lo que aprecio y aquello por lo que estoy agradecida, que es lo mucho que me quieren y me apoyan, en vez de sentirme culpable. Cuando pienso: «Vivimos a 16 horas en coche», me respondo: «No lo voy a pensar». Fíjate en lo rápido que puedes dar la vuelta y recuperar tu actitud de «choca esos cinco». ¡Los quiero, mamá y papá!

¿No te sientes culpable?

Una y otra vez, hay mujeres que me preguntan: «¿Cómo gestionas la sensación de culpa al viajar tanto sabiendo que tienes tres hijos y un marido en casa, mientras tú sigues tu trayectoria profesional?».

¿Qué respondo yo?

Que no me siento culpable. Me siento agradecida.

Las mujeres siempre reaccionan de una de estas dos formas cuando les expreso este giro en mi actitud acerca de la culpa. Se ríen y asienten mostrando su aprobación o se quedan petrificadas.

Y entonces añado la parte más potente de mi respuesta: No me siento culpable porque elijo no sentirme culpable.

¿Me siento triste a veces cuando estoy de viaje porque extraño a mis hijos? Por supuesto. También me siento sola cuando viajo y me gustaría que Chris estuviera conmigo. Pero se lo agradezco y agradezco que me apoye a mí y que cuide a nuestros hijos quedándose en casa mientras yo viajo (igual que él agradece el apoyo que le doy cuando organiza los retiros de Soul Degree).

No ha sido siempre así.

Cuando empecé a viajar me sentía culpable constantemente. Concebía mi trayectoria y mi ambición de una forma totalmente opuesta de cómo las concibo ahora. Me despertaba en una habitación de hotel, sola, y me sentía culpable por no estar en Boston preparando el desayuno de todo el mundo. Hacía videollamadas con mis hijos mientras corría para tomar un vuelo y se me partía el corazón. Cuando me decían «te extraño» me resultaba difícil contenerme las lágrimas. Me sentía como la peor madre del mundo por no estar allí y quería estar con ellos, pero teníamos facturas que pagar y tenía que trabajar.

Si te sigues repitiendo la historia de que eres la peor madre del mundo (o la peor hija), tu RAS empezará a mostrarte todo tipo de motivos por los cuales esto es verdad. Si abría Facebook, ver las fotos que publicaban todas mis amigas que se quedaban en casa para cuidar a los niños y que por lo menos trabajaban en Boston me hacía sentir como una forastera en mi propia comunidad.

La culpa puede ser dura y difícil pero no siempre es mala. Hay dos tipos de culpa: la culpa productiva (¿quién lo hubiera dicho?) y la culpa destructiva. Si se utiliza de forma productiva, la culpa hace que te preocupes mucho por el mundo que te rodea, así como tu lugar en él. Te hace ser consciente del impacto de tu comportamiento sobre los demás. Protege relaciones, te da un empujón hacia la bondad y te motiva a cambiar.

Por ejemplo, si siempre se te olvida el cumpleaños de tu hermano, sentirte culpable es productivo si te motiva a disculparte, organizar una celebración para el fin de semana y pasar la tarde anotando los cumpleaños de todo el mundo en tu calendario para que no se te vuelvan a pasar. Tal y como dijo Maya Angelou: «Hazlo lo mejor que puedas hasta que sepas hacerlo mejor. Y cuando sepas hacerlo mejor, hazlo mejor».

Pero, en mi caso, no estaba utilizando la culpa para inspirarme a hacerlo mejor. Estaba utilizándola, a modo de mazo, para darme una paliza a mí misma. Esto es culpa destructiva, o tal y como lo denominan los psicólogos: remordimiento.

En vez de decir, «Los horarios de mi viaje son terribles», dices «SOY TERRIBLE». Mi marido, Chris, lo hizo cuando su restaurante se fue a pique. En vez de decir «El negocio fracasó», decía «SOY UN FRACASO». No hay nada bueno en esta práctica. El remordimiento es como una salsa grumosa en esa papa caliente y cuanto más le repitas a tu RAS que «soy una mala persona», más pruebas verás que te demuestren que eso es verdad.

Si tienes problemas con la sensación de culpa, responde a esta pregunta tan profunda: «¿Esta culpa me motiva a cambiar para mejorar o solo estoy utilizando esta culpa para sentirme mal?».

¿Qué aspecto quieres que tenga tu vida?

Me planteé la siguiente pregunta: «¿Qué aspecto quieres que tenga tu vida?». Y deja que te diga que me abrió los ojos. Cuando tienes claro lo que quieres puedes empoderarte para conseguirlo y no sentirte mal por ello. Y si no sabes lo que quieres, pregúntate esto: «Qué aspecto no quieres que tenga tu vida?».

Yo sabía que quería perseguir mis sueños y estar presente para mis hijos. Quería enseñarles a mis hijas lo que es tener una madre que está generando un impacto en el mundo y enseñarle a mi hijo lo que es seguir tus sueños mientras apoyas a tu pareja, tal como hace su padre. También sabía que quería viajar menos y estar más en casa. La culpabilidad no me estaba ayudando a alcanzar esos objetivos y esos sueños.

La vida no es un «o esto o lo otro».

Puedes tener una gran trayectoria profesional y ser una madre magnífica. Puedes querer más y estar agradecido por tu éxito. Puedes estar felizmente casado y querer una vida sexual mejor. Puedes estar deprimido y correr un maratón. Eres una criatura compleja, con capas. Eres más que solo una cosa. Solo tienes que dejar de martillarte con sentimientos de culpa, identificar lo que quieres y aplaudirte por cada paso del camino, a medida que vas avanzando.

No tienes que viajar cien días al año. No tienes que trabajar fuera de casa. Puedes estar físicamente presente e involucrarte en todos los aspectos de las vidas de tus hijos y de los últimos años de vida de tus padres. Siempre que la culpa te impida que persigas tus sueños, deja de anticipar la decepción y el sufrimiento y hazle frente. Sentirte mal no te ayudará a cambiar. Lo que sí te ayudará es ser sincero con lo que quieres y el apoyo que necesitas.

Le di muchas vueltas al tema después de hablar con todas esas mujeres empresarias que querían muchas cosas pero que se contenían cuando se les ofrecían alas para volar. Así que se me ocurrió un hábito muy sencillo para enseñarles a utilizar las punzadas de culpabilidad y ahora te lo voy a enseñar a ti. Esta es la mejor manera y también la más fácil de empezar a desarmar la culpa destructiva que impide que cambies tu vida y que te des permiso para hacer lo que te hace feliz.

Deja de disculparte.

Resulta que cuando experimentas culpa destructiva, dices «lo siento» muchísimas veces. Deja de disculparte. Empieza a substituirlo por dar las gracias. He aquí el porqué:

1. Decir «lo siento» es molesto.

Seguro que tienes amigos así. Yo tengo a una persona en mi vida a la que quiero con locura. Y ella tiene problemas con el sentimiento de culpa. Resulta evidente porque siempre se está disculpando: «Perdón por pedirte que me lleves en coche. Lo siento si te incomodo, perdón por pedirte que hagas esto. Perdón por molestarte. Lo siento por ser vegana, no tenías que cocinarme nada especial para mí, me podría haber comido la servilleta perfectamente».

Es algo que siempre me ha molestado y finalmente me di cuenta de por qué. Cuando alguien se disculpa constantemente, hace que todo gire a su alrededor. Esa persona busca consuelo. Y esto es lo que pasa con la culpa: ¡gira a tu alrededor! Sientes que estás haciendo algo mal o que no gustas a los demás, con lo que te sientes «culpable». Cuando te disculpas, esperas un «no pasa nada».

2. Cuando dices «gracias» riegas a la persona que te ha apoyado con amor y agradecimiento.

La verdad es que la gente quiere apoyarte y ayudarte y les encantaría hacerlo si dejaras de disculparte y de ponerte en el centro de atención y empezaras a decir lo que queremos oír todos: GRACIAS.

Así que la próxima vez que tu madre te prepare una entrada vegana o te llene el refrigerador de leche de avena o te compre tus rosas preferidas o te recoja en el aeropuerto o cuide a tu perro cuando no estés, no le digas «Perdón por ser tan caprichosa». Di: «Gracias por cuidarme siempre tanto y apoyarme tanto. Te lo agradezco y te quiero».

3. Diciendo «gracias» es como recuperas tu poder.

Decir gracias no solo pone el énfasis en la otra persona, sino que hace que pase algo mucho más lindo: te devuelve tu poder. Reconoces que tienes necesidades y valoras que la gente las vea y te ayude a satisfacerlas. En cuanto empieces a hacerlo, te sorprenderás de lo muy a menudo que necesitarás practicarlo.

Cuando te disculpas, transmites que te sientes mal contigo. Dices que hiciste algo malo por necesitar ayuda o apoyo. Nueva perspectiva: si has hecho algo malo, dilo. Pero hacer lo que es mejor para ti no es algo malo. Cuando das las gracias, aplaudes a otra persona por ayudar. También aceptas que te mereces que te apoyen y te aplaudan.

Yo dejé de decirles a Chris y a los niños que lo sentía por estar tanto de viaje y empecé a darles las gracias: «Gracias por su amor y su apoyo; esto me permite hacer lo que hago. Gracias por ayudarme a perseguir mis sueños». Y luego les contaba algo muy lindo que me había pasado ese día para que se sintieran conectados con mi trabajo y con el impacto que estaba teniendo. Reconocer y sentir su amor y su apoyo me engrandecía de tal manera que no me lo podría haber imaginado nunca.

4. «Gracias» es como chocar la mano.

Cuando das las gracias, ¡compartes la celebración con las personas que hay en tu vida y contigo!

Hay otra ventaja: eres un referente para tus hijos.

¿A que no sabes quién me enseñó a avanzar hacia mis sueños sin arrepentimiento? Mi madre. Me encanta contar esta famosa historia de mi madre sobre cómo persiguió sus sueños a su manera.

Era el verano de 1981 y mi madre y su mejor amiga Susie decidieron abrir una tienda en el centro de Muskegon, en Míchigan. Necesitaban dinero, así que fueron a la pequeña entidad bancaria que había allí, donde eran clientas, y pidieron un préstamo de 10 000 dólares. Estaban muy emocionadas porque habían firmado un contrato de renta para la tienda y tenían grandes planes, como ir a la feria de muestras en Chicago y empezar a comprar existencias. Cuando se sentaron con el director del banco, se miró el estado de sus cuentas y accedió a concederles el préstamo... siempre y cuando lo firmaran sus maridos.

Sin pensarlo dos veces, mi madre le remarcó que ella no solo tenía su propia cuenta bancaria y que era la cotitular de todas las cuentas compartidas con su marido sino que la casa en la que vivían y que utilizarían para avalar el préstamo también estaba a su nombre. El director del banco insistió en que firmaran tanto ella como su marido. Mi madre no sintió ni gota de culpa. Se levantó, se dirigió al mostrador y cerró de inmediato todas las cuentas que tenían mis padres en ese banco. Luego se fue. Consiguió su préstamo en un nuevo banco firmando solo ella. ¡Bien, mamá!

Esto nos recuerda que la lealtad más importante de todas es con nosotras mismas. Ni con el banco, ni con la pareja, ni con un hijo, ni con tus padres. Y cuanto más rápido te priorices, más rápido enseñarás a aquellos que te rodean cómo pueden hacerlo. Ahora mi RAS me enseña todo tipo de pruebas que justifican por qué no debería sentirme culpable por perseguir mis sueños mientras Chris persigue los suyos. Ahora, en vez de sentirme culpable, me siento contenta. Ya no veo pruebas de que «soy una mala madre». Veo cómo nuestros hijos persiguen sus objetivos y sus sueños igual que lo hacemos su padre y yo.

Es fácil olvidar lo bien que sienta ayudar a otra persona. Darles las gracias a las personas que te apoyan las honra y las hace sentir genial. Así que demuéstrate un poco de amor a ti y a la gente que hay en tu vida. Vive la vida. Deja que la gente sienta lo que siente y cólmalos de agradecimientos. Así es como abandonas la culpa y le das la bienvenida a una vida de «choca esos cinco».

CAPÍTULO DIEZ

¿Y SI EMPIEZO... MAÑANA?

Cuando te preocupas por si fracasas con algo, o tienes miedo de empezar, te recitas lo siguiente:

«Aún no estoy preparado. No es el momento adecuado. O sea, quizá sí es el momento adecuado pero no me parece el momento perfecto...¿Sabes qué? Necesito tener más tiempo para hacer esto, y es mejor que no empiece hasta que no tenga dos horas... Quizá me limite a vaciar el lavaplatos, a poner una lavadora, reorganizar mi escritorio... ah, y a morderme los padrastros, y a sacarme la pelusa que se me acumula en el ombligo antes de empezar. Prometo que empezaré esta tarde y lo daré todo. Bueno, esta noche. ¿Mañana? La semana que viene. El mes que viene... el año que viene. Quizá pondré otra lavadora antes... Creo que debería depilarme las cejas...».

Esto es lo que me pasa por la cabeza y quizá sea lo que te pasa a ti también.

En la historia que te contaré ahora conocerás a Eduardo. Tiene un gran sueño, como la mayoría de nosotros. Aplazará su gran sueño porque no está del todo preparado, como la mayoría de nosotros. Le está dando mil vueltas al tema. Si pudiéramos adentrarnos en la mente de Eduardo (eso es lo que hice yo en un trayecto de Uber) escucharíamos algo así:

«Mi plan de ser un actor famoso es inspirador y genial pero ahora mismo tengo que pagar la renta. O sea, estoy ganando un buen sueldo con este trabajo así que no lo puedo dejar. Tengo que ser realista, ¿no? Sí. Voy a seguir conduciendo este Uber hasta que sea el momento adecuado de pasar al mundo de la actuación. Y, bueno, puede que algún productor suba a mi coche y haga que mis sueños se vuelvan realidad. ¡Qué gran idea! Bueno, no es una idea en sí, es mi plan. Es mi único plan. A ver, esto de perseguir mi sueño no es algo que pueda hacer ahora mismo... Tengo que pagar facturas. Pero alcanzaré mi sueño. Ya verás. Un día voy a ser muy famoso. Pero hoy no. Quizá el mes que viene... el año que viene... no es que tenga miedo ni nada. Simplemente no es el momento adecuado... además, tengo que poner otra lavadora.

La procrastinación y el perfeccionismo son los dos mayores asesinos de sueños. No son un aplauso; energéticamente son un no rotundo. Estrangulan lentamente tus ambiciones, las matan hasta que un día te despiertas decepcionado y amargado al darte cuenta de que «ni siquiera empecé». Para empezar, vamos a dejar algo claro: no eres un procrastinador, ni eres perfeccionista ni le das demasiadas vueltas a todo.

Simplemente tienes miedo.

Cuando veas que estás procrastinando o te estás centrando en ser perfecto, dale la vuelta a tu parálisis mental y conviértela en avances físicos, porque si no te quedarás dándole mil vueltas al asunto o como en el caso de mi siguiente historia, dando mil vueltas con el coche durante años.

«Estoy luchando más por su sueño que él.»

Te voy a presentar a Eduardo. Hace dos años aterricé en el aeropuerto de Dallas y tomé un Uber. Apenas pude saludar al conductor porque me sonó el teléfono. Era uno de los ejecutivos de Sony Pictures Television que me llamaba por el lanzamiento de mi programa de tele.

Cuando colgué, Eduardo se presentó y dijo: «No puedo creer que estés en mi coche. Tengo que hablar contigo».

Yo respondí: «¿Ah, sí? ¿De qué quieres que hablemos?».

Él me dijo: «Pareces una mujer muy interesante. Y creo que puedes ayudarme».

«¡Pero qué bonito esto que me dices! Soy una mujer interesante. Si te puedo ayudar, lo haré —respondí—. ¿Cómo puedo hacerlo?»

«Quiero ser un actor digno de un Oscar que cree oportunidades para hombres afroamericanos y latinos en la ciudad que quieran ser actores.»

«Me encanta —le dije, y justo después le planteé la pregunta más obvia que me vino a la cabeza—: ¿Y por qué estás en Dallas? Si lo que quieres es ser actor, deberías estar en Nueva York o Los Ángeles.»

Se detuvo un momento. «Ya...»

«¿Cuántos años tienes?»

«Veinticinco.»

«Bien. Tienes dos opciones —le dije—. Puedes quedarte en Dallas o puedes ir allí donde está la acción. Y si tienes veinticinco años, voy a dar por sentado que, igual que mi yo de veinticinco años, no tienes una casa ni una pareja ni ninguna de las obligaciones que tiene Mel Robbins de cincuenta años, así que no tienes nada que te ate aquí. Después de dejarme en mi destino, deberías dar un preaviso de dos semanas a tu jefe y deberías mudarte a Nueva York o a Los Ángeles.»

«Pero si solo tengo setecientos dólares», dijo.

«Setecientos dólares —dije—. Genial. Con eso llegarás allí. ¿Adónde irás? ¿Los Ángeles o Nueva York?»

Paró un momento y luego dijo: «Tengo una amiga en Los Ángeles. Su marido es diseñador gráfico de decorados de películas».

«Bueno —le dije— pues ya lo tienes. Aquí está tu pase de entrada. Si con los setecientos dólares llegas allí, ¿por qué no conduces Uber allí? Llama a tu amiga y dile: "Tengo que mudarme a Los Ángeles. Tengo que dejar de posponer mi sueño. ¿Puedo vivir contigo y con tu marido y dormir en su sofá un par de semanas hasta que encuentre algo?". Lo peor que te puede pasar es que te gastes los setecientos dólares, que no te salga bien la jugada y que vuelvas aquí. Y que entonces tengas aún más ganas de armar lo tuyo y de encontrar a tu grupo en Dallas. Pero por lo menos tienes que intentarlo porque no hay nada peor que el arrepentimiento. Y no mudarte a California será algo de lo que te arrepentirás el resto de tu vida.»

«*Capito*. Consejo recibido.»

«Espero que hagas algo más que recibirlo. Espero que tomes la pelota que te acabo de pasar y te eches a correr.» Se rio. En esta parte de la conversación empecé a pensar: «¿Por qué se ríe? Esto no es gracioso. Es triste. Estoy luchando yo más por su sueño que él».

Tu inacción te está torturando.

Llevo una década siendo *coach* y te digo que hay dos tipos de personas: las que ven obstáculos y las que ven oportunidades.

Una actitud de «choca esos cinco» es aquella que se centra en la acción y ve las oportunidades. Aún mejor, crea oportunidades. También te diré que hay situaciones, como en esta, en las que es más fácil que alguien como yo se siente en el asiento trasero y le señale las oportunidades a alguien como Eduardo, y sea fastidiosamente positiva mientras él no ve nada más allá de sus circunstancias reales. La magia del RAS es que ambos vemos lo mismo: 700 dólares y un sueño. Para mí esto significa «Vamos». Para él esto significa «Estoy atascado».

Por eso, al cabo de unos minutos puedes saber si alguien habla por hablar o si pasará a la acción. No tiene nada que ver con la convicción de esa persona y tiene todo que ver con su RAS. Puede hablar de los obstáculos, como solo tener 700 dólares en la cuenta, o atisbar oportunidades, como tener una amiga que vive en Los Ángeles con quien se podría quedar.

En esta conversación con Eduardo, yo era la que tenía una actitud de «choca esos cinco», y lo único de lo que hablaba él era de todas las cosas que le impedían perseguir su sueño. Esto es porque mi RAS no está bloqueado. Cuando Eduardo me contó su sueño, mi actitud era un enorme «choca esos cinco». Pero Eduardo tiene mucha mierda acumulada del pasado. Lleva tanto tiempo diciéndose que nunca conseguirá ser actor que su cerebro está programado para encontrar los motivos por los que no puede pasar a la acción y esforzarse para conseguirlo. Este sueño apenas tiene constantes vitales por culpa de su mentalidad. Ese chico necesita el hábito de chocarse la mano.

Y esto no va solo por el conductor de Uber de veinticinco años que tiene miedo de mudarse a California. He sido *coach* de miles de personas, he hablado con cientos de invitados en mi programa de televisión y cada día leo cartas de los millones de miembros de mi comunidad online. Si te preguntas por qué está tan bloqueado Eduardo, aquí tienes la respuesta: por el mismo motivo por el cual tú estás bloqueado.

Querer algo muy intensamente en la vida puede ser aterrador.

Por eso piensas en ello todo el día pero desde una distancia prudencial. Lo miras fijamente, con anhelo, pero no osas acercarte. Te duele demasiado. Ya lo sé. Porque a mí antes me pasaba. Yo puedo venderle lo que sea a quien sea porque sé de lo que hablo. Pero hubo muchos años en mi vida en los que no sabía aún cómo pasar a la acción cuando tenía miedo. Yo he sufrido el dolor de saber cuáles eran mis objetivos y no hacer nada para conseguirlos porque el miedo me petrificaba, como a Eduardo. Tú crees que te estás protegiendo con todas las vueltas que le das al tema y con la procrastinación, pero la verdad es que tu inacción te está torturando.

Sé que tienes lo que se necesita para probar suerte y cambiar tu vida. Aquello que te da miedo puede que no sea tan aterrador como mudarte a California. Puede que sea sentarte y elaborar un currículum y una carta de motivación después de pasar cinco años sin trabajar porque estabas cuidando a tus hijos y a tus padres, cada vez más mayores. Tu mente percibe todos los cambios como una amenaza. Por eso tienes miedo de probar suerte.

Voy a seguir martilleándote con los detalles de esta historia porque es muy difícil atraparte en la trampa de darle demasiadas vueltas a las cosas. Te parece más seguro quedarte donde estás. A medida que vayas leyendo la historia de Eduardo, te aseguro que verás cómo Eduardo se está frenando a sí mismo. Es fácil verlo cuando lo hace otra persona. Igual que es fácil ver que alguien a quien quieres tiene problemas de autoestima. Lo realmente difícil es darse cuenta de ello uno mismo.

Tú y Eduardo tienen que darle la vuelta.

Te lo voy a demostrar: deja de leer un momento y piensa en algo que quieras cambiar, probar o hacer en la vida.

Dilo en voz alta.

Tal vez sea algo de lo que desististe hace mucho tiempo pero siempre te ha quedado la espinita, como, por ejemplo, el deseo de mi padre de recorrer el sendero de los Apalaches, que lleva siendo su sueño desde que tenía dieciocho años y era un *Scout* Águila, el rango más alto que puede alcanzar un *boy scout*. Quizá sea algo que te da curiosidad o que te atrae aunque no sepas por qué. No te has dado permiso para quererlo. Y no has entrenado tu RAS para que encuentre las oportunidades; ¡qué diablos!, puede que ni siquiera hayas intentado encontrar una piedra con forma de corazón (¡te atrapé!). Estas herramientas solo funcionan si las utilizas.

Hasta ahora has tenido por costumbre negarte tus sueños. Abandona esa costumbre y date cuenta de que tu sueño está más cerca de lo que piensas. Puedes utilizar mi acordeón:

Creencia restrictiva actual: ahora no es el momento de cumplir mis sueños.

Dale la vuelta: Si me esfuerzo, puedo hacer mi sueño realidad.

Ahora, mientras sigues leyendo la historia de Eduardo, quiero que tengas presente tu sueño y lo coloques en el centro de tu mente. Porque me parece genial que este libro te entretenga, pero quiero conseguir algo más profundo y duradero. Quiero que te inspire a pasar a la acción. Así que presta atención porque he decidido darle a Eduardo un poco de mi creencia de «choca esos cinco», utilizando uno de los trucos mentales más sencillos que existen:

Ponte una fecha límite.

Una fecha límite significa que vas en serio. Una de las cosas más geniales del hábito de chocarte la mano es que te dice «Vamos». En el plan, ¡ahora mismo! Te devuelve al terreno de juego. Cuando te miras en el espejo y te comprometes a cumplir una fecha límite, empieza el partido. Cuando te marcas una fecha, le das un jalón a tu objetivo y haces que pase de estar en tu cabeza a estar en el mundo físico. Tu sueño y el cambio que estás llevando a cabo se hacen realidad.

«Bueno, ¿y cuándo te mudas?», le pregunté

«Dentro de un año o dos», me contestó.

«¿Qué? *¿Dentro de un año?*», prácticamente lo grité.

«Sí…», murmuró.

«Pensé que habías recibido mi consejo y que te mudarías. ¿Un año? ¿Qué? Pero ¿qué locura es esta?», contesté.

«¿En serio es una locura?», dijo.

«Sí, es un disparate. Tienes veinticinco años. ¿Qué esperas? Vete ya de Dallas.»

«Supongo que el tema es el dinero. Porque sé que vivir en California es caro.»

«¿Cómo lo sabes, si no vives allí? Llama a tu amiga e investiga si realmente es o no un problema. Es una conversación sencilla. "¿Puedo quedarme en tu casa un par de semanas? Quiero perseguir mi sueño de ser actor. Solo tengo setecientos dólares. No puedo pagar una renta ¿Te importaría? ¿Puedo dormir en el sofá?" Y en cuanto hayan tenido esta conversación, tendrás tu respuesta. Y entonces te vas allí y encuentras un trabajo y te las arreglas. Así es como entras en el partido.»

«Bien.»

«¿Cuándo te mudas?»

«Cuanto antes.»

«"Cuanto antes." Dame una fecha límite concreta.»

Me dijo: «¿Qué debería decirte?».

«Necesitas una fecha determinada para que puedas dejar de pensar en lo que harás y empieces a hacer lo necesario para conseguirlo. Márcate una fecha límite. ¡Es tu sueño, no el mío, Eduardo!»

Lo notaba pensar.

«Eduardo, el tiempo corre. Cada día que pase te harás más mayor. Tienes mucha vida por vivir, no entiendo qué esperas. Estamos a mediados de septiembre. Comprométete contigo, no conmigo, que el 1 de octubre te habrás mudado. Esto te da tres semanas para prepararte. Y te juro por Snoopy que si alguna vez vuelvo a tomar un Uber en Dallas y tú eres el conductor... te habrás metido en un gran problema, Eduardo. Tú puedes tirar la toalla, pero yo no la tiraré. No cuando lo que está en juego son tus sueños. Tienes hasta el 1 de octubre, jovencito.»

Ahora te hablo a ti.

Quizá el problema sea que te hayas estado obligando a quitarte el curita de golpe. Quizá lo de ser duro contigo hace que te quedes atascado. Intenta animarte dándote un poco de tiempo para ponerte manos a la obra. Para prepararte. Para llevar a cabo microacciones cada día. Piensa en algo que quieras cambiar. Podría tratarse de mejorar tu matrimonio, empezar un programa de *fitness* o cambiar de trabajo, o emprender un proyecto que has estado posponiendo o reinventar tu vida. Ahora márcate una fecha límite para que empiece el partido. Esa fecha genera certidumbre y te da algo más en lo que te puedes centrar: en prepararte.

Una de nuestras hijas utilizó este truco para gestionar sus miedos acerca de volver a la facultad después de instalarse una temporada en casa a causa de la ansiedad. Me dijo: «Creo que durante mucho tiempo no estuve preparada para volver. Me intentaba forzar para cambiar, así que en vez de eso decidí marcarme una fecha límite en un futuro próximo. Eso me dio mucho margen para empezar una rutina, tener una regularidad, organizar mis clases y, cuando llegara la fecha que me había marcado, ya habría instaurado todos esos hábitos saludables en vez de precipitarme e intentar volver antes de sentirme segura. Así, cuando volví a la facultad, solo tenía que asumir un cambio de ubicación en vez de tener que cambiar mi patrón mental por completo».

Marcándote una fecha en un futuro próximo, tomas las riendas de una forma que te hace sentir más fuerte. Y lo más importante es que te proporcionas una pista de despegue. Te das tiempo y espacio para tomar fuerzas a medida que vas avanzando hacia tu objetivo con pequeños pasos diarios. Te predispones para el éxito. Utiliza esa pista de despegue, ese marco temporal razonable, para empezar a practicar pequeños cambios cada día que te preparen para ello. Chocarte la mano en el espejo es uno de esos cambios pequeños que respalda tu decisión de hacer un cambio valiente en tu vida.

Si has estado esquivando un gran cambio porque tienes miedo, fíjate una fecha límite. Te propongo que sea dentro de tres semanas. Es el tiempo suficiente para hacer un miniplan de lo que harás entre ahora y ese momento, practicando los pequeños cambios cada día que te prepararán para que puedas despegar con la fuerza y la velocidad de un Boeing 747 cuando llegue la fecha marcada.

Le volví a preguntar a Eduardo si estaba preparado para comprometerse a mudarse a Los Ángeles dentro de tres semanas, el 1 de octubre. «Sí», respondió. Había algo en la manera como había dicho ese «Sí» que me molestó. No lo había dicho con el corazón. Así que le dije: «Sabes, no es mi sueño. Es el tuyo, así que ¿por qué soy yo la que lucha por tu sueño, Eduardo?».

«Sí, ya lo sé, es mi sueño. Sé que puedo hacerlo.»

Se le quebró la voz. Algo en su interior cambió. Empezó a limpiarse la cara y a tragarse las lágrimas.

«Yo también sé que puedes hacerlo. Solo tienes que tomar la decisión y hacerlo. Tienes que dejar de darle vueltas e ir por ello. Además, ¿sabes qué?, este trabajo en Dallas te estará esperando si decides que lo de California no es para ti. Si no soportas California, vuelves a casa. Si no te gusta, puedes probar otras cosas.»

En ese momento empezaron a correr las lágrimas.

Esto es lo que pasa cuando dejas de darle vueltas a las cosas. Cuando despejas lo que te obstruye y dejas que la inspiración, la esperanza y los sueños fluyan libremente, sientes una liberación emocional. Es purificador. Lo que pasó en la cabeza de Eduardo fue que, por un instante, se despejaron todas las excusas. Con una mente clara y abierta y una actitud de «choca esos cinco», Eduardo podía imaginarse en California. Se podía visualizar trabajando duro, durmiendo en sofás y haciendo *castings*. Se podía visualizar siendo actor. Incluso se podía visualizar ganando un Oscar. Podía imaginarse convirtiéndose en la persona que siempre había querido ser.

Cuando te das permiso para sentir en qué medida quieres ese sueño, recibes una sensación abrumadora. Puedes sentir una ola de calor inundándote el cuerpo, o notar cosquillas por todo el cuerpo, los ruidos que te rodean se silencian y sí, cuando estás realmente metido en el momento y te das cuenta de que tu sueño es realmente posible y que eres la única persona que te impide apostar por ti, puedes ponerte a llorar tal y como le pasó a Eduardo. ¿Te acuerdas de que cuando te pedí que pensaras cuál era tu sueño te pedí que lo verbalizaras en voz alta? Ahora quiero que te tomes un momento, aquí mismo, y que te permitas sentir cuánto lo quieres. Y cuánto te lo mereces.

Pregúntate: «¿Qué aspecto quieres que tenga tu vida?» y tómate un momento para visualizarlo. Visualízate haciendo lo necesario para conseguirlo. Cuando te permites sentir el cambio que quieres, se hace real. Cuando te alteras por algo así, es que te permitiste creer que es posible. Sentiste la esperanza. ¡Te das cuenta de que sí tienes elección!

He aquí el origen de esas lágrimas. Es tu confianza interna que te dice: «Eres capaz. ¡Puedes hacerlo!». Y seguramente te sinceras contigo sobre la cantidad de veces que has tirado la toalla con tus sueños. Y solo hay una cosa que lo cambiará. Probar suerte. Tienes que arriesgarte y apostar por ti e ir por ello. Y, si lo piensas bien, eso es exactamente lo que te dice un choque de manos: *prueba suerte, ve por ello.*

Le dije: «Cada día que te quedes en Dallas, sin hacer nada, solo pensando, te sentirás como un fracaso. Te estará ganando el miedo. No llegaste al mundo para llevar a la gente de aquí para allá en coche. Eres actor y lo sabes. Conducir es una manera de ganar dinero ahora mismo. Pero no es tu vocación. Haz las dos cosas. Conduce y actúa. Pero ahora mismo no estás haciendo nada como actor y por eso te sientes tan perdido. Ya te desviaste del camino que estaba planeado para ti. Te desconectaste de ti. No solo estás ignorando tu vocación, sino que la estás cuestionando en tu mente.

»Cada día que te dices que tienes que esperar un año más, tu cerebro se lo cree y cada vez será menos probable que apuestes por ti. Cada vez verás más motivos por los que no ir y un día alzarás la vista y tendrás treinta y un años y luego parpadearás y tendrás cuarenta y siete y aún estarás aquí en Dallas. Y durante todo ese tiempo te sentirás como un fracaso porque lo único que habrás hecho habrá sido pensar en todos los motivos por los que no has podido conseguir lo que más quieres en la vida. Imagínate qué pasaría si aprendieras a animarte a avanzar hacia Los Ángeles en vez de retenerte aquí en Dallas.

»Así pues, Eduardo, tienes que empezar a entrenar tu mente para que vea las oportunidades que se te presentan delante de ti en vez de encontrar solo obstáculos. Dime, ¿qué te ha pasado hoy que sea una prueba de que deberías mudarte a California?».

«Esta conversación.»

Tienes las oportunidades delante de ti.

Ahora, quiero que tomes esta historia y que te llegue profundo.

Vamos a entrenarte la mente para que dejes de buscar obstáculos y empieces a encontrar oportunidades. Es fácil. Lo único que tienes que hacer es anotar coincidencias, señales y pruebas. Esto es justo lo que le voy a pedir a Eduardo que haga. Este ejercicio se suma al juego de «buscar corazones» al que has estado jugando. Pero ahora haremos que tu mente te ayude a conseguir lo que quieres.

Ahora te lo explico. ¿Has hecho alguna vez un viaje en coche? Imaginemos que quieres ir a Denver y, cuando sales a la carretera, pasas un cartel que dice que Denver está a 650 km, y en cuanto te vuelves a fijar, ves uno que dice que tu destino está a 525 km. Cada vez estás más cerca, ahora 350 km y ya después solo te faltan 120 km. Esos carteles son guías que te dicen que vas por el buen camino y te ayudan a controlar tu progreso. En tu propia vida también puedes encontrar carteles constantemente: están por todas partes, ayudándote a controlar la distancia que te separa de tus objetivos.

Ahora mismo, tu RAS hace que no veas todas las pruebas que tienes delante de ti. Tener una libreta donde anotar las «señales» que te apuntan hacia tus sueños te cambia el RAS y te ayuda a generar confianza en ti mismo más rápido.

Esto es lo que le dije a Eduardo que hiciera:

«Quiero que tomes una libreta, un cuaderno, un diario. Que lo lleves contigo. Cada vez que veas una prueba, una señal, una coincidencia o cualquier indicio de que deberías mudarte a California, quiero que lo apuntes en tu libreta. Quiero que empieces a jugar un juego en el que hagas ver que el universo te está dejando pistas por todas partes para animarte a ir a California».

Cuando lo pones por escrito, le enseñas a tu mente que este objetivo es importante.

Estás activando algo llamado efecto *Zeigarnik*, cuando lo pones por escrito. De esta forma creas una lista mental que guarda el portero de tu mente. Así que cada vez que anotas algo que percibes como una señal o una prueba que te demuestra que algo te está animando para que te acerques a tu objetivo, estás entrenando y moldeando tu RAS en tiempo real.

Tal y como ya he dicho, este hábito se suma al de buscar cosas que casualmente tienen forma de corazón. Cuando le dices a tu mente que busque corazones por el mundo que te rodea creas flexibilidad mental. Es una manera muy interesante de experimentar con tu mente. Cuando tomas una libreta o un diario y te comprometes a anotar cualquier «señal» que veas relacionada con tu sueño, llevas esta flexibilidad mental y el entrenamiento de tu mente un paso más allá.

Seguí con Eduardo: «Dime, ¿cuándo te mudas?».

«El 1 de octubre», dijo.

«Excelente. Suenas como un hombre que tiene una misión. Elabora tu plan y múdate el 1 de octubre, ¿de acuerdo?»

«Sí...», dijo.

Ahora me quiero detener un momento aquí, y pausar esta historia. Seguramente te quedó claro lo que tiene que hacer Eduardo después de leer nuestra conversación. De hecho, puede que le estés gritando como le gritaba yo: «¡Múdate a California! Pero ¡¿qué diablos te pasa?!». Pero aquí está el tema: lo que parece obvio a los demás es a menudo lo más difícil de ver en la vida propia. ¿Te acuerdas de la historia de mi hija, que pensaba que era la más fea del bar? Para ti y para mí es muy fácil ver que lo único que le pasa es que tiene una creencia restrictiva que la bloquea. Pero es difícil ver lo que te bloquea a ti.

Ahora te toca a ti.

Quiero que empieces a jugar con tu RAS. Ahora mismo, tu RAS está centrado en los obstáculos que tienes por el camino («no tengo tiempo», «no tengo dinero», «no sé por dónde empezar», «me siento culpable», «estoy preocupado», «me siento como un farsante porque nunca lo he hecho antes»).

Vamos a borrar todo esto. Primero, comprométete a chocarte la mano en el espejo durante cinco días seguidos conmigo en <High5Challenge.com>. Incluso si ya lo has hecho, ¿qué te parece si lo volvemos a hacer juntos, esta vez vas a tener tu objetivo en mente y yo te voy a animar.

Luego márcate una fecha límite. Dentro de tres semanas empiezas. Ir al gimnasio. Empezar terapia. Dejar el trabajo. Acabar una relación. Llamar a una inmobiliaria para encontrar un departamento nuevo. Empezar a escribir una novela. Empezar un nuevo hábito saludable. Durante las próximas tres semanas constrúyete una pista de despegue y empieza a prepararte. Cada día, chócate la mano para avanzar y da un paso detrás del otro para prepararte.

¿A quién podrías llamar? ¿Qué correos electrónicos podrías enviar? ¿Cómo podrías arriesgarte a hacer algo que has estado evitando hasta ahora? ¿A quién le podrías pedir ayuda o consejo? ¿Hay algo que no sepas hacer, con lo que algún libro, blog o video de YouTube te podría ayudar?

Y finalmente: toma una libreta. Cada día empieza a entrenar tu RAS para que busque pruebas, señales y sinergias que te confirmen que trabajar en este proyecto es lo que tienes que estar haciendo. Conviértelo en un juego y anota todas las pruebas de que tus sueños están vivos y te envían señales.

Es una señal.

Volviendo a Eduardo. Él sabía que nuestra conversación era una señal, y eso es lo que le dije:

«Así es, Eduardo. Con respecto a tu futuro, yo soy lo más cercano a ese agente con el que has estado soñando. Yo trabajo en Hollywood, Eduardo. Tengo un programa de televisión. Te voy a decir la verdad: nadie te encontrará. Metería las manos al fuego diciendo que tienes una fantasía en la cabeza en la que uno de estos días irás al aeropuerto de Dallas y la persona que entrará en el coche será un agente de Hollywood que por arte de magia te lanzará al estrellato. Esto no pasará. El universo cambió de planes y me puso a mí en tu coche. Por eso estás recibiendo una patada en el trasero y una verdad como un templo.

»Tú piensas que por quedarte aquí detrás del volante no te harás daño. Y aquí está el error, porque cada día que te despiertas aquí, en Dallas, y entras en este coche y conduces a otras personas por la ciudad y piensas en tu sueño, te vas muriendo lentamente por dentro. Tu espíritu se está asfixiando. Todo este darle vueltas al asunto, toda esta espera y todas las críticas que te haces, te están matando.

»No importa lo buen actor que seas: si no vas a salir nunca de Dallas, no te arriesgas y no te vas a California. No importa lo gracioso que seas o el talento que tengas si te niegas a participar en el juego. El juego no es ser actor. El juego es dar la cara. El juego es que te rechacen. El juego es volver a dar la cara una y otra vez. Este es el trabajo real de un actor. Es ahora o nunca. Te toca mover ficha. ¿Quieres entrar en el juego?».

Eduardo dijo: «Quiero entrar en el juego».

«Genial.»

«Quiero entrar en el juego —repitió, animado—. Voy a dar el preaviso y me mudaré a Los Ángeles.»

«Más te vale darme las gracias dentro de diez años cuando ganes el Oscar.»

«Lo haré —dijo—. Y esto es lo más loco del tema. Lo más loco es que soy el tipo de persona que se acordará de esta conversación.»

«Bueno, pues más te vale darme las gracias porque yo también la recordaré.»

Unos minutos más tarde paramos delante del hotel. Le di un abrazo, le dije adiós y entré en la recepción del hotel, sacudiendo la cabeza. Lo único que le impedía perseguir sus sueños era él, y tú estás haciendo lo mismo.

Esta conversación tan increíble tuvo lugar hace dos años. Y puede que te preguntes: ¿Se mudó? No lo sé. Seguramente no, o tal vez sí, pero esto no viene al caso. Te cuento esta historia para ilustrar que cada día tenemos una elección. Podemos abrirle las puertas a la atracción que sentimos hacia nuestros sueños o podemos cuestionarlos. Combatir el deseo que llevas dentro y decirte: «Nunca lo conseguiré» te genera mucha tensión en la vida.

El objetivo de la historia es que entiendas que hay algo esperándote que solo encontrarás cuando permitas que ese sueño te haga atravesar tus miedos. En todos los sueños que valen la pena, las apuestas no están a tu favor. Y tampoco importaría que lo estuvieran porque sé que te arrepentirías toda la vida si no te hubieras arriesgado y no hubieras ido por ello, fuera cual fuese tu sueño. Lo que he aprendido a golpes es que tener valentía para perseguir tus sueños es mucho más importante que alcanzarlos. Y esto se debe a que lo que realmente enaltece aquello que llevas dentro es el acto de intentarlo.

Por eso no importa lo que le pase a Eduardo en cuanto llegue a Los Ángeles. Lo que importa es que crea en él y se mude. Lo que importa es que confíe en su habilidad de arreglárselas. Forja la resiliencia que solo puede conseguir cuando va más allá y se arriesga.

Lo que importa ahora es lo que hagas tú con la historia de Eduardo. Tú tienes tu propia versión del «múdate a California». Esta es la mía: se llama «lanza un *podcast*», y por eso entiendo el sufrimiento de Eduardo. Y en cuanto lance un *podcast*, habrá algo nuevo a lo que empezaré a darle vueltas y me dará miedo de emprender. Personas de las que estoy celosa, por ejemplo. Son solo sentimientos de miedo e inspiración bloqueados, como un pájaro atrapado en una jaula. Solo la acción podrá liberar al pájaro. Este es el juego de la vida, así que, ¿por qué no te apuntas y juegas?

El fracaso es lo que te pasa cuando tiras la toalla.

Creo que esta conversación no tuvo lugar para que Eduardo se mudara a California sino para que ahora te pudiera dar un ejemplo a ti que fuera tan claro, visceral y te resultara tan cercano que te entristeciera y exasperara pensar en la posibilidad de que no se hubiera mudado. Quizá su terquedad y su miedo son justo lo que necesitas para abrir los ojos.

Espero que el hecho de estar sentado como yo y frustrarte y enojarte con Eduardo, te haga pensar en las maneras en las que te reprimes porque tienes miedo. No hacer nada es una decisión. Esperar es una decisión. Tú piensas que perseguir tu sueño es arriesgado. Pero estás equivocado. El mayor riesgo es no hacer nada. Porque si fracasas siempre puedes volver a lo que estás haciendo ahora mismo. Y según indican los estudios, si fracasas, es el doble de probable que triunfes la próxima que lo intentes (supongo que esto explica mi éxito).

Tú eres Eduardo. Tienes un sueño en el que piensas constantemente, mientras conduces, o mientras estás en la regadera, o sentado en el despacho, o leyendo un libro, o lavando los platos, o paseando al perro. Igual que Eduardo estás pensando y esperando a que llegue el momento idóneo, o que alguien te descubra o que alguien te dé permiso. Te estás esperando a que se alineen las estrellas. Esperando a estar preparado. Y toda esta espera te está matando los sueños.

¿Qué fecha límite tienes que marcarte?

¿Puedes comprometerte con una fecha ahora mismo? En las próximas tres semanas decántate hacia aquello que quieres. ¿Puedes tomar una libreta y empezar a anotar todo lo que te demuestre que este es tu destino? ¿Puedes visualizar los pasos que te llevarán allí?

Eduardo sintió que el hecho de que entrara en su coche era una señal, así que diremos que el hecho de que tengas este libro entre manos es una señal de que ha llegado el momento de abrir los ojos y empezar a cambiar tu vida. Esto pasará tan pronto decidas hacerlo. Cada día puedes despertarte, mirarte al espejo y chocarte la mano para avanzar. O puedes decir, «Uff», y seguir dando vueltas con el coche. Espero que tomes el timón de tu vida, lo dirijas hacia tus sueños y te animes para avanzar.

Yo creo en ti. Creo que eres capaz de conseguirlo. Pero está en tus manos. Siempre tendrás un millón de excusas para no hacerlo. Para que no te den ganas. Para no creer en ti.

Lo único que importa en la vida son las acciones que llevas a cabo. Cuanto más sistemáticas sean las acciones que emprendas, más rápido empezarás a creer en ti porque verás pruebas de que no eres el tipo de persona que se queda de brazos cruzados y siente que no se lo merece. No existe la ocasión perfecta, ni el plan perfecto, ni el momento perfecto. Solo hay el ahora y llegas justo a tiempo. Pero el reloj no para. Y a fuerza de conducir y pensar en la vida que quieres, ese sueño se va quedando cada vez más rezagado en la parte trasera de tu cabeza. No te abandona pero empieza a acosarte.

Tus sueños son tu responsabilidad. No vendrá nadie por ti.

Si estás plantado en Dallas, soñando con ser actor y esperando a que un agente de California te encuentre, no vendrá nadie.

Si estás tirado en el sofá en Londres, esperando a que alguien te organice una cita, nadie lo hará.

Si quieres expandir tu negocio en Sídney, y estás esperando que tu primer cliente aparezca por arte de magia y te compre productos para el cuidado de la piel, no pasará.

Si quieres un futuro nuevo, actúa en consecuencia. No importa el miedo que tengas. Empieza. Levántate cada día y chócale la mano a la persona que ves en el espejo. A continuación, márcate una fecha límite y ponte en marcha.

CAPÍTULO ONCE

¿TE GUSTO?

Intentar encajar te destrozará. Y llevas intentando encajar desde que ibas a la escuela. Y yo también. ¿Hacemos un trato? Dejemos de preocuparnos por ser «uno de ellos» y seamos nosotros mismos. Dejemos de darle minutos de audiencia a esta fastidiosa pregunta: «¿Si hago esto, me pongo esto, digo esto... aún te gustaré?». (O en el caso de mi vida amorosa: «¿Qué tengo que hacer para gustarte?»)

Cuando eres adulto, solo importa la opinión de una persona: la tuya. Esto ya lo has oído otras veces y yo te lo repito porque, de verdad, es muy difícil romper el hábito de buscar aprobación en tu entorno.

Tus pensamientos, si se parecen a los míos, suenan así:

«¿Te gustan las carreras de *monster trucks*? A mí también... Claro, me tomo otra cerveza si todo el mundo también se la toma... Creo que es mejor que me espere un mes o dos para llevar el pelo suelto en este contexto corporativo... Ni siquiera me gusta la vida griega, ¿por qué tengo tanta prisa?... Si no tengo unos jeans, unos tenis o una bolsa de esa marca, me sentiré como inferior... Si me pongo otra capa de base y un poco más de bronceador, me pareceré a mis amigas...».

¿Por qué somos todos tan inseguros?

Échale la culpa a la vida. En cuanto empiezas la escuela, la fuerza que te impulsa en la vida es encajar. No es algo puramente social, ¡es una cuestión de supervivencia! Todos hemos vivido lo de ser ese niño en el comedor deseando poder sentarse con un determinado grupo. Ojalá pudiera sentarme con ese grupo de niñas, ojalá fuera suficientemente rico, o tuviera mejores prendas de ropa, o me pareciera más a todo el mundo. Ojalá me hubieran elegido para el equipo de futbol, para el musical, o hubiera sacado mejores calificaciones. Ojalá hubiera sido más alto, hubiera tenido un tono de piel más oscuro, hubiera sido menos así y más asá. Ojalá hubiera nacido más listo o más atlético o tuviera una voz perfecta. Entonces estaría bien.

Así es como empieza. Empiezas a ver el mundo por los grupos a los que perteneces y los grupos a los que no. Y empiezas a mutar y a modificar lo que dices y cómo te sientes solo para encajar.

Este es el momento en el que dejas de aceptarte en el espejo y empiezas a rechazar todo lo que tienes. Dientes demasiado grandes. La piel tiene imperfecciones. Demasiado baja. Demasiadas pecas. Pelo demasiado ondulado. Es cuando cometes el mayor error de tu vida: cuando decides que prefieres encajar que ser tú mismo.

Lo hacemos todos. Así sobrevivimos a la escuela. No se puede evitar. El problema con esta actitud es que la arrastras hasta la preparatoria. Y hasta la universidad. Y hasta la vida laboral. Y hasta tu casa en las afueras. De hecho, la arrastras durante toda tu vida adulta. Te repites a ti mismo que todo es más fácil si eres como el resto del mundo. Consigues un trabajo, subes los peldaños, te asientas, te compras un perro, compras una casa, tienes hijos y te inscribes al equipo de futbol. Lo de encajar cuando eres niño se acaba convirtiendo en tener que estar a la altura de los vecinos cuando te haces mayor.

Y no solo es que tengas la costumbre de mirar a tu alrededor y ver dónde encajas. Es que a veces hay experiencias en la vida que te hacen sentir que no encajas ni con calzador. Y puede que haya sido la suma de muchas cosas. Tanto si es una madre que te criticaba constantemente o que controlaba en parte todos los aspectos de tu vida. O un padre que te obligaba a hacer deporte o te imponía que entraras en la facultad de Derecho cuando tú lo que querías era participar en la obra de teatro de la escuela. El estrés implacable de vivir en la pobreza, un grupo de amigas que te apuñalaban por la espalda, o las microagresiones constantes con las que tienes que lidiar porque eres la única persona de color en la oficina, y empiezas a cambiar tu forma de ser para encajar en el lugar de trabajo, donde sientes que no te mereces estar allí.

Tanto si el mensaje era sutil como si lo tenías incrustado en la cabeza, era algo así: «Es mejor gustar a los demás que ser tu yo verdadero, único y precioso». Y puede que para ti fuera más seguro encajar porque si no te ponías en riesgo. Cuando sientes que no encajas, el mundo te parece muy grande. Empiezas a sentirte como una hormiga. Y el ruido que te rodea sofoca la voz más importante del mundo: la tuya.

La relación entre encajar y la ansiedad.

Cuando no puedes ser tú, esto te genera ansiedad porque no sabes quién tienes que ser, así que estás constantemente analizando el entorno y buscando pistas sobre cómo tienes que actuar y qué tienes que decir. Esto hace que estés en un estado constante de tensión, en el que te cuestionas y replanteas cada cosa que haces o dices. «¿Esa frase estaba bien escrita?» «¿Debería haber enviado ese mensaje?»

Las mujeres, sobre todo, sufren con este tipo de ansiedad. Y esto se debe a que están acostumbradas a desempeñar diferentes papeles. El papel de la buena hija, de la hermana pequeña, de la buena alumna, de la que sabe trabajar en equipo, de la mejor amiga, de la trabajadora que es de fiar. Siempre te ha consumido la sensación de tener que asegurarte de que mamá estaba contenta, de que papá no se enojaba, que llevabas la ropa «adecuada», que la pregunta que hacías en clase no parecía una estupidez, y que cuando ibas a una fiesta «estuvieras estupenda». Cuando eres pequeño es normal que te preocupe si le gustas a la gente o no. Pero la presión de encajar y obedecer ha empeorado mucho desde que éramos pequeños.

Por no hablar del baile de fin de curso.

Cuando nuestras dos hijas estaban en la preparatoria y ya tenían la edad de ir al baile de fin de curso, me quedé petrificada y me molesté al ver esta tradición en la que las chicas arman un grupo de Facebook y cuatro o cinco meses antes del baile, antes de que nadie tuviera pareja para ir, empezaban a decir qué vestido se comprarían, los reservaban para que nadie más pudiera comprarse un vestido parecido. Este ritual tan estrambótico refuerza en las chicas, a través de todo el sistema escolar, la idea de que no puedes limitarte a ser tú misma. De hecho, ¡ni siquiera puedes comprar el vestido que quieres! El mensaje está claro: hay una manera correcta de hacer las cosas. Un vestido adecuado que llevar o no llevar, porque no vaya a ser que te pongas un vestido parecido al de otra chica.

Y lo que es peor, si rompes este código social, todo el sistema escolar se enojará contigo. Nadie se detiene a pensar lo absurdo que es. Mis hijas se ponen tanta presión y me la ponen a mí para que vayamos de compras porque el grupo de Facebook se está empezando a llenar, que en vez de recordar este momento tan bonito y el antes y el después que supone para la vida de los estudiantes, se ha convertido en una batalla campal avivada por la ansiedad dentro del probador de una tienda de ropa. Discutimos porque mi hija había encontrado el vestido perfecto pero otra chica «ya se lo había pedido» (ese y dos vestidos más). Yo me opuse: «¡Pero si es de otro color!». Ella me dijo: «No puedo, las de cuarto se enojarán conmigo». Y esto, por cierto, ¡pasó antes de que ni siquiera tuviera pareja para el baile!

Es posible que las dos horas que pasamos en la tienda le ocasionen tres meses de terapia para debatir mis problemas de ira. Lo que yo estaba viviendo de primera mano era que mi hija tenía muy claro que tenía que desempeñar un papel determinado en ese momento de su vida. No podía elegir el vestido que quisiera, tenía que ser uno que encajara con los criterios que había establecido otra persona. Toda la ansiedad del vestido (y el maquillaje, el peinado, la manicura, el bronceado, la limusina, la depilación) gira en torno a desempeñar el papel perfecto.

No me extraña que no sepamos ser nosotros mismos. Nos han adoctrinado para que sigamos las normas sociales por los siglos de los siglos. Y en esa brecha entre «las normas» y quien eres realmente, es donde se filtra la ansiedad. Mi hija y sus amigas dicen que están ansiosas por encontrar el vestido para el baile, pero realmente están ansiosas por encontrar el camino en un mundo con todas estas normas.

La verdadera pregunta en la que todos deberíamos centrarnos no es «¿Les gustará mi vestido, mi peinado, la trayectoria profesional que elija, o mi decisión?». Sino que es: «¿A mí me gusta?». Imagínate las agallas que se necesitarían para estar en tercero, en la preparatoria y elegir a conciencia el mismo vestido que otra persona había «pedido» en una absurda página de Facebook. Los adolescentes piensan que sería un suicidio social.

Yo creo que es el secreto de la vida: hacer lo que te vaya bien a ti y dejar que la gente diga lo que quiera de ti.

Porque no importa lo que digan los demás. Lo único que importa realmente es... ¿A ti te gustas?

Nunca podrán dejar de importarte los sentimientos de los demás.

Si te dejaran de importar, serías un horrible narcisista. Te deben importar las opiniones de los demás, pero esto no significa que tengas que escucharlas. Para cambiar tu vida, tienes que aprender a honorar tus sentimientos más que los de cualquier otra persona.

También tienes que aprender a darle espacio a la gente para que experimente estos sentimientos y no convertirlos en algo que gire a tu alrededor. (Si esto es algo que te cuesta especialmente, retrocede y vuelve a leer el capítulo 9, sobre la culpa.) Esto es de vital importancia porque si no te puedes valorar a ti mismo buscarás la validación en los demás.

A lo largo de mi vida, en demasiadas ocasiones he sido un camaleón humano, mutando para convertirme en cualquier tipo de persona que necesitara ser en mis relaciones, especialmente en las relaciones románticas. No solo dije que sí a cosas que no quería hacer, sino que, para encajar, hice ver que me gustaban cosas que no me gustaban. ¡Hola etapa en la que me gustó el *rock* psicodélico de Grateful Dead!

Al principio de todo te dije que el hábito de chocarte la mano consiste en mejorar la relación que tienes contigo. Esto es de vital importancia porque tu relación contigo es la base para todas las otras relaciones. Si te sientes seguro con quien eres, te sentirás seguro en tus relaciones. Si eres capaz de marcar tus límites, serás capaz de ofrecer a los demás el espacio que necesitan para ser ellos mismos y serás capaz de pedir el amor y el apoyo que necesitas tú.

Si te sientes inseguro contigo, estarás inseguro con los demás. Además, también añadirás esa inseguridad a cualquier interacción que tengas.

Tengo una historia que contarte.

En mis treinta, tiré la casa por la ventana por el desarrollo personal. Fue como la primera vez que probé un *Pad Thai*. ¡No tenía ni idea de lo que me había estado perdiendo! En cuanto saboreé por primera vez el desarrollo personal, Chris y yo nos tomamos la vida como un banquete. Nos inscribimos a todas las actividades que pudiéramos encontrar y permitirnos del tipo retiro, formación o experiencias de esas que te cambian la vida.

Aprendimos a meditar y a practicar yoga, nos formamos para ser técnicos de los servicios médicos de emergencia en la naturaleza y recibimos clases sobre cómo ser más productivos y comunicarnos mejor. Fue en estas experiencias, con un montón de desconocidos con el nombre escrito en la solapa, que encontramos a nuestra gente y hallamos también una conexión más profunda con nosotros mismos, el uno con el otro y con nuestro propósito en la vida.

Recuerdo estar sentada entre el público del *tour* de Oprah llamado *Vive tu mejor vida* hace casi dos décadas. El DJ había llenado el centro de convenciones de Boston con música bailable, y estaba de pie con miles de otras mujeres, con el nombre en la solapa, bailando y chocándole la mano a todas las personas que me rodeaban. Cuando nos sentamos, llegó la siguiente oradora. Era Martha Beck, la *coach* de vida de Oprah. Yo no tenía ni idea de quién diablos era aquella mujer. Nunca había oído hablar de ella. Pero en cuanto empezó a hablar, se hizo el silencio.

Me oí a mí misma decir: «Yo quiero hacer esto». No tenía ni idea de lo que significaba «esto» pero te digo ahora que ese fue el momento en el que tomé la decisión de convertirme en *coach* de vida. Una de las primeras acciones que emprendí fue contratar a una persona para que me formara, y encontré a la persona perfecta, una profesora adjunta de la Escuela de Administración y Dirección de Empresas Sloan, del MIT (el Instituto de Tecnología de Massachusetts), que daba un curso llamado «diseño de vida». En ese momento ya era voluntaria los fines de semana encargándome de unos seminarios para una empresa de mejora de vida, pero no tenía ni idea de cómo empezar mi propio negocio como *coach*.

Después de unos seis meses trabajando de día, haciendo formaciones en el sector del *coaching* y siendo voluntaria impartiendo unos cursos los fines de semana, esta profesora me dijo que estaba «preparada» para empezar a publicitarme y acceder a clientes de forma remunerada. Le pedí si me podía dar algún tipo de certificado, «Ya sabes, como un diploma, para mostrar mis credenciales».

Y, sin pensarlo dos veces, me soltó el comentario más propio de una *coach* de vida que me habían dicho en la vida: «No necesitas un papel que demuestre que estás cualificada, Mel. Lo único que te pasa es que estás asustada». Noté cómo me subieron los nervios cuando me dijo eso.

«He aquí tus tareas —me dijo—. Tienes dos semanas para conseguir tres clientes de forma remunerada. Si uno de ellos te dice que no trabajará contigo a menos que le enseñes tu certificado, iré a una papelería, compraré una plantilla de "Certificado" que sea bonita y te la firmaré. Mel, llevas años participando en seminarios para mejorar la vida, te has formado, tienes varios años de experiencia como *coach*, sacaste Derecho, y eres una consejera formada para la intervención en crisis. Estás preparada para ser *coach* de otras personas. Llevas años estando preparada, simplemente tenías miedo. No necesitas un certificado. Sal de aquí y ve por tus clientes.»

Fue como el increíble discurso motivacional que le daría a Eduardo quince años después, pero el hecho de estarlo recibiendo yo y no dándolo hizo que no pudiera soportarlo. Tenía razón. Llevaba años formándome y había trabajado mucho para conseguir ese sueño. La inspiración me duró hasta una fiesta aquella misma noche en la que alguien me preguntó: «¿A qué te dedicas?».

Y yo contesté: «Soy *coach* de vida». (Ten presente que esto fue en 2001, cuando aún no era algo conocido.)

«¿*Coach* de vida? ¿Qué diablos es una *coach* de vida?»

Me quedé petrificada. Aquí es donde me entró el deseo de poder encajar («¡Por favor, quiero gustarte!»). Podía ver cómo le giraban los engranes en su cabeza pensando en las palabras *coach* de vida. Recuerdo sentirme avergonzada. Me entró calor en la nuca y sentí cómo me sonrojaba. Empecé a pensar, «seguro que piensa que *coach* de vida suena al tipo de profesión que emprende tu tía cuando por fin deja el alcohol o lo que hace tu compañera de habitación de veintitrés años porque no consigue un trabajo al salir de la universidad».

Si hubiera tenido un certificado de la papelería que dijera «*Coach* de vida» lo hubiera sacado y se lo hubiera enseñado. Pero esto no me habría disipado el miedo. La mujer que me formó tenía razón. No necesitaba un certificado para demostrar nada. Estaba jodida por culpa de mis propias inseguridades. Sea lo que sea que te genere inseguridad, y sea cual sea tu mayor miedo, lo proyectarás en todas tus conversaciones, en los silencios incómodos o en los mensajes.

Eres tú quien te juzga.

Lo más fuerte del tema de las inseguridades y de las cosas negativas que te dices es que están en tu cabeza, no en la suya. Tú crees que los demás también piensan cualquier mierda negativa que tú pienses de ti. Mi mayor miedo es no gustarle a alguien o que no esté de acuerdo con lo que hago. Pero esto es lo más importante: en este momento, este tipo no me está juzgando. Está pensando. Soy yo la que se está juzgando.

¡Y tú haces lo mismo! Oyes a tu crítico interior en las cabezas de otras personas. Yo no tenía ni idea de lo que ese tipo pensaba de mí o de la profesión de los *coach* de vida. Solo sé que tenía cara de estar pensando algo, y en momentos de incertidumbre como ese proyectas automáticamente tus miedos e inseguridades en la otra persona. Si tienes miedo de que la gente piense que eres demasiado bajito, o demasiado ruidoso, o que no eres atractivo, o que eres molesto, o raro, o que a lo que te dedicas es una tontería, darás por sentado que eso es lo que pensará también la otra persona. Y una cosa más: a nadie le quita el sueño pensar en ti. Todo el mundo está demasiado ocupado pensando en sus propias cosas. Si este tipo era tan inseguro como yo, ¿sabes lo que estaría pensando? «¿Soy la única persona que no sabe lo que es un *coach* de vida?»

Reconozco que en ese momento de silencio pensé que él estaría pensando que yo era una idiota rematada y que ser una «*coach* de vida» era la tontería más grande que había oído en su vida, y que es lo que hacen las personas que no pueden tener trabajos de verdad.

A ver, yo no creo que ser *coach* sea una tontería. Yo creo que ser *coach* es lo más estupendo del mundo. Con esto me debería bastar, ¿no? No, no me basta, porque lo que realmente quiero es gustar a la gente. Quiero encajar en el mundo de este tipo. Por eso lo que me decía a mí misma empezó a tomar un tono criticón: «Él cree que es una tontería».

¿Sabes qué? Estaba equivocada. Esto no es lo que pensaba. En absoluto. Después de un silencio incómodo, me preguntó: «En serio, nunca he oído a hablar de un *coach* de vida. ¿Qué haces?». Cuando le expliqué que trabajaba con personas que triunfan en la vida pero que se sienten atascadas, contestó: «Este podría ser yo». Acabó siendo mi primer cliente porque su mujer, que estaba a su lado, dijo: «¿Cuánto cobras? Necesita a alguien como tú».

Esta historia tiene un final feliz pero he vivido muchas otras ocasiones en las que me han juzgado o ridiculizado por ser una *coach* de vida. Cuando les conté por primera vez a un grupo de amigas el negocio que había armado, una de ellas me dijo, «¿*Coach* de vida? ¿Por qué querría la gente verte a ti para que les dieras consejos de vida?». Cuando me vio la expresión catatónica, intentó suavizar la cachetada que me acababa de plantar en la cara: «No, en serio, tú no eres terapeuta. ¿Cómo sabes cómo hacerlo?».

Era una buena pregunta. Y cuando me deshice de mis propias inseguridades, entendí por qué me la planteó. Nunca había hablado de mi pasión por el proyecto del desarrollo personal con mis amigas porque tenía miedo de que me criticaran. Ella no tenía ni idea de que llevaba casi cinco años formándome para ser *coach* de vida. Les hablé durante un rato de mi formación y del proceso que había seguido. Unos meses más tarde, una amiga suya de la universidad se puso en contacto conmigo. Lo que yo había interpretado como una opinión crítica fue una mera pregunta que me llevó a una nueva clienta por recomendación.

Dale la vuelta.

A medida que vayas teniendo cada vez más claros los cambios que quieres emprender, tendrás momentos en los que estarás preparado para decir: «Que todo el mundo se vaya al diablo. Dejo mi trabajo, me convierto en una *coach* de vida, me pongo el vestido que quiero, vivo mi mejor vida y hago lo que me da la gana». ¡El dedo medio para el mundo!

Esta historia sobre los contactos y mi inseguridad tiene un final feliz, pero buscar la aprobación de los demás va mucho más allá que llevar el vestido adecuado para el baile de fin de curso o necesitar un certificado de la papelería para validarte. La necesidad constante de gustar a los demás y de que los demás den por válidas tus decisiones hace que te vayas reconcomiendo a ti mismo y a tu vida y hará que no salgas de trayectorias profesionales, amistades o matrimonios que te derrumbarán.

Creencia restrictiva actual: ¿Qué pensará todo el mundo?

Dale la vuelta: mi felicidad es más importante que lo que cualquier otra persona pueda pensar de mí.

Y si no pregúntaselo a Katherine, de Irlanda. Ella era una ejecutiva con éxito en el mundo de la publicidad y estaba infelizmente casada. Me dijo: «Durante toda mi vida he ido haciendo lo que pensaba que tenía que hacer. Fui a la mejor universidad de Irlanda. Hice un máster, fui a Londres, conocí a mi novio, nos comprometimos. No estábamos hechos el uno para el otro, pero yo estaba tachando de mi lista todo lo que se supone que tienes que hacer antes de los treinta».

Las cosas se torcieron rápidamente en su matrimonio. Y, sin embargo, ella lo intentó todo por salvarlo, incluso acudir a seis terapias de pareja. Me describió su matrimonio como un «divorcio irlandés», concepto que procedió a explicar: «Mi marido está en el Reino Unido mientras yo estoy en casa, en Irlanda». Me explicó que ninguna de sus amigas de Irlanda estaban divorciadas. Ella se quería divorciar, pero solo pensar que a la gente no le gustaría su decisión, se quedaba paralizada. Cuando le comentó a su madre el tema del divorcio, su madre le dijo, «¿Qué pasará con sus pobres hijos?». *Gracias, mamá.* Esas seis palabras le dolían tanto que Katherine dejó que pasaran dos años más.

Por eso la ansiedad está entrelazada con tu inseguridad. La ansiedad se produce por dos motivos. Primero, nunca sabes cómo actuar porque tu madre, tu único referente, se está asegurando de que no molestes a nadie más.

Y, en segundo lugar, se origina por un conocimiento profundo de que no estás siendo honesto contigo. Vivir una mentira crea ansiedad porque anticipas el enorme juicio que te espera cuando la verdad salga a la luz. Despertarte cada mañana y desempeñar el papel de la buena hija, la buena esposa, la trabajadora ejemplar pero odiar tu vida, no es vivir una vida de «choca esos cinco». Es una forma de infierno.

Todo el mundo tenía una opinión acerca de quién debía ser Katherine: su madre, sus amigas, la Iglesia católica e Irlanda como país. Estaban más cómodos con el hecho de que siguiera casada que no con el hecho de que fuera feliz. Pasó seis años queriendo divorciarse pero se quedó en un lamentable matrimonio. Estaba viviendo una mentira para tener la aprobación de los demás.

El momento de la verdad.

Dijo: «Esto se me ocurrió una noche, acostada en la cama: estoy totalmente sola por la noche con estos dolores punzantes a causa del estrés, y ninguna de esas personas cuyas opiniones temo tanto están intentando arroparme en la cama. No me están ayudando a atravesar esta situación, ¿así que por qué debería importarme lo que piensan?».

Al día siguiente, cuando llegaron a la terapia, la terapeuta les pidió a Katherine y a su marido que se imaginaran sus vidas dentro de dos años. Los separó y los hizo ponerse de pie en lados opuestos de la sala, y dijo, «Esto representa su vida si se divorcian». Katherine se echó a llorar al pensar en lo que pensarían su madre y sus amigas.

Luego, la terapeuta le pidió que atravesara la sala y que se colocara al lado de su marido. Luego dijo: «Imagínense dentro de dos años, imaginen que siguen casados». Katherine pensó en lo que ella quería. ¿Quería seguir con él dos años más? Se echó a sollozar histéricamente. Le pidió el divorcio en ese mismo instante.

Cuando te gustas y te gusta tu vida, puede que esto le siente mal a tu madre, a tus hijos, a tus amigas, a la Iglesia y quizá incluso a Irlanda como país. Al principio será difícil hacer lo que es bueno para ti. Levantarás cejas. Se hablará de ti. ¡Y qué! Tu vida es dura ahora mismo. La gente ya habla de ti ahora. Ahora no eres feliz. Lo único que pierdes es el peso que te generan las opiniones de todo el mundo y de ese trabajo asqueroso o de la relación que te está ahogando. Lo que ganas es libertad, felicidad y lo más importante, la robusta confianza de que te priorizaste.

Si la historia de Katherine te está haciendo pensar «Oh, oh», sobre algún aspecto de tu vida, aquí tienes una manera fácil de saber cuándo es el momento de priorizarte. Cuando no te dan ganas de chocarle la mano a esa pareja, a ese amigo, a ese estilo de vida, a ese trabajo o a esa situación, esto significa que ha llegado el momento de cambiar.

Simplemente pregúntate en cualquier momento si le querrías chocar la mano. Si la respuesta es que no, tienes una opción: trabaja para cambiarlo o ponle punto final para dejar espacio a algo nuevo.

Un cambio te abre un sinfín de posibilidades.

Desde que se divorció, Katherine ha mejorado todos los aspectos de su vida. No solo acabó con su matrimonio, sino que consiguió una oportunidad fantástica en su trayectoria profesional y se compró una casa. Me dijo: «Hace dos años, lo único que me hacía salir de la cama por la mañana era que tenía que alimentar, vestir y llevar a la escuela a mis hijos. Ahora ha llegado el momento de cuidarme a mí, así que cada día me despierto y me pongo a caminar en la banda. Estoy aprendiendo a priorizarme y cuando echo la vista atrás, me pregunto: "¿Por qué no lo había hecho antes?"».

El motivo por el que no lo había hecho antes es porque no sabía cómo priorizarse. Tal y como aprendiste al principio de este capítulo, te han hecho sobrepensar la idea de la necesidad de encajar y el deseo de que te den el visto bueno que seguramente no eres consciente de hasta qué punto te está controlando tu día a día.

El cambio siempre empieza con algo pequeño, como despertarse cada día y chocarse la mano en el espejo. Cuando cambias la manera como te ves y te tratas, se te abre un mundo de posibilidades nuevas para tu yo futuro. Empieza con el hecho de que te felicites y priorices tus necesidades y esto crea un efecto dominó en todos los aspectos de tu vida. Tal y como lo formuló Katherine: «Por fin siento que llevo el timón de mi vida».

CAPÍTULO DOCE

¿POR QUÉ LO ARRUINO TODO?

Aviso de destripe: la vida te pondrá a prueba.

Cuando te esfuerces por cambiar tu vida, o alcanzar un objetivo o perseguir tus sueños, te encontrarás obstáculos. Siempre. Es inevitable. Repruebas el examen de admisión. Te despiden del trabajo de tus sueños. Te enfermas. Recibes mil noes cada vez que le cuentas a alguien la idea que tienes para tu negocio, tu línea de productos o el manuscrito de tu libro. Pierdes las elecciones. O en el caso de esta historia que te voy a contar, cometes un error detrás de otro en el proceso de lanzar tu primer libro.

Cuando esto me pasa a mí, la espiral mortal de pensamientos y emociones negativas hace que tenga ganas de levantar las manos al aire:

«Nada me sale como yo querría... Sabía que me pasaría algo... ¿Por qué debería seguir haciéndolo? Parece que estoy fracasando y no está funcionando... Es demasiado complicado... Lo hice mal... Me siento imbécil por haber pensado que iría bien... Siempre estoy empujando una piedra enorme cuesta arriba, como Sísifo... Mi profesora de álgebra/maestro del jardín de infancia/profesor de piano/entrenadora de atletismo/exmujer/padre tenía razón, no llegaré nunca a ninguna parte».

Ya está. Lo dejo.

La forma como se responde ante un momento de fracaso divide a los ganadores de los perdedores. No quiero ser dura, pero es verdad. Lo hablaremos dentro de un rato pero, por ahora, quiero que seas capaz de ver cómo todo se va al diablo y piensas: «¡Esto es una buena señal! Esto quiere decir que estoy haciendo algo bien». Créeme. Conozco muy bien esto de cagarla (sin ir más lejos, escribí un capítulo sobre esto. El capítulo 14). Y sé lo que se siente cuando parece que nada te vaya bien.

Cuando lancé *El poder de los 5 segundos* en 2017, fue un desastre rotundo.

Fue la primera vez que hacía el lanzamiento de un libro, y quería explotarlo, así que pasé seis meses estudiando lo que hacen los autores de *bestsellers* y planificando nuestra campaña de marketing con todo detalle. Creé una campaña de preventa, páginas de aterrizaje y embudos de marketing en las redes sociales. El día que el libro salía a la venta envié mi boletín con enlaces para comprar el libro por internet y, asombrosamente, miles de personas lo compraron. Luego, al cabo de unas pocas horas de haber enviado el correo electrónico, empecé a recibir respuestas:

«Mel, Amazon me dice que el libro está "agotado"».

Por un momento me emocioné mucho. Pensé que habíamos vendido todos los ejemplares que habíamos producido en cuestión de minutos. Estaba que no me lo creía. Pero en cuanto empecé a recibir cada vez más correos quejándose de que mi libro estaba «agotado» me empecé a dar cuenta de que en mi lista de distribución no tengo a tantas personas como para agotar las existencias, por lo que seguro que había algo que estaba mal.

Lo que ahora ya sé es que cuando Amazon recibe una ola de pedidos de un producto desconocido, es posible que lo pongan como «agotado» hasta que puedan comprobar que se trata de pedidos reales y no de un montón de bots. Una mierda para mí porque esto significaba que mi libro no estaba disponible durante las dos semanas del lanzamiento. No lo podías comprar aunque lo quisieras.

Siempre había soñado ser una escritora *bestsellers*. En mi tabla de visualización tengo recortes de «*Bestsellers* n.º 1 según el *New York Times*» y «fenómeno editorial». Me imaginaba que me mencionaban en revistas y decían que era «un antes y un después» en el mundo editorial porque había decidido autopublicarme la obra. Fui una imbécil integral. No tenía ni idea de que autopublicar significa que tu libro no está reconocido en la mayoría de las listas de *bestsellers*. Y es muy difícil encontrar la edición en papel en las librerías locales. El obstáculo al que me estaba enfrentando era real, pero lo que realmente me hacía estallar y hundirme era mi mentalidad.

Me bombardeé con pensamientos negativos: «¿Por qué soy tan tonta? Siempre la cago. En cuanto lo arreglen nadie querrá comprar este libro. ¿Por qué siempre me tengo que poner las cosas tan difíciles? Tendría que haber trabajado con una editorial. ¿Por qué nunca me sale nada bien?».

Mentalmente caí en picado. Seguro que tú también has experimentado esta sensación. Lo das todo por un objetivo, das tus esperanzas y tus sueños y al final no lo consigues. Arde ver cómo otra persona consigue entrar en la universidad de tus sueños, o consigue un sitio en la alineación inicial, o le dan el ascenso que pensabas que te merecías. Esto no significa que la otra persona no se lo merezca, pero es fácil utilizar estos momentos como un ariete contra ti. Por lo menos yo sé que sí lo he hecho.

Dale la vuelta.

Me sentí destrozada, pero no podía permitirme perder la compostura. Había trabajado muy duro para organizar eventos y entrevistas en *podcasts*, así que tenía que ir para adelante. Tenía que levantarme del suelo. Así que empecé a decirme lo que necesitaba oír: «Mel, con lo duro que has trabajado, seguro que tu esfuerzo tendrá una recompensa. Tienes que confiar en que pasará algo asombroso que aún no puedes ver». ¿Ves cómo le di la vuelta?

Creencia restrictiva actual: nunca me sale nada bien.

Dale la vuelta: pasará algo asombroso que aún no puedo ver. No pares.

O: si hueles mierda es que hay un poni cerca.

A veces la vida es una mierda. Cuando sientes que no tienes ni un respiro por mucho que lo intentes, que simplemente tienes que seguir adelante. Este mantra es como tu propio discurso de vestidor de la media parte: «Tienes que confiar en que pasará algo asombroso que aún no puedes ver». Sácalo todo llorando y luego desempólvate y sigue luchando por lo que quieres. Si tiras la toalla, te abandonas. Tienes que decirte que hay algo mejor a la vuelta de la esquina y seguir adelante. Y, en ese momento, es justo lo que hice. Este es el aspecto mental que tiene chocarse la mano para ir adelante.

Cada día me prometía que mi duro trabajo tendría recompensa y que había algo que no podía ver y que me estaba esperando, y que lo único que tenía que hacer era ser paciente y persistente porque se acabaría desvelando. Cuanto más practicaba la actitud de «choca esos cinco», más me lo creía.

Tom Bilyeu y mi diarrea por estrés.

Si avanzamos dos semanas, estoy en Los Ángeles, a punto de aparecer en el programa de YouTube de Tom Bilyeu llamado *Impact Theory*. Necesito que esta entrevista vaya bien. Cuando la publiquen para que la puedan ver los millones de fans de Tom, el libro ya estará disponible.

Debería estar emocionada. Debería estar agradecida de que Tom me haya pedido que vaya a su programa, pero ¿cómo me siento? Siento que voy a tener una diarrea por estrés. Siento que algo está a punto de ir mal, porque siempre va todo mal. Y por eso es fundamental que vigiles tu mente como un halcón. En cuanto te permites preocuparte por una cosa, empiezas a preocuparte por otras cosas. La pelusa es algo pequeño pero se acumula.

Esta entrevista con Tom es mi oportunidad para evitar que tres años de trabajo se conviertan en el mayor fracaso profesional de mi vida. Tengo la sensación de que hay muchísimo en juego. Me excuso para ir al baño. Plantada delante del espejo de su baño veo que me están empezando a salir ronchas de sudor debajo de las axilas en mi brillante camisa roja. ¡Pero qué vergüenza! A causa del estrés tengo las mejillas rojas como el trasero de un mandril y no conseguiría taparlo ni con todo el maquillaje de Sephora.

Si hubiera conocido la técnica de chocarme la mano o cualquier otra herramienta de las que estás aprendiendo, la habría utilizado, pero hace cuatro años aún me aterraban las situaciones estresantes. Empecé a imaginarme congelándome delante de la cámara, olvidando lo que tenía que decir y poniéndome en ridículo por completo. Me seco las manchas de las axilas con papel higiénico (no funciona). Me echo agua fría en la cara para intentar calmar el fuego que me corre por las mejillas y hacer que parezca que simplemente estoy un poco sonrojada (pero tampoco funciona). Mi intento de estar un poco más presentable queda interrumpido por unos golpes en la puerta: «Te están esperando, Mel». Así que igual que lo haría cualquier orador de primera categoría, me miro al espejo, respiro profundamente y me digo, «¡Espabila de una vez, carajo!». Exhalo profundamente por última vez, 5-4-3-2-1 y abro la puerta.

Al otro lado de la puerta está una becaria de producción con una carpeta en las manos. La sigo por la preciosa casa de Bilyeus hasta que llegamos al foro del programa que tiene construido en la sala. Tom y su mujer, Lisa, son acogedores y amables y me caen bien al momento. Quiero gustarles desesperadamente a ellos también. «Respira profundamente, Mel. Respira profundamente.» Mientras esperamos que empiece el programa Lisa me pregunta: «¿Cómo está yendo el lanzamiento del libro?». Siento la necesidad de mentir pero me detengo. Sonrío y digo la verdad: «Está siendo más complicada de lo que me esperaba, y agradezco mucho su apoyo».

Luego Tom empieza su presentación. Saluda a los millones de fans que mirarán esta entrevista y me presenta utilizando una palabra que me pone los pelos de punta. *Motivación*. En esta frase: «Démosle la bienvenida a Mel Robbins, la gurú de la motivación».

Está hablando de la oleada de motivación que te llega cuando el instructor de *spinning* te grita y te dice que pedalees más rápido durante los últimos cinco minutos de clase. O la motivación que sientes cuando tu entrenador en la preparatoria les da una de esas pláticas de vestidor que parece sacada de una película: «¡Dejen de llorar! ¿Pero qué demonios están haciendo? ¡Ahora lo van a dar todo y vamos a ganar!». O la motivación que experimentas en la iglesia cuando escuchas un sermón que te cambia la vida y que te pone los pelos de punta. Motivación es lo que desayunan los culturistas. Seguramente es lo que sienten las Kardashian cuando salen de la cama. Y, sin embargo, la motivación no es lo que me sacó de ese baño. Me forcé a salir.

Por supuesto, cuando Tom me llamó «la gurú de la motivación», lo quería decir como un cumplido, y no es que esté mal informado o que se esté inventando cosas. Si me buscas, verás que incluso en mi página de Wikipedia dice que soy una oradora motivacional, una de las más exitosas del mundo. Así que no había manera de que supiera hasta qué punto esa palabra, *motivación*, me provocaba naúseas.

He aquí el porqué: tal como ya he dicho antes, la motivación nunca está cuando la necesitas. Y cuando tienes miedo te puedes olvidar de ella. Tu cuerpo hace sonar las alarmas y se pone en modo «lucha o huye», y hace que tu mente se vaya en la dirección contraria de adonde tienes que ir.

Cuando estaba plantada en medio del baño de Tom y Lisa, mirándome al espejo, lo único que veía era una mujer con un lanzamiento de libro que había fracasado, ronchas de sudor como platos en las axilas y mejillas rojas como el trasero de un mandril. Verme las manchas de sudor no me motivaba. Echarme agua sobre la cara no me motivó. Si hubiera esperado hasta sentirme «motivada» para salvarme, seguiría en ese baño preocupada por si no era capaz de hacer ver que confiaba en mí misma mientras el lanzamiento de mi libro estaba cayendo en picado.

En la vida hay que tomar decisiones. Cuando te dan noticias aterradoras, cuando recibes una factura inesperada, cuando escuchas las palabras «Ya no te quiero» o «Estás despedido» o cuando retiran del mercado los implantes mamarios que llevas puestos, o cuando te encuentras un bulto en la ingle, o cuando te ves en el espejo y te das cuenta de que tu aspecto muestra la preocupación que sientes: en todas estas ocasiones tienes que tomar una decisión.

¿Te vas a quedar de brazos cruzados y dejarás que te consuman las preocupaciones o les harás frente y tomarás las riendas de tu mente? Cuando la vida te derrumba, tienes que encontrar la manera de darle la cara. Siempre puedes elegir qué te dices a ti mismo. Yo podría haberme mirado al espejo y decirme, fácilmente: «Estás jodida». Pero decidí decirme: «¡Espabila de una vez, carajo!». No fue tan bueno como lo hubiera sido un choque de manos pero fue la bofetada en la cara que necesitaba.

Así que, a pesar de mis axilas y mis preocupaciones, mantuve la compostura y salí del baño.

Cuando Tom empezó a enumerar mis logros, lo único que podía pensar era en lo mal que habían ido las ventas del libro y en ese momento sentía de forma muy visceral que estaba experimentando el síndrome del impostor. No encajaba allí. No era lo suficientemente buena. Me sentía como cuando estaba en la escuela y decían mi nombre y todo el mundo me miraba. «¿Qué dirá?»

Pensé: «Esto me está preparando para algo increíble. Sé tú misma». Entré en el foro, les di un abrazo y luego Tom me llamó «la gurú de la motivación». Me reí ante la etiqueta y las cinco palabras con las que respondí me cambiaron la trayectoria profesional:

La motivación es una patraña.

Tom se inclinó hacia mí: «¿Por qué dices que es una patraña?». Y luego arranqué y dije exactamente lo que creo que es un lucha para millones de personas:

«En algún momento, todos nos creímos esta mentira de que tienes que sentirte preparado para poder cambiar. Crees que lo que te falta es motivación. Y esto no es verdad, porque nuestras mentes no funcionan así. Los seres humanos no estamos diseñados para hacer cosas que son incómodas o dan miedo, o son difíciles. Nuestros cerebros están diseñados para protegernos de estas cosas porque nuestros cerebros quieren que sigamos con vida. Y para poder cambiar en cualquier aspecto que realmente te importe (para crear negocios, para ser una mejor madre, para ser el mejor cónyuge, para hacer todas esas cosas que quieres hacer con tu vida, con tu trabajo, con tus sueños) tendrás que hacer cosas difíciles, que te provocarán inseguridad o miedo, lo cual nos plantea un problema a todos. Nunca te darán ganas de hacerlo. La motivación es una patraña».

Di siempre lo que crees.

Tu opinión de verdad es más interesante que lo que crees que la gente quiere oír. Nuestra conversación se convirtió en uno de los episodios más famosos de su programa, y en cuestión de meses tenía más de diez millones de visualizaciones. Y luego alguien me convirtió en un meme que decía «Esta mujer la rompe explicando por qué la motivación es una patraña», y se hizo extremadamente viral y superó los veinte millones de visualizaciones. Y por lo que yo sé, nadie se dio cuenta de las ronchas en mis axilas.

Gracias a ese video que se hizo viral, me pidieron que hiciera otra entrevista y luego otra. Y luego me empezaron a llamar los productores de diferentes *podcasts*. Y yo no paraba de decir que sí. Incluso con toda esta nueva publicidad, como era tan difícil conseguir el libro, las ventas iban lentas. Pero vigilé mi mente como un halcón. Si sentía que me venía la depresión, me decía que todo debía estar pasando por algo y seguía adelante.

Menos mal que lo hice porque resulta que estaba pasando algo increíble.

Mientras en Amazon estaba «agotado», no me pasó por la cabeza que la gente sí podía comprar el audiolibro. Había grabado y autopublicado el audiolibro yo sola. No teníamos ni idea de lo que estábamos haciendo. Lo grabé todo de una toma y mantuve todos los errores: el ruido de los papeles, cómo se me caía la pluma y cómo tomaba un sorbo de agua, porque no lo sabía hacer mejor. Mi marido subió los archivos de audio a Audible y sacó una captura de pantalla de la portada del libro *El poder de los 5 segundos* y la publicó como foto de portada.

Resulta que como era la única versión que estaba disponible, la gente empezó a comprar la versión en audiolibro de *El poder de los 5 segundos* más rápido que el papel higiénico durante la pandemia. Yo no tenía ni idea de que todo esto estaba pasando hasta un mes después cuando recibí un correo electrónico de Audible con el asunto «Aquí tienes tu informe mensual». Cuando abrí el informe casi me voy de nalgas. Las ventas se habían disparado por las nubes y ya teníamos miles de puntuaciones con cinco estrellas en Audible. Lo primero que pensé: «Quizá podamos librarnos de nuestras deudas». Mi siguiente pensamiento: «Madre mía. ¿Audiolibros?».

Uno de los aspectos que más destacan los lectores del audiolibro es que les encanta el hecho de que suene como si estuviera sentada a su lado porque no está editado. Te lo digo para resaltar que cada «error» que cometí se convirtió en una lección valiosísima y en el secreto de mi éxito. Llevaba un mes diciéndome que era un fracaso (lo cual solo hace que tu RAS te enseñe más motivos por los que pensar que has fracasado). Ese mantra me proporcionó la actitud de «choca esos cinco» para seguir picando piedra.

Y aquí está la ironía del tema: si los ejemplares en papel hubieran estado disponibles, nunca hubiera tenido la avalancha de ventas en Audible. De hecho, *El poder de los 5 segundos* se convirtió en el audiolibro n.º 1 (es decir, el más escuchado) de 2017 en toda la plataforma de Audible. Al final Amazon puso en orden su algoritmo, los ejemplares en papel ya estaban a la venta y acabó siendo el quinto libro más leído del año en Amazon.

Y aquí va otra cosa que quiero que sepas:

A pesar del furor a nivel mundial con millones de copias en papel vendidas y más de 100 000 puntuaciones con cinco estrellas (te lo prometo), *El poder de los 5 segundos* nunca llegó a las listas tradicionales de *bestsellers*. Esto demuestra un tema clave sobre tus objetivos y sueños que yo defiendo profundamente. El objetivo de cualquier sueño es proporcionar el combustible que te impulse y el mapa que te indique hacia dónde tienes que ir. Puede que te lleve, o no, al destino donde crees que te llevará (aunque la meta no sea el objetivo de mis palabras). Mi sueño de aparecer en las listas de *bestsellers* es lo que me impulsó, pero lograrlo no era el propósito de ese sueño.

Cuando eres capaz de confiar en que todo el trabajo duro que haces te llevará a alguna parte, crearás milagros en tu vida. Y en algunos casos (como el mío), los milagros que creas no son ni siquiera los que te habías imaginado. Yo no alcancé mi sueño de ser una autora de *bestsellers* según el *New York Times*. Me pasó algo aún mejor. Aprendí la importancia de no tirar la toalla. Como escritora, aprendí un modelo de negocio totalmente nuevo e innovador. Esto me llevó a una colaboración con Audible. Creé cuatro audiolibros nuevos en cuestión de dos años. Nada de esto estaba en mis planes, y todo ello pasó gracias a perseguir un sueño que no conseguí.

Sigue adelante. Encuentra tu final de película.

Tu mente te llevará a sitios extraordinarios si crees en tus habilidades y te animas a seguir avanzando. La vida te pondrá a prueba, pero si abandonas tu planificación del *cuándo* alcanzarás tu sueño y te plantas delante del espejo cada mañana y mantienes una actitud de «choca esos cinco», al final acabarás allí donde se supone que tenías que llegar. Y si no alcanzas el objetivo para el que estabas trabajando, es porque no estabas destinado a alcanzarlo y la vida te tiene preparadas cosas mucho mejores para ti. Cosas increíbles. Créeme.

La vida te está enseñando algo. Siempre. Todo, y cuando digo todo quiero decir todo, te prepara para lo que está por venir. El choque de manos que le das a la persona que hay en el espejo te entrena para que confíes en esa idea. Porque mientras respires, habrá tiempo. Así que adelante.

CAPÍTULO TRECE

¿REALMENTE PUEDO CON ESTO?

A veces la ya-sabes-qué te explota en la cara. Y no te lo esperabas. No te lo merecías. Pero ahora estás en medio del problema. Y te repites esto sin parar:

¿Por qué me pasa a mí? Yo no puedo con esto.

Entonces empieza el monólogo candente, antes ni siquiera de que hayas salido de la cama:

«Esto es demasiado y me está sobrepasando... Yo no pedí que me pasara esto... Si me pasa una sola cosa más, me tendrán que ingresar en un psiquiátrico... Hoy no puedo ser madre... Apaga las noticias, no lo puedo soportar... Ya no sé ni quién soy... Pensé que había seguido todas las normas y que lo había hecho todo bien... ¿Puedo leer ese correo del profesor de mi hijo sin llorar?... Por Dios, ¿por qué vuelvo a estar en esta situación? Estoy al borde de un ataque de nervios».

En momentos así, cuando parece que te hayan puesto la vida patas arriba, es cuando tienes que mirarte al espejo (y me refiero a mirarte de verdad) y decirte: «Sé que tienes miedo y sé que puedes hacerlo». Es el tipo de baño de realidad y dulce amor que anhelas cuando tienes miedo. Sentir miedo es normal. Pero lo que haces después de sentir el miedo es lo que marca la diferencia. Puedes estar aterrado por si pierdes la partida pero darlo todo igualmente. Puedes tener miedo y aun así confiar en tu capacidad de afrontar la situación. Puedes sentir el peso del mundo en tus hombros y seguir erguido.

Qué miedo, me partí en dos.

Estoy convencida de que recuerdas exactamente dónde estabas cuando te diste cuenta de que tu vida iba a cambiar por el COVID-19. Quizá fue por un correo del trabajo diciendo que cerraban la oficina, o por lo siniestramente calmada que se quedó la ciudad, o porque la residencia donde vive tu madre cerró las puertas a los visitantes, o quizá tuviste discusiones acaloradas con tus hijos sobre volver a casa y hacer cuarentena (¿o quizá esto solo me pasó a mí?).

El COVID-19 me puso la vida patas arriba un miércoles. Estaba grabando mi programa de televisión en Nueva York cuando me llamaron de la cadena CBS y me dijeron que habían encontrado el virus en el edificio y que teníamos que evacuarlo de inmediato. Todo pasó tan rápido que no tuve la oportunidad de despedirme del equipo del programa, de las 135 personas con las que llevaba diez meses trabajando. Cuando salimos había camiones de bomberos estacionados en el exterior del edificio. En la calle 57, el resto de nuestro equipo estaba evacuando nuestro edificio de oficinas, junto con los equipos del *60 Minutes*, del *Last Week Tonight con John Oliver*, y del *Entertainment Tonight*. Cuando me metí en el coche y entré en la autopista del Lado Oeste para volver a casa, en Boston, me pregunté: «¿Qué acaba de pasar?».

Los cambios drásticos como este siempre marcan un antes y un después. Tu vida nunca vuelve a ser la misma. Si alguna vez has tenido algún susto de salud aterrador, o has vivido la muerte repentina de un ser querido, o te han puesto los cuernos, o te han despedido del trabajo de tus sueños, o alguien te ha acusado de algo terrible que no hiciste, tu vida se divide en dos partes. Tu antigua vida, o trayectoria profesional, o relación desaparece y tu antiguo yo también se va. De repente te encuentras en un territorio desconocido, totalmente nuevo. A mí me han pasado todas estas cosas a lo largo de la vida y cuando llegó la pandemia me sentí igual de desconcertada.

Quería que me devolvieran mi antigua vida.

Los cambios siempre nos ofrecen una oportunidad para crecer si elegimos plantearnos de esta manera las experiencias dolorosas y complicadas de la vida. Hay una cita que me encanta: «El precio de tu vida nueva es el de tu vida antigua». Por mucho que me guste esta cita y por muy fácil que sea publicarla en las redes sociales, esto no significa que sea un concepto fácil de aceptar en tiempo real. Voy a serte sincera: por muy positiva, optimista y segura que sea, cuando la mierda me explota en la cara, no quiero una vida nueva. Quiero que me devuelvan mi antigua vida.

En cuestión de minutos había pasado de sentir que me estaba comiendo el mundo presentando un programa de televisión, a notar que acababa de chocar con una pared mental. Así de rápido puedes pasar de estar arriba de la ola a estar por los suelos. Esto es lo que nos hizo la pandemia al principio, porque nos dio miedo a todos. Miedo de morir, de perder nuestros trabajos, de estar solos y de perder a nuestros seres queridos.

A mí también me desencadenó todos mis antiguos miedos de mi pasado reciente y de volver a caer en picado económicamente. Primero suspendieron el programa (lo cual significaba que me habían despedido) y luego el resto de mi negocio empezó a derrumbarse. Todas las pláticas que tenía que dar ese año fueron desapareciendo una por una. Luego, me volvieron a despedir cuando mi editor canceló el contrato para este libro que tienes entre manos, con lo que tenía que devolver el adelanto que me habían mandado (dinero que ya me había gastado hacía tiempo).

Necesitaba que alguien me chocara la mano.

Cuando se disparan los miedos antiguos, empiezas a repetir antiguos patrones de forma instintiva. Me sentí atascada e impotente. La ansiedad estaba volviendo a pasos agigantados, busqué alcohol para atontarme y martiricé a mi marido (porque evidentemente él tiene la culpa de esta pandemia mundial).

Lo que necesitaba en esos momentos era que me animaran. Necesitaba que alguien me dijera que todo iría bien. Necesitaba que me dijeran la verdad: antes ya me había encontrado con desafíos y este no sería fácil, pero todo acabaría saliendo bien, y enfrentarme a ello me haría ser una mejor versión de mí y haría que mi vida tuviera más sentido.

Pero a los cincuenta y un años no quería volver a reinventarme otra vez. Me fastidiaba. ¿Sabes cuántas veces me había reinventado ya en la vida? Estoy segura de que de algún modo, te suena el tema. No pediste el divorcio, el accidente de coche, la recesión, la muerte de un familiar, el diagnóstico, la factura inesperada. Y, por supuesto, no pediste la pandemia.

Me despertaba cada mañana con una enorme sensación de terror. Tenía el estómago vacío, el corazón me latía como si fuera un martillo y una ola de ansiedad empezaba por los tobillos y me iba subiendo hasta el pecho. Cuando llegaba el momento de salir de la cama, ya se había apoderado de mí completamente.

En el pasado, no podía quedarme tirada en la cama mirando el techo. Siempre había motivos por los que tenía que salir de la cama. Tenía que estar en alguna parte o había alguien que me necesitaba.

Durante la pandemia fue diferente. No había nada que hacer. No tenía que ir a la oficina. No tenía que tomar ningún avión. Mis hijos no tenían que ir a ninguna clase. No había cafés abiertos para quedar con amigas. No había recados que hacer. El gimnasio no estaba abierto. No podía escaparme a ninguna parte. Era solo yo y todos los sentimientos incómodos que tenía en el cuerpo.

En el pasado siempre me calmaba con una de estas opciones: empezar mi día lanzándome de cabeza o hablar con Chris. Su presencia me hacía sentir segura. Durante la pandemia, me despertaba consumida por las preocupaciones que me generaba toda esa incertidumbre. Chris, por el contrario, prosperó durante la pausa que la pandemia nos provocó en la vida. En vez de preocuparse por las cosas que no podía controlar, dobló los hábitos que le hacían sentir bien y con los que aterrizaba los pies en el suelo. Salía de la cama temprano, se priorizaba y meditaba, hacía caminatas y escribía en su diario. Hacía lo que tenemos que hacer todos: estaba cuidando sus necesidades emocionales más profundas.

Así que cuando me despertaba inundada por el pánico, no tenía ninguno de los dos mecanismos que me permiten superar esa situación. Como no tenía que ir a ningún lugar a toda prisa, ni tenía a nadie a quien aferrarme, me vi obligada a descubrir cómo arreglármelas yo sola. Así que me quedaba tirada en la cama y tranquilamente me decía lo que me hubiera gustado que me dijera Chris.

Le choqué esos cinco a mi corazón.

Es algo así: respira profundamente, cierra los ojos, coloca tus manos encima del corazón y recítate: «Estoy bien. Estoy a salvo. Me quieren».

Algunas mañanas me quedaba entre las sábanas y me repetía estas tres frases una y otra vez. Y de algún modo este mantra reconfortante me calmaba los nervios, me apaciguaba la ansiedad y me amansaba el estrés. A pesar de estar atravesando una pandemia global, de que las noticias fueran aterradoras, de que la injusticia racial fuera traumatizante y que nadie supiera si este calvario duraría unos días o un par de años, en ese momento, lo que me decía a mí misma era verdad: estaba bien. Estaba a salvo. Y tenía a mi alrededor gente que me quería.

Creencia restrictiva actual: no puedo con esto.

Dale la vuelta: Estoy bien. Estoy a salvo. Me quieren.

Cómo sentirte cómodo en tu propia piel.

Mañana por la mañana, pruébalo. Cuando te despiertes, ponte la mano en el corazón. Respira profundamente y di: «Estoy bien. Estoy a salvo. Me quieren». Repítetelo tantas veces como lo necesites. Siente el alivio que te llena el corazón y la mente. Notarás cómo tu cuerpo se serena (te sentirás más conectado contigo, y te sentirás bien, a salvo, y querido) incluso la primera vez que lo hagas.

Puede que tengas que repetírtelo veinte veces o mil veces. Puede que tengas que exhalar profundamente cuando lo hagas. Dilo tantas veces como lo necesites. Este hábito te infundirá una sensación de paz y seguridad. Y cada mañana que lo sigas practicando sosegarás tu agotado sistema nervioso: lo reeducarás para que se amanse y se relaje. En realidad le estás enseñando a tu cuerpo lo que se siente cuando estás a salvo.

Las mañanas que te despiertes confundido, cuando sientas que el corazón te va a mil y que te ha inundado el temor, repítete: «Estoy bien. Estoy a salvo. Me quieren». Esto interrumpirá los pensamientos negativos un rato. Sigue repitiéndotelo hasta que aplastes esa espiral negativa. Cuando sientes que te estás calmando, tienes la oportunidad de animarte, centrándote en algo positivo. Si no sabes qué decir, vuelve al capítulo 7 y elige tu mantra preferido.

Háblate.

Si quieres llevar este hábito un paso más allá, también puedes pronunciar tu nombre: «Mel, estás bien. Mel, estás a salvo. Mel, te quieren». Esto lo lleva todo un paso más allá por dos motivos: en primer lugar, porque tu RAS siempre oye tu nombre y avisa a tu cerebro de que este mantra tranquilizador es algo a lo que debería prestar atención.

En segundo lugar, prácticamente puedes disociar la voz que te habla a ti. Cuando me digo: «Mel, estás bien», me parece especialmente reconfortante porque tengo la sensación de que otro ser humano me está diciendo que estaré a salvo, estaré bien y que me quieren. Es como verte en el espejo y darte cuenta de que no estás solo. ¡Te tienes a ti!

Cuando te hablas en tercera persona utilizas un concepto que en psicología se llama «el poder de la objetividad». Referirse a uno mismo desde una perspectiva más objetiva (es decir, usar tu propio nombre o verte en el reflejo del espejo) hace que seas más capaz de lidiar con emociones negativas, incluso en situaciones muy densas.

Los sentimientos son olas. Vienen y van.

Este hábito te enseña a surfear las olas de una emoción que te aborda en vez de dejar que te derrumbe. Ahora me doy cuenta de lo que había estado haciendo mal todos estos años. Solía despertarme y tan pronto sentía la ola de preocupación y ansiedad me resistía a sentirla. Reaccionaba. Odiaba que viniera.

Cada noche me acostaba aterrorizada con la idea de que al despertarme lo volvería a sentir. ¿Sabes lo que estaba haciendo con eso? Estaba entrenando a mi mente y a mi cuerpo para que lo provocaran. Dedicaba tanta energía a resistirlo y odiarlo que me centraba en ello y hacía que fuera importante. Básicamente le estaba enseñando a mi RAS y a mi sistema nervioso que se siguieran despertando en ese estado tan desagradable. Al utilizar esta herramienta, tomo las riendas. Está claro que aún me despierto algunas mañanas en ascuas, pero ahora ya no me da miedo porque sé exactamente qué hacer para apaciguar esa sensación.

Aquellas mañanas en las que te despiertes y te sientas terrible deberías ponerte las manos al corazón igualmente porque te encantará la sensación. Es como si tu persona preferida te acabara de dar un abrazo. Amplifica tu fuerza vital. Y no tienes que limitar su uso a cuando te despiertes. Lo puedes utilizar siempre que sientas una ola de sentimientos y necesites consuelo. Ayer utilicé esta herramienta cuando sentí que me llegaba una ola de ansiedad mientras estaba en el súper.

¿Quieres que te cuente una historia de locos?

La fotógrafa que me sacó la foto que aparece en la contraportada de este libro, Jenny Moloney, me escribió mientras estaba haciendo la última revisión de este manuscrito. Estaba volando a Los Ángeles y 15 minutos después de haber despegado falló la presión de cabina, empezaron a perder altura a gran velocidad y la azafata llegó a toda prisa por el pasillo desde la parte trasera del avión diciéndole a todo el mundo que se volviera a poner los cinturones de seguridad. Dieron media vuelta para volver a Boston y empezaron a practicar lo que tendrían que hacer para un aterrizaje de emergencia (poner la cabeza encima de las rodillas). Acabaron aterrizando bien pero con las llantas en llamas. «Nunca había pasado tanto miedo en mi vida, pero quieres saber lo que consiguió que sobreviviera ese calvario y lo que me calmó dos horas después cuando me subí a otro avión?»

gracias
utilicé tu mantra y me ayudó
muchísimo 🖤

Esas palabras «Estoy bien. Estoy a salvo. Me quieren» son mágicas. Porque mientras estés vivo y puedas recitártelas, son verdad. En el momento estás a salvo. Estás bien. Y te quieren.

Después de ver un video en el que hablaba de cómo utilizaba este mantra por las mañanas, Maria empezó a chocar esos cinco al corazón. Maria me contó que, a causa de una serie de traumas pasados, se despertaba cada mañana con ansiedad, igual que yo, y tenía la sensación de que «alguien estaba enojado conmigo».

Me contó que se quedó alucinada con el hecho de que incluso desde la primera mañana de probarlo notó un cambio radical en su vida cotidiana. Me dijo: «La sensación de ansiedad cuando te despiertas te consume por dentro e incluso cuando sigues con tu día, esa sensación se te queda en el cuerpo. Está allí constantemente y siempre está presente.

»Es increíble cómo algo tan sencillo (ponerme la mano en el corazón y decirme "Estoy bien, estoy a salvo, me quieren") puede cambiarte la vida. Desde que empecé a hacerlo, incluso desde la primera mañana, esa sensación de ansiedad desaparece todo el día. Sigo teniendo pequeños momentos de ansiedad pero ya no los arrastro todo el día».

Mientras escribía este libro y oía tantas historias parecidas de gente como Maria, se me ocurrió que uno de los motivos por los que me despierto a menudo sintiendo ansiedad a primera hora es por culpa de algo terrible que me pasó cuando no era más que una niña. Un niño mayor me acosó sexualmente en una pijamada. De hecho, pasó cuando yo estaba durmiendo y estaba en una situación completamente vulnerable.

A esto me refería antes cuando dije lo de «la vida te pone las manos encima». Nos pone las manos encima a todos, de una forma u otra. A veces enterramos el recuerdo porque nos da demasiado miedo, nos provoca demasiado dolor, es demasiado desconcertante o demasiado humillante para afrontarlo. Pero incluso enterrado le está pasando factura a tu cuerpo, mente y espíritu.

Mi trauma infantil me generó una «respuesta al trauma» y la dejó registrada en mi sistema nervioso. Esto significa que mi cuerpo adulto aún recuerda la sensación de despertarme a medianoche cuando era pequeña, sabiendo que me estaba pasando algo malo, pero sin saber cómo pararlo o sin siquiera saber cómo reaccionar. Ese recuerdo corporal aún resuena por mi sistema nervioso y por eso, cuarenta años más tarde, me despierto aterrada, con miedo, pánico, confusión y vergüenza.

Ahora, de adulta, lo primero que pienso cuando abro los ojos por la mañana es: «Algo está mal». Lo cual se traduce a menudo en un «Hice algo mal» o «Alguien está enojado conmigo». Y esto empeora la espiral negativa. ¿Recuerdas que te conté que me empieza en los tobillos y me va subiendo hasta el pecho? Esa sensación es mi cuerpo adulto recordando mi trauma infantil.

Esto no lo puedo cambiar con pensamientos positivos. Los traumas no se curan solo con pensamientos. Necesito acciones para cambiar mi respuesta por defecto y para limpiar este residuo que tengo en el sistema nervioso. El trauma que experimenté no fue por mi culpa. Y mi reacción subconsciente, incluso cuatro décadas más tarde, no la controlo yo. Pero sí tengo la responsabilidad de limpiarlo. Si quiero una vida de «choca esos cinco», tengo que encontrar el valor para hacerle frente. Y una de las cosas que me ha ayudado más ha sido chocarle esos cinco a mi corazón cada mañana.

Echemos un vistazo a los estudios.

Hay un motivo por el cual tienes que empezar cada mañana, no solo chocándote la mano en el espejo sino también chocándole esos cinco al corazón. Los estudios demuestran que, sin calmar primero la ansiedad y apaciguar el sistema nervioso, es totalmente imposible conseguir ningún cambio.

Esto lo aprendí de la doctora Judy Willis, la neurocientífica que te presenté en el capítulo 2. Si estás en un estado de estrés, tu cerebro pasa al modo de supervivencia. No permite que ninguna información positiva nueva alcance tu cerebro superior, lugar en el que aprendes nuevas habilidades y creas nuevos recuerdos. En su lugar quiere que veas todas las amenazas que te rodean. Por eso el estrés y la ansiedad por la mañana pueden hacer que te sientas como si una cobija de gravedad te estuviera clavando en la cama.

La única opción que realmente funciona es serenar tu cuerpo. Quedarte tirado en la cama pensando en todas las cosas que te dan miedo no hace nada más que intensificar lo que ya sientes y empezar el día sin pensar lo único que hace es que arrastres esa ansiedad contigo.

¿Las buenas noticias? Apagar la respuesta al estrés de tu cuerpo es tan sencillo como ponerte la palma de la mano en el corazón, lo cual hará que bajes el ritmo del cuerpo y enciendas el sistema nervioso de «descansar y relajarte».

Hay dos palabras que explican por qué puedes activar este estado tan poderoso y tranquilo en cualquier momento: *nervio vago.*

El nervio vago es el nervio más largo que tenemos en el cuerpo, y conecta el cerebro con el resto de órganos. Transporta información sobre el dolor, el tacto, la temperatura e incluso controla los músculos de la garganta y de las cuerdas vocales. También le permite al cerebro facilitar la segregación de dopamina, una hormona que te hace sentir bien y que te relaja y calma los ánimos. Es fácil activar tu nervio vago. Lo puedes hacer poniéndote la palma de la mano en el corazón. También lo puedes activar con cualquiera de estas prácticas:

- Respira profunda y lentamente.
- Sal a pasear (especialmente en la naturaleza).
- Medita.
- Tararea o canta.
- Haz gárgaras con agua.
- Canta a pleno pulmón.
- Prepárate una tina caliente o date una ducha fría.

El nervio vago es el motivo por el que ponerte la mano en el corazón y calmarte ANTES de afirmar que estás bien, que estás a salvo y que te quieren, es una manera efectiva de reprogramarte el cerebro. Ponerte la mano en corazón le dice a tu cuerpo que estás a salvo y que no estás estresado, lo cual permite que tu RAS sea receptivo ante estos mantras. Así tu RAS se da cuenta de que sentirte a salvo y estar bien es importante para ti.

Y cuanto más te digas que estás bien, que estás a salvo y que te quieren, más rápido te sentirás así al despertarte. Cambiar la historia que te cuentas y a la vez chocarle esos cinco al corazón activará el nervio vago y te ayudará a reentrenar la respuesta de tu cuerpo para que en vez de sentir incertidumbre y ansiedad te sientas seguro en tu propia piel.

Te cambia a ti.

A ver, puede que estés pensando: «Por Dios, Mel Robbins. Estamos hablando de traumas del pasado y me acabas de decir que me ponga las manos en el corazón. Estás tarada».

Puede que te parezca ofensivo que te diga que colocándote esos cinco en el corazón cambiarás las circunstancias de tu vida. Pero no lo es. Esto no es lo que estoy diciendo.

Chocarle esos cinco al corazón te cambia a ti. Y cuando te cambias a ti, tú puedes cambiar las circunstancias de tu vida. En cuanto aprendes a disponer el cuerpo en un estado tranquilo y calmado, puedes hacer el trabajo necesario para curarte de un trauma del pasado.

Si crees que tu cuerpo está lidiando con algún trauma, también te recomiendo que aprendas tanto como puedas del tema y que vayas a terapia. Te mereces que te apoyen en tu proceso de sanación para recuperar la plenitud. Hay muchos tipos de terapia que son efectivos para sanar los traumas y ayudarte a regular tu sistema nervioso, incluyendo Desensibilización y Reprocesamiento por los Movimientos Oculares (EMDR, por sus siglas en inglés) y nuevas terapias psicodélicas guiadas que están en fase de pruebas clínicas a la espera de una aprobación de la Administración de Medicamentos y Alimentos, en Estados Unidos, y que están demostrando unos resultados espectaculares. Yo las he hecho ambas y me han cambiado la vida.

Todo lo que comparto contigo está demostrado científicamente. Son secretos sencillos que tienen grandes resultados. Así que si resulta que te estás resistiendo y no te quieres mirar en el espejo y chocarle esos cinco a tu reflejo, o no quieres ponerte las manos en el corazón para disminuir el ritmo de tu cuerpo, esto es una señal de que realmente lo necesitas.

Sentirse realmente seguro es decirse que estás bien, a salvo y que te quieren y creer que es verdad con todas tus fuerzas. Cuando lo hagas, te darás cuenta de que la única persona en tu vida en la que puedes confiar, independientemente de lo que esté pasando en el mundo, o en tu familia, o en tu trabajo, o en tu clase, eres tú. Tú te puedes ayudar a curarte de traumas pasados. Puedes calmarte el cuerpo y apaciguarte la mente y soltar tu espíritu para que vuele libremente. Esta es la definición de empoderamiento.

Significa que sabes que puedes despertarte cada día, apoyarte ante cualquier tormenta y lidiar con lo que se te presente en el camino.

CAPÍTULO CATORCE

BUENO, PUEDE QUE NO QUIERAS LEER ESTE CAPÍTULO

El título que le quería poner a este capítulo era «Cómo visualizar la confianza», pero pensé que si veías la palabra *visualizar* en el título del capítulo pensarías:

«Ay, madre. Mel se va a poner metafísica. Me va a sacar alguna magia al estilo Harry Potter. Ahora sacará su bola de cristal, sus cartas del tarot y seguro que en las primeras cinco líneas habrá utilizado la palabra *milagro*».

Tienes un poco de razón.

Te voy a llevar más allá aún, pero no con incienso, muchas plegarias o una varita mágica. Ya sabes que soy una persona muy afín a la ciencia —no te preocupes, este capítulo está basado en estudios científicos— pero sí es verdad que se va un poco hacia la tierra del abracadabra. Cuando se te dé bien lo de controlar a tu RAS y animarte a seguir adelante podrás hacer increíbles cosas milagrosas (¡ya dije la palabra!) con estas herramientas.

Esto no va con los cobardes, pero si quieres hacer cambios inspiradores en la vida que te pongan los pelos de punta tengo que contarte un par de cosas sobre el poder de creer. Quiero que te sigas animando a creer en lo imposible. En mi caso, cuando empecé a hacerlo, mi vida mejoró radicalmente y te contaré una historia que hará que entiendas por qué es tan importante creer. En cuanto a la ciencia, nos adentraremos en los estudios acerca de la buena visualización para que puedas poner a tu RAS a funcionar sobre ruedas para que te ayude a conseguir lo que ahora te parece imposible.

Lo que te estoy a punto de demostrar es que tu mente se confabulará para ayudarte a conseguir lo que quieras. Solo tienes que estar dispuesto a creértelo.

Tengo una historia para ti sobre un cuadro.

Estaba en mi último año de universidad y mis padres vinieron de visita. Esa noche nos pusimos guapos y fuimos hasta un famoso taller donde soplan vidrio en Vermont, llamado The Mill at Simon Pearce, que tiene un maravilloso restaurante en el interior. Cuando entramos en el edificio, se me quedó entre ceja y ceja la sopa de queso cheddar. Mi compañera de habitación me dijo que la pidiera porque era «increíble». Cuando entré en el restaurante esa noche vi, colgado en la pared, un gran cuadro de un paisaje. No es que viera el cuadro y siguiera caminando. Me quedé parada allí delante para contemplarlo. Tenía el tamaño de una gran puerta, colocada horizontalmente. Había algo en ese cuadro que me resultaba familiar y me atrajo.

Cuando me acerqué al cuadro, pareció que el ruido del restaurante se disipaba. De repente todo lo que había a mi alrededor estaba en silencio. Me acerqué más al cuadro y de pronto, extrañamente, pareció como si me hubiera adentrado en el cuadro. Me di cuenta de que ese paisaje era en Vermont. En el cuadro había un campo amplio y blanquecino. Había hierba alta y una fila de árboles colocados en medio del campo, que cada vez se hacían más pequeños y llegaban hasta las montañas, y el cielo nublado de Vermont era de un color azul brillante. Casi podía notar la brisa. Podía oler la dulzura del heno recién cortado. Podía oír las ocas volando en formación anunciando su llegada. Ya no estaba en el restaurante. Estaba en medio de ese campo. Tenía los cinco sentidos a flor de piel. Mi mente, mi cuerpo y mi espíritu estaban perfectamente en sintonía y centrados en una sola cosa: el cuadro.

Más que mero entusiasmo, notaba un deseo, un saber, una conexión con algo superior que no puedo explicar. Nunca antes había querido comprar una obra de arte, pero en ese momento quería tener ese cuadro. Piensa en algún momento de tu vida en el que te haya llegado una ola de deseo inexplicable como esta. Que simplemente hayas sabido que algo, o algún sitio, o alguna persona estaban escritos en tu destino. Que se te hayan avivado los sentidos, se te haya centrado la mente y se te haya expandido el corazón. Que hayas estado completamente presente en el momento. En ese momento tú tenías poder. Esa es la energía de chocar esos cinco.

Yo volví a tener la misma sensación unos años más tarde cuando conocí a mi marido Chris por primera vez. Estaba pidiendo un *whisky* con hielo en un bar en Nueva York y oí a alguien por detrás de mí que decía: «Suena bien, que sean dos». Volteé. Allí estaba él. La música y el ruido del bar desaparecieron y nos pusimos a platicar como si nos hubiéramos conocido de toda la vida. Tres días más tarde me pidió que me casara con él.

Unos años más tarde, volví a sentir la misma ola de deseo cuando pasamos con el coche por delante de una casona abandonada en las afueras de Boston. Le pedí a Chris que parara el coche. Las ventanas de la casa estaban rotas. El césped debía medir unos treinta centímetros. Parecía que allí no vivía nadie aparte de fantasmas. No lo puedo explicar pero lo único que quería hacer era comprar esa casa. Pudimos rastrear las escrituras ante un tribunal testamentario. No llegó a salir a la venta. La compramos directamente del patrimonio de su difunto propietario. En esta casona es donde criamos a nuestros hijos y es aquí donde hemos vivido durante los últimos veinticuatro años.

Estos son ejemplos de momentos en la vida en los que no se me bloqueó el pensamiento. Tenía la mente abierta. Sabía lo que quería y por algún motivo me di permiso para creer que podía conseguir esas cosas. Ese permiso para creer que eres capaz y que te mereces tener lo que deseas es algo poderoso. Tu RAS toma nota y se pone a trabajar de inmediato, ajustando el filtro de tu mente para ayudarte a conseguirlo.

Algún día.

No sé cuánto tiempo me quedé allí parada contemplando el cuadro. Lo que sí sé es que, en algún momento, a un mesero se le cayó la charola y un montón de vasos estallaron en el suelo. Esto me devolvió a mi cuerpo como una liga. Y fue entonces cuando pasó.

Desde lo más profundo de mi ser me oí decir:

«Algún día este cuadro será mío».

Me acerqué para ver el precio: 3 000 dólares.

«Hoy no».

Exhalé y lentamente me alejé del cuadro. El ruido y la energía del trajín en el restaurante me asediaron, pero mi mente permaneció abierta. Pensé: «Volveré», y fui hacia la mesa donde se habían sentado mis padres. Mi madre me preguntó dónde me había metido y yo le dije: «Me quedé mirando un cuadro, allí». Mi madre levantó la vista para ver el cuadro desde la mesa y luego volvió a mirar la carta.

Este es un aspecto muy importante de tus deseos. Son muy personales. Lo que significa algo para ti, no significa lo mismo para otra persona. Las cosas que te atraen a ti son para ti. ¡Por eso la responsabilidad de ir por ellas es tuya! En cuanto tienes un flechazo, permanece contigo como las entradas en un diario que se quedó custodiado en una estantería. Está archivado en tu subconsciente, esperando a que llegue el momento en el que lo vuelvas a pensar.

¿Cómo sabes si algo no está escrito en tu destino? Notarás la energía contraria. No sentirás una atracción, sentirás que algo te aparta. Sentirás como si algo en tu interior se encogiera.

Si no le chocarías esos cinco, no es para ti.

Esa primavera, antes de graduarme, le pedí el coche a una amiga y volví al restaurante una vez más. Quería volver a ver el cuadro. Si es posible enamorarse de un objeto, esto es lo que me pasó a mí. No diría que estuviera obsesionada sino más bien que se me había abierto una posibilidad y tenía temas no resueltos. Nicholas Sparks aún no había escrito ninguna de sus novelas románticas pero esta podría haber sido una escena de alguno de sus libros.

En menos de un mes, acabaría la universidad y empezaría mi nueva vida de después de la carrera. Estaba sentada en una mesa del restaurante, comiendo a pocos metros del lugar en el que colgaba el cuadro. Me imaginé colgándolo un día en mi propia cocina. Ese cuadro sería mío. Estaba tan convencida de ello como de que me acababa de comer un tazón de sopa de queso cheddar.

Cuando echo la vista atrás y me veo con veintiún años comiendo al lado de un cuadro que no me podía permitir, la situación no tiene ni pies ni cabeza. No estaba estudiando bellas artes ni era pintora ni nada. Era una universitaria arruinada. Incluso si hubiera tenido 3000 dólares, estoy convencidísima de que no me los habría gastado en un cuadro. Mis padres me hubieran matado. Además, no tenía ningún sitio en el que colgar un cuadro de ese tamaño. Estaba a punto de empezar mi nueva vida, siguiendo a mi novio a Washington D. C. Ni siquiera tenía un trabajo.

No puedo explicarte por qué me pasó esto. Me gusta pensar que me pasó porque tenía que contarte esta historia en este libro, y el cuadro es una prueba de los milagros que puedes crear cuando te das permiso para querer lo que valoras y deseas. Es muy fácil imaginar cómo acaba esta historia si mi actitud estaba bloqueada por pensamientos negativos. Me habría dicho algo negativo: «No te lo puedes permitir. Esto es una pérdida de tiempo. ¿Qué carajos haces aquí?». Esos pensamientos negativos hubieran desencadenado una acción negativa. No habría vuelto nunca al restaurante.

El efecto *Zeigarnik*.

He aquí lo interesante del tema. ¿Te acuerdas de lo que has aprendido del RAS? Decirle a tu mente que algo es importante para ti es como darle un conjunto de directrices. Por eso tampoco te olvidas nunca de las cosas que sueñas. Tu mente no te lo permite. El secreto es mantenerte abierto ante la posibilidad de que eres capaz de hacerlo posible.

Sin lugar a dudas, esa experiencia me cambió algo en la cabeza. Me fui del restaurante con una determinación silenciosa. En mi espíritu había una seguridad tranquila. Me inspiró y ese plan avivó mi confianza. Tenía clarísimo que algún día ese cuadro sería mío y ese era el único pensamiento que me permitía tener en cuenta.

Y, por supuesto, no lo olvidé. Esta es la codificación mental de la que te he estado hablando; se llama el efecto *Zeigarnik*, tal y como mencioné en el capítulo 10. Cuando visualizas de forma deliberada algo que es importante para ti, tu cerebro toma nota y lo añade en una lista mental que lleva el nombre de «Esto es importante» y lo almacena en tu subconsciente. ¿No te parece brutal?

Esto significa que tu sueño u objetivo siempre está en el trasfondo como «tema no zanjado» y tu mente buscará cualquier oportunidad que encuentre para recordártelo. El RAS escaneará el mundo y te colocará recordatorios en tu mente consciente.

Por eso aunque digas «Es demasiado tarde», tus objetivos y tus sueños te persiguen. Por eso Eduardo siempre pensará en California. Porque yo siempre pensaré en ser una autora *bestseller* según el *New York Times*. Por eso ves Acura rojos cuando quieres uno. Quizá lo quieras olvidar, pero, gracias al efecto *Zeigarnik*, tu mente no lo olvidará. Cuando hablamos de tus sueños, tienes dos opciones: perseguir tus sueños o que te persigan ellos.

Yo he experimentado el efecto *Zeigarnik* constantemente. Si alguien decía la palabra «Vermont» o veía algún artículo de vidrio soplado, el RAS dejaba que esa información penetrara en mi mente consciente. Y cuando pensaba en el cuadro, pensaba en todos los pasos que tendría que seguir para hacerme de él.

Me imaginaba trabajando duro, haciéndome mayor y ahorrando pequeñas cantidades de dinero para poder comprarlo. Visualizaba el sobre con el dinero en el cajón de mi escritorio. Me imaginaba la ola de emoción y sentía el firme apretón de manos con el antiguo propietario cuando finalmente se lo comprara. Incluso podía notar la sonrisa que me atravesaba la cara, ese tipo de sonrisas que hacen que se te pongan las mejillas duras, cuando lo adquiría. Me visualizaba martilleando el gancho en la pared. Podía notar su peso y lo incómodo que era sujetar una obra de arte de tal tamaño y alguien me ayudaba a colocarlo recto, levantarlo y colgarlo en la pared.

Visualización de confianza bien hecha.

Yo no lo sabía, pero estaba utilizando la visualización para acercarme cada vez más a ese cuadro. Hay estudios muy valiosos sobre cómo manifestar confianza, y visualizar te puede cambiar el RAS, pero solo si lo haces bien. Por suerte, yo lo estaba haciendo bien cuando me imaginaba los pequeños pasos que tomaría para conseguir este cuadro. Deja que te lo explique.

La mayoría de las personas hacen mal la visualización porque intentan concebir y conjurar el resultado final: ganar una competencia de esquí o un Oscar, perder más de veinte kilos o tener un millón de dólares en el banco. La visualización mal hecha te puede atascar porque aunque soñar a lo grande es genial, y tienes que soñar a lo grande, visualizar el resultado final no te ayudará a alcanzarlo. La visualización bien hecha te ayudará a hacer que tus sueños se hagan realidad, o por lo menos te ayudarán en el proceso.

Los estudios neurocientíficos demuestran que la visualización hace que te sea más fácil trabajar en tus objetivos y sueños porque te cambia el RAS y hace que encuentres las oportunidades que encajan con la imagen que creaste en tu cabeza. Pero un estudio de la Universidad de California en Los Ángeles demuestra que para que una visualización te ayude realmente a alcanzar tus objetivos tienes que visualizarte haciendo los pequeños pasos, duros y fastidiosos, que hay en el camino hacia conseguir tus sueños.

Esto es porque los escaneos cerebrales han demostrado que cuando nos visualizamos llevando a cabo una acción, estimulamos las mismas regiones cerebrales que cuando realmente llevamos a cabo la misma acción. Así que puedes ensayar mentalmente tus comportamientos futuros. Visualizar una acción hace que sea más probable que acabes realizando esa acción. Recuerda: lo que te hace conseguir resultados son tus acciones. Manifestar confianza significa que tienes que visualizarte haciendo todos los pequeños pasos, duros y fastidiosos, que hay en el camino, no solo disfrutando de tu victoria espectacular en la meta.

Se trata de que tu sistema nervioso y el filtro de tu mente estén preparados para pasar a la acción. Cuando visualizas las acciones que tienes que hacer, socializas tu mente y cuerpo con esas sensaciones y le dices a tu RAS que el trabajo duro es importante.

Visualízate corriendo bajo la lluvia.

Así es como funciona:

Si quieres visualizar un sueño a lo grande como correr el maratón de Boston, sí, anótate este sueño cada día. Pero para alcanzarlo, no te visualices cruzando la meta y los aplausos apoteósicos de la multitud. Visualízate amarrándote los tenis cuando afuera están a -12 ºC. Cierra los ojos e imagínate lo que sentirás yendo por el kilómetro 20 solo porque se te acabó la batería de los audífonos. Siente la sensación de tu cuerpo cuando te suene el despertador a las 5 de la mañana y estés agotado y mires por la ventana y esté lloviendo a cántaros y empieces a correr bajo la lluvia.

Si tu sueño es tener tu propio negocio con el que ganes seis cifras al mes, no visualices el dinero que te llena la cuenta. Visualízate escribiendo una publicación para tu blog, agotado, a medianoche, después de que tus hijos se hayan dormido. Cierra los ojos y siente, en cada centímetro de tu cuerpo, lo que es colgar el teléfono y que te hayan vuelto a decir que no en otra llamada comercial. Luego visualízate tomando el teléfono y marcando el siguiente número.

Si tu sueño es tener una relación de amor saludable que vaya más allá de lo que hayas vivido ya, tendrás que visualizarte creando un perfil en alguna plataforma de citas y asistiendo a citas que no irán bien. Visualiza la sensación de estar en terapia haciendo el difícil trabajo de sanar y librarte de los patrones de codependencia que te han llevado a experimentar malas relaciones en el pasado.

Así es como conseguirás que esos sueños colosales e increíbles que tienes se hagan realidad. Cuando llegue el momento, todo tu ser estará preparado para vivirlo. Cuando te toque entrenar para correr los 20 kilómetros, y sean las 5 de la mañana y afuera estés a -12 ºC, y te mires al espejo del baño, no te retractarás. Como ya lo has visualizado y has socializado tu mente con este momento, le levantarás la mano a tu reflejo y estarás preparado: «20 kilómetros. -12 ºC. Yo puedo. ¡Vamos!».

¿Y si quieres visualizar que adquieres un cuadro? Haces exactamente lo que hice yo. Te imaginas trabajando duro para ganar el dinero necesario para comprarlo. Ahorrando dinero cada mes. Comprando un marco. Las pequeñas cosas que hay por el camino. En mi caso, estaba codificando la posibilidad en mi cabeza, pensando en ello y permitiéndome imaginar lo que sentiría si daba esos pasos.

Este solo es el inicio de una historia que abarca una década.

A medida que iban pasando los años, el cuadro cada vez se iba alejando más en el fondo de mi subconsciente, y la vida tomó el relevo. Me mudé a Washington, D. C., después de la universidad y empecé a trabajar y luego me fui a Boston para entrar en la facultad de Derecho. Y finalmente llegué a Nueva York donde conocí a mi marido, Chris, y empecé a ejercer de abogada. Nos casamos, nos mudamos a Boston por el trabajo de Chris y empezamos nuestra vida conjunta. En ese punto de mi vida, los años fueron pasando y cuando Chris sugirió que hiciéramos una escapada de fin de semana a Vermont para ver los paisajes pintados de colores de otoño, lo único en lo que podía pensar era en ese cuadro. Le conté a Chris la historia que lo había visto hacía casi una década e insistí en planificar el viaje para poder hacer una parada en The Mill para comer y ver si el cuadro aún estaba allí.

Faltaban semanas aún para esa escapada pero la sola idea de volver a ver el cuadro (no comprarlo, solo verlo) me revitalizó el espíritu y me inspiró a empezar a soñar a lo grande otra vez. El cuadro pasó de estar en el fondo de mi mente donde lo había almacenado, donde había estado haciendo su magia intentando volver a mí, hasta la parte frontal de mi mente, como si tuviera un foco encima. ¡Gracias, RAS! Qué sensación más emocionante. Sé que sabes a lo que me refiero. Todos hemos tenido esta sensación, la anticipación de algo que queremos y que cada vez está más cerca de nosotros. Es como una celebración del espíritu, incluso antes de conseguirlo... aun si nunca llegamos a conseguirlo.

Mientras conducíamos, podía sentir esa energía fluyéndome por el cuerpo como si fuera electricidad recorriendo un cable para iluminar un farol. Cuanto más cerca estábamos, más nítidamente recordaba el cuadro. Al estacionarme en The Mill, tenía los cinco sentidos a flor de piel. Cuando entramos, colgado en la entrada había otro cuadro de la misma artista, Gaal Shepherd. Se me paró el corazón. «Es una señal. Seguro que aún está aquí.» Tomé a Chris de la mano y lo llevé por el interior de The Mill, sala por sala, buscando el cuadro frenéticamente.

Ya no estaba.

Chris me pasó el brazo por encima de los hombros. «Lo siento, cariño.»

Lo más sorprendente de ese momento fue que Chris se quedó más decepcionado que yo. Yo estaba un poco triste, pero creo que me habría sorprendido más si aún hubiera estado allí después de tantos años. Y aquí está la moraleja más importante de esta historia: una actitud de «choca esos cinco» cree que todo es posible, incluso cuando parece que se hayan perdido todas las esperanzas.

Levanté la mirada y le dije: «No pasa nada. Igualmente, no nos lo podemos permitir. Ahora se ha convertido en una misión». Luego me reí y añadí: «Seguramente tardaré unos cuarenta años en poder permitírmelo, y tendré que rastrear la herencia de quien lo haya comprado, porque el propietario original ya estará muerto. Pero encontraré el cuadro». Realmente lo creía.

La vida siguió, y ese cuadro volvió a quedarse almacenado en mi subconsciente. Nos compramos una casa para remodelar. Quedé embarazada de nuestra primera hija. Y luego un año, por mi cumpleaños, Chris le pidió a mis amigos y familiares que colaboraran económicamente para que yo me pudiera comprar algo bonito para nuestra nueva casa. Me dio un sobre con cientos de dólares y me dijo que me podía comprar lo que yo quisiera. Seguro que pensó que compraría algo práctico, como unos taburetes para la cocina.

Pero solo podía pensar en el cuadro. A ver, dejemos algo claro: con el dinero que me habían dado no podía comprarme nada de esa artista. Y, por supuesto, no podía comprarme «mi cuadro». La artista se había hecho muy famosa en la última década y sus obras estaban expuestas en varias galerías de arte de Estados Unidos. Pero si se tiene la mente abierta, dejas que esta basura negativa no pase el filtro. Y en mi mente, dinero y el permiso para comprarme «lo que yo quisiera» significaba que tenía una oportunidad. Cuando tienes la mente abierta, esto es lo que ves: oportunidades por todas partes. Esto son tu RAS y el efecto *Zeigarnik* ayudándote.

No me detuve a pensar en la lista de motivos por los que no lo conseguiría. No me desdije como lo había hecho con otras cosas. No tenía dudas en las venas; tenía inspiración. Tomé el teléfono cómo si tuviera un millón de dólares agujereándome el bolsillo y llamé a The Mill. Me contestó un hombre muy amable y le conté la situación. Me dijo que estaría encantado de enviarme algunas polaroids de las «piezas pequeñas» de la artista.

Cuando dijo «piezas pequeñas» noté cómo se me ponían las mejillas coloradas. Y sentí cómo me hervía el sistema nervioso. En cuanto tu cuerpo se pone en modo de alarma, tu RAS pierde la concentración y te inundan los pensamientos negativos. Así de rápido pasas de estar en la cima a estar por los suelos.

¿Pero qué demonios estoy haciendo? A ver, ¿quién soy yo para comprar una obra de arte? Nuestros muebles son una mezcla entre confecciones caseras y cosas de Ikea. Y lo más cercano al «arte» que tengo es el póster de Matisse que tenemos colgado en el refrigerador y que tenía en mi habitación de la universidad. ¿Piezas pequeñas? Carajo, no me podía permitir ni una de sus piezas pequeñas. Soy una treintañera embarazada que no llega a fin de mes. Debería colgar ahora mismo.

Me daba vergüenza no tener mucho dinero. Y estaba empezando a pensar que quizá debería utilizar el dinero para comprar algo que necesitáramos, como una cuna para el bebé que estábamos a punto de tener.

Noté como se me empezaba a cerrar la mente. El estrés que tenía en el cuerpo desencadenó una reacción negativa en mi mente. El instante en el que el señor dijo «piezas pequeñas», los pensamientos negativos que me llegaron al cerebro empezaron a arremolinarse como una nube de polvo. Y cuando notas la tormenta de polvo y pelusa que se te forma en la cabeza, tienes que eliminarla. Porque, tal como ya he dicho, cuando tus pensamientos son negativos, actúas de forma negativa, y por eso casi colgué el teléfono.

Cuando sientes que el sistema nervioso se calienta y se inunda de estrés, tienes que intervenir. ¿Recuerdas que la doctora Willis dijo que cuando tu cuerpo está estresado te altera la habilidad cognitiva? ¡Esto es justo lo que me estaba pasando en este momento! Para ayudarte, el poder de los 5 segundos funciona perfectamente. Simplemente cuenta 5-4-3-2-1 e interrumpirá la espiral negativa. Por desgracia, aún no me lo había inventado, lo del poder de los 5 segundos. Así que hice lo siguiente de la lista que también va bien: respiré profundamente, pensé en el cuadro y dije: «No estaba pensando en eso». Visualicé ese cuadro colgado en mi cocina y reuní esa energía «chocacinquera».

Le dije: «Por cierto, había una obra que me encantaba. Estuvo colgada allí durante años. Tiene el tamaño de una puerta colocada horizontalmente...» y proseguí describiendo el cuadro del paisaje de Vermont con sumo detalle.

Hizo una pausa y dijo: «Bueno, yo solo llevo un poco más de un año aquí y sus obras entran y salen con bastante rapidez. No me atrevería a hacer ninguna suposición porque creo que ya no estaba cuando yo empecé a trabajar aquí. Pero Gaal seguramente lo sabe».

«¿Gaal? ¿Quieres decir la artista, Gaal Shepherd? ¿Conoces a Gaal?»

Se rio: «Por supuesto que conozco a Gaal. Vive muy cerca de aquí. Voy a buscarte su número.»

Casi me dio un infarto.

Llevaba más de una década conectada secretamente con esta mujer y ahora tenía su número de teléfono. ¿Qué demonios le iba a decir, especialmente sabiendo que no me podía permitir comprarle uno de sus cuadros, ni siquiera una de esas «piezas pequeñas» que me había mencionado ese hombre?

Te habrás dado cuenta de que me empecé a sentir estresada otra vez, lo cual abre la puerta a los pensamientos negativos. Si te estresas, tu mente pierde la habilidad de permanecer abierta y positiva. No puedes permitirte cerrar la mente así, porque los pensamientos negativos derivan en acciones negativas. Empecé a procrastinar. Durante unos días, di vueltas por el departamento intentando pensar lo mejor que podía decirle.

Chris me iba preguntando: «¿Ya le llamaste?».

Tenía una retahíla infinita de excusas por las que no la había llamado. Pero la verdad es que tenía miedo. Me sentía cohibida. Quería gustarle. Tenía miedo de decir alguna tontería y ponerme en ridículo. Yo no era una compradora de arte sofisticada y estaba convencida de que ese es el tipo de personas con las que está acostumbrada a negociar. Mi actitud complaciente me estaba paralizando.

Finalmente, Chris se hartó. Me dio el teléfono y me dijo: «Mel, si no la llamas ahora mismo, voy a empezar a marcar el número». Tenía esa mirada de frustración en el rostro, lo cual significaba que iba en serio.

«Bueno, le llamo.»

El teléfono sonó varias veces y al final descolgó. Apenas había dicho «Hola», que yo ya estaba hablando a toda velocidad. Por suerte, no la asusté ni me puse en ridículo. Al contrario: conectamos al instante. Hubo un momento en el que me preguntó por qué me gustaba tanto su obra. La respuesta me salió sin tener que pensarla. Le conté que Chris y yo hacíamos muchas excursiones por la montaña y que «había tenido momentos en los que llegaba a una curva desde donde las vistas me dejaban boquiabierta. Y que a menudo me preguntaba, en esos momentos, si alguien más veía lo que yo veía, y tus obras confirman que así es».

Y luego le dije lo que realmente quería decirle desde el principio: «Por cierto, había una de tus obras que me tenía el corazón robado. Se pasó años y años en el restaurante. Es del tamaño de una puerta pero colocado horizontalmente...» y le describí el cuadro con todo detalle. Hubo un silencio. Podía oírla pensar.

Y luego me dijo: «Sabes, Mel, con los años he pintado cientos de paisajes de Vermont en gran formato y no soportaría equivocarme con el cuadro que me estás describiendo. ¿Qué te parece esto? ¿Y si tú y Chris escogen un día? Vengan a The Mill y mi marido y yo los encontramos allí y vamos a dar una vuelta. Te contaré las historias de todos los cuadros que hay allí colgados. Y si no te gusta ninguno de los que ves, podemos volver a mi estudio, que solo está a 3 km y te puedo enseñar todos los cuadros en los que estoy trabajando. Y si nada de lo que ves encaja con lo que quieres, puedes mirar entre mis láminas y quizá podrás encontrar una lámina de ese cuadro».

Un mes más tarde quedamos con Gaal y con su marido para comer. Ella era encantadora, nos debía doblar la edad, y nos saludaron como si fuéramos viejos amigos. Dimos un paseo por todo el recinto de The Mill, mirando sus obras y nos contó la historia que se escondía detrás de cada obra. Había gente que se le acercaba para saludarla y mi emoción se empezó a convertir en terror lentamente porque me di cuenta de que no nos podíamos permitir ninguno de los cuadros que estábamos viendo. Al final, nos sentamos a comer en el mismo restaurante en el que vi el cuadro por primera vez en 1989. Y sí, pedí la sopa de cheddar.

Después de pedir, Gaal me miró y me dijo algo que nunca olvidaré: «Ahora que estás sentada, tengo algo que decirte». Pareció como si el ruido del restaurante desapareciera.

Y prosiguió. «Nunca he vivido algo como lo que te voy a contar. Cuando me llamaste y me describiste el cuadro por teléfono, hice ver que no sabía de qué me estabas hablando. Mel, sé perfectamente a qué cuadro te referías.»

Su marido la interrumpió. «Tendrías que haberla visto cuando colgó el teléfono después de hablar contigo. Parecía que hubiera visto un fantasma.»

Gaal asintió y luego dijo: «Solo ha habido dos veces en toda mi trayectoria profesional como artista en las que he hecho dos versiones de la misma escena, a la vez. Tu cuadro tiene una pareja. Di uno de los cuadros a The Mill para que lo vendieran y el otro lo almacené en mi estudio».

Y luego se le empezaron a llenar los ojos de lágrimas y dijo: «La pareja del cuadro que viste en el restaurante hace tantos años, aún está en mi estudio, a pocos kilómetros de aquí. Nunca lo he sacado del almacén. Se ha pasado todos esos años allí. Por eso me quedé congelada cuando empezaste a describirme tu cuadro por teléfono. Estaba describiendo el cuadro que tenía en el almacén. Me había planteado enmarcarlo y venderlo muchas veces. Ahora ya sé por qué no llegué a hacerlo nunca. Supongo que el cuadro te estaba esperando. Esperaba que lo vinieras a buscar».

Estaba pasando algo mágico.

Lo sabíamos todos, allí sentados, asombrados. Después de comer fuimos hasta su estudio. Cuando entramos, en medio del estudio había un caballete. Y en el caballete había una gran lámina de madera contrachapada con la pareja de mi cuadro enganchada con cinta adhesiva.

Fue el momento más exquisito de mi vida. Es como si el tiempo se hubiera detenido y estuviera viviendo dos momentos, con once años de diferencia, en el mismo momento. Me sentí como si estuviera parada delante del cuadro dentro de ese restaurante bullicioso hacía tantos años, declarándole que un día sería mío y a la vez estaba en el momento presente con el cuadro. Fue la sensación más profunda de intuición, conocimiento y conectividad con algo más profundo que he vivido en mi vida. Por eso creo que el momento presente te está preparando para algo que está por venir.

No sé cuánto tiempo pasé parada en medio del estudio de Gaal observando el cuadro. Llegó un momento en el que Chris me pasó el brazo por encima del hombro y se me hundió el corazón.

No nos lo podíamos permitir.

Miré a Chris y él no lo pensó dos veces: «Oye, Gaal, ¿cuánto cuesta el grandote?».

Ella contestó: «Bueno, Mel se lo puede quedar por quinientos dólares. Porque cuando lo creé, lo estaba creando para ella».

Se me partió el corazón. Una cosa era ver el cuadro, pero algo totalmente distinto era ser capaz de comprarlo. Era mío. Lo había conseguido. Había pasado once años dándome permiso para creer que podía conseguir lo que quería. Combatí pensamientos negativos. Nunca perdí la esperanza. Me mantuve abierta ante la posibilidad de tenerlo. No dejé de recorrer el camino que me llevaría a él. Me lo creí y mi mente me ayudó a conseguirlo. Visualicé lo que quería. Me choqué la mano para avanzar en cada paso del camino.

Me sentía eufórica y agotada a la vez. He pensado mucho en lo de sentirme agotada. No era agotamiento emocional. Era mental. Después de tener este cuadro en mi lista mental de «Esto es importante» durante once años, mi cabeza podía por fin tacharlo de la lista y soltarlo. Había cumplido con su trabajo. Ahora el cuadro podría vivir en una pared en vez de colgado en el fondo de mi mente. Notaba una sensación de realización monumental.

Salí de su estudio con el cuadro. Cuando llegué a casa, la única pared en la que podía caber era en nuestra habitación. Tuve que clavarlo con tachuelas porque tardaría un año en poder permitirme enmarcarlo.

Actualmente lo tengo colgado en la cocina y me puedes ver delante del cuadro si vas a la página de «Acerca de la autora», al final del libro. Es una prueba, un recordatorio físico que demuestra algo que creo con todas mis fuerzas:

Tu mente está diseñada para ayudarte a alcanzar tus sueños.

A ti te toca creer que es posible y animarte a seguir yendo adelante. Pase lo que pase, sigue creyendo y renuncia a tus planificaciones temporales, porque ya llegará cuando y como sea.

Yo pasé once años creyendo antes de tener el cuadro. Y resulta que esta historia no acabó con el cuadro. Ahora me doy cuenta de que el hecho de que el cuadro de mis sueños ilustrara un paisaje en Vermont, bonito y seductor, no era una coincidencia. Era un hito indicándome el camino hacia mi destino.

Me lo imagino como una gran flecha celestial en el cielo, que apunta hacia el capítulo que estoy viviendo ahora mismo en mi vida, dos décadas más tarde. Te contaré esta historia en el próximo capítulo. Si echas la vista atrás, siempre puedes conectar los puntos de tu vida y encontrar el sentido. El verdadero arte es creer que este instante es un punto que te conectará con algo increíble que llegará en un futuro.

La confianza es un componente vital para ello: confiar en ti, en tus habilidades y y en la naturaleza divina de las cosas. Confiar en que todo en tu vida te está preparando para algo que aún no ha pasado. Puede que no seas capaz de ver cómo se conectan todos los puntos en el mapa de tu vida, pero sí se conectan.

Puede que esta noche en el bar no te enamores de nadie, o que esta vez no entres en la lista de escritores *bestsellers*, o que no ganes las elecciones, o que no consigas la inversión de ese fondo de capital de riesgo, o que no entres en el máster que querías. El tema no es conseguir las cosas cuando las quieres. Es permitir que esas cosas que quieres te hagan avanzar y te permitan atravesar tus miedos y dudas y resignación. Tus sueños te enseñan a creer en algo grande. Te enseñan a creer en ti y en tu capacidad de hacer posible cualquier cosa.

Así que confía en eso. Confía en ti y en tu capacidad de estar a la altura de este desafío, anímate para avanzar, y cuídate por el camino. Y cada mañana, cuando estés cara a cara contigo en el espejo, tómate un momento para sonreír, sabiendo que en algún momento de esta vida tuya tan maravillosa todo tendrá un sentido perfecto (e incluso mágico). Y cuando le levantes la mano a tu reflejo, sin soltar una palabra, di «Creo en ti. Te quiero. Ahora, sigue adelante porque se avecina algo increíble».

CAPÍTULO QUINCE

AL FINAL TODO TENDRÁ SENTIDO

¿Te ha pasado alguna vez que notas que hay algo raro en tu vida, pero no sabes decir muy bien qué? Esto es lo que me pasó a mí estos últimos años. No lo sentía constantemente, pero en momentos de sosiego me sentía inquieta.

Cada vez que tomaba un avión por trabajo y despegaba y aterrizaba en una nueva ciudad, tenía un momento perturbador de curiosidad y envidia, pensando adónde nos mudaríamos ahora con Chris. Dos de nuestros tres hijos ya se habían independizado y, por algún motivo, nuestra maravillosa casona ya no nos encajaba. Pero estaba tan ocupada viajando por trabajo o comprometida con mi familia a medida que nuestros hijos se iban haciendo mayores, que nunca tuve tiempo de sentarme tranquilamente conmigo. La única vez que me sentí cerca de mis pensamientos fue cuando estaba a 9000 metros de altura. Cuando el avión en el que estaba tocó la pista de aterrizaje pensé: «¿Aquí? ¿Austin? ¿San Diego? ¿Nashville? ¿Nueva York? ¿Será este nuestro nuevo capítulo?».

Y luego, justo antes de que llegara la pandemia, nuestro hijo Oakley (que en ese momento estaba en último año de secundaria y tenía que decidir a qué preparatoria quería ir) nos tomó por sorpresa. Empezó a insistir en que quería ir a la preparatoria al sur de Vermont, donde habían vivido los padres de mi marido durante dos décadas. En ese momento llevábamos casi veinticinco años viviendo en las afueras de Boston. Nuestro equipo estaba en Boston. Nuestros amigos estaban en Boston. Nuestra vida estaba en Boston. A mí me encanta el sur de Vermont, pero mi reacción fue un NO rotundo.

Creo que mis palabras exactas fueron «¿Mudarnos a Vermont? Allí es donde va la gente jubilada». No podía concebir la idea de mudarnos al medio de la nada. No tenía intención de abandonar a mis amigos o la vida que habíamos construido en Boston. Yo no podía tirar adelante mi negocio si no estaba en una gran ciudad. ¿Y mudarme cada vez desde un aeropuerto regional a casi dos horas? ¡Ni hablar!

Pero Oakley insistió. Su dislexia había hecho que la escuela fuera un camino duro para él y estaba convencidísimo de que lo que tenía que hacer ahora era ir a esa preparatoria pública en Vermont. Yo estaba convencida de que podía encontrar una escuela magnífica en la zona de Boston. Chris y yo discutimos sobre el tema. Mi suegra le estaba inculcando la idea a Chris de manera secreta. Incluso intentó recordarme lo mucho que le gusta esquiar, a Chris, a lo cual respondí: «No me importa lo que le guste hacer a Chris. ¡Ni de broma nos mudamos a Vermont!».

¿Has oído alguna vez la frase de «La vida es lo que pasa cuando estás demasiado ocupado haciendo otros planes»? Bueno, yo estaba ocupada haciendo planes para NO mudarnos a Vermont. Supongo que no estaba prestando atención al sitio al que me estaban llevando los puntos.

Una médium unió los puntos.

Sí, lo leíste correctamente. Un mes después de decirle a Oakley que no nos mudaríamos, una médium vino de invitada a mi programa. Desde los cinco años se había podido comunicar y había podido ver personas muertas (a mí me encantan estas cosas).

Dio un par de lecturas fascinantes a gente del público que fueron tan acertadas que nos arrancó las lágrimas a todos, y cualquier escéptico que tuviéramos entre el público y en el equipo técnico, dejó de serlo.

Luego se dirigió a mí y me preguntó si podía hacerme una lectura. Por supuesto que le dije que sí.

Me dijo que había un hombre detrás de mí, vestido con un uniforme militar. Pensé inmediatamente en mi difunto abuelo, Frank Schneeberger, que fue marine, pero ella me dijo que no. Se trataba de un piloto condecorado. Estaba en las fuerzas aéreas. «¿Piloto?», pensé. No conozco a nadie que fuera piloto en las fuerzas aéreas.

Me dijo: «¿La letra K o el nombre "Ken" te dicen algo?».

Dije: «¿Ken? Así es como llamamos a nuestra hija Kendall. Le pusimos este nombre por el padre de Chris. Mi suegro se llamaba Kenneth. También lo llamábamos Ken, pero nunca estuvo en el ejército. Tenía una agencia de publicidad».

La médium dijo: «Bueno, sea quien sea que tienes detrás se está poniendo nervioso y quiere que verifiques esta información con tu familia». (¡Qué descaro, los muertos!)

En ese momento los productores llamaron a Chris y quedé sorprendida cuando Chris confirmó que su padre había estado realmente en las reservas de las fuerzas aéreas cuando iba a la universidad, algo que yo nunca supe. Nunca tuvo la oportunidad de volar porque en el test para ser piloto se dieron cuenta de que Ken era daltónico, pero resulta que volar siempre había sido su sueño.

La médium asintió. Parecía como si supiera que Ken era el tipo de persona que elegiría un detalle desconocido (y que no se pudiera encontrar en Google), como ese para ahuyentar toda incredulidad. Luego procedió a contarme que Ken tenía muchos nietos (cierto), pero que el más joven, y al que no le había quitado el ojo de encima, era nuestro hijo. Y que Ken había venido hoy aquí para mandarme un mensaje: «Está pasando algo con una escuela, y a ti no te gusta, Mel, pero tienes que escuchar a tu hijo».

Fue entonces cuando tuve una experiencia extracorporal. No notaba la silla que tenía debajo, porque, en ese momento, sentí que estaba flotando. Podía notar la presencia de Ken. Sabía que estaba allí.

A ver, yo no le había contado a nadie las discusiones que había estado teniendo con Chris y Oakley acerca de mudarnos a Vermont. O sea, a nadie. Por lo que a mí respecta, la decisión ya estaba tomada. La tomamos hacía un mes. Oakley iría a una preparatoria en Boston.

Sabía exactamente lo que me estaba diciendo Ken: «Múdate a Vermont. Confía».

La historia se vuelve aún más loca.

Salí del foro murmurándome: «No lo puedo creer. Tengo que mudarme a Vermont». Estaba en estado de *shock* porque sabía que ese mensaje era la verdad.

Llamé a Chris y le conté lo que había pasado. Chris contestó: «No te lo conté, pero ayer llamó mi madre. Hace un año le escribió a la propietaria de un departamento en un condominio donde viven muchas de sus amigas. La propietaria le acaba de responder y se ve que le hizo una oferta. Me llamó ayer para preguntarme si querríamos comprar la casa que construyeron ella y papá. Le dije que no, que ya habíamos tomado la decisión de quedarnos en Boston».

Se hizo el silencio. Hice un acto de fe y dije: «Dile que sí. Que le compramos la casa».

Así que, justo antes de que empezara la pandemia, nos compramos la casa que se habían construido mis suegros y ahora la estamos remodelando. Inscribimos a Oakley en la preparatoria pública que había elegido. Y, sí, Chris esquía felizmente cada día. Yo puedo mirar por la ventana de la cocina y contemplar paisajes a una distancia de 225 km y no ver nunca a nadie (lo cual me horroriza algunos días). Pero pasó otra cosa.

Empecé a darme cuenta de que durante los últimos cinco años, al correr de aquí para allá en mi ajetreada vida, había perdido la conexión conmigo. Y, si tengo que ser sincera, había perdido también la conexión con Chris y con los niños. El único motivo por el cual empecé a verlo y sentirlo fue gracias a la calma que comparativamente me ofrecía la zona rural de Vermont. Resultó ser el contexto perfecto para iluminar lo que me estaba pasando. Al final no tuve más remedio que sumirme en el silencio y la tranquilidad. Sacar ese filtro, examinar la pelusa y limpiarla de una vez por todas.

La mudanza a Vermont me acercó a mis miedos de no triunfar lo suficiente. Tenía dudas e inseguridades acerca del hecho de que si vivía en una población de 3 000 habitantes, que es del mismo tamaño que el pueblo en el que crecí, no sería capaz de encontrar amigos o un equipo que me ayudara a expandir mi negocio. Me quedaría atrás y no sería capaz de estar a la altura de nadie en Boston, Los Ángeles o Nueva York. Me atosigaron todos los miedos e inseguridades. Tuve que enfrentarme a mí misma.

También me hizo ver que siempre había regulado la ansiedad y el estrés intentando huir de ellos. Si siempre estaba de aquí para allá (corriendo para llegar a una reunión, corriendo a comprar, haciendo otra llamada) no podrían atraparme.

Descubrir quién eres realmente es algo milagroso.

Cuando la vida te dice «Esto es para ti», escucha. Nunca hubiera imaginado que Vermont sería el lugar en el que estaría ahora. Lo único que sé es lo que dije que quería. Menos tiempo viajando. Más tiempo con mi familia. Menos tiempo preocupándome, más tiempo afianzando todos mis esfuerzos y su trayectoria. Menos ansiedad, más alegría. Cuidado con lo que deseas porque tu RAS está muy atento.

En el proceso de escribir este próximo capítulo tuve que bajar el ritmo intencionada y deliberadamente tanto en mi vida como en este libro. Tenía que aceptar y disfrutar de lo que llevaba tanto tiempo diciendo que quería. No tomar tantos vuelos ni usar tanto el coche. Hacer mi trabajo a mi manera y vivir en un sitio de mi elección que me haga sentir más feliz y satisfecha. Te decía en serio lo de soltar todas esas historias que me he estado contando sobre quién tengo que ser y cómo tengo que vivir para triunfar. Tengo la sensación de estar emprendiendo el capítulo más creativo de mi vida porque no ando corriendo de aquí para allá. Es una sensación emocionante y aterradora. Igual que la vida, una ola de altibajos por la que elijo navegar.

Y me he dado cuenta de que sí tengo equipo. Mi equipo es virtual, igual que muchos otros equipos actualmente. Excepto una persona, Jessie, que era productora de video para el equipo de futbol americano Baltimore Ravens, pero su prometido consiguió un trabajo con la empresa Orvis y de repente se mudaron a Vermont justo antes de que llegara la pandemia. Resulta que una de mis necesidades más acuciantes era encontrar a una persona que se encargara de la edición de videos en mi equipo de redes sociales. Y apareció ella, como un regalo. Y, luego, otra persona: una redactora creativa de las afueras de Nueva York, Amy, llegó en otoño, como nosotros, atraída por la misma escuela y el cambio de estilo de vida que ofrece la región. Y otra, Tracey, que era una de mis compañeras más preciadas, se mudó a Vermont, porque su pareja entró en la facultad de Medicina allí. Todas nosotras aterrizamos juntas en este nuevo capítulo.

Cada día mi RAS pasa de «¿Pero qué diablos estoy haciendo?» a «¿Funcionará?» a «Está funcionando» a «AQUÍ es EXACTAMENTE donde tengo que estar». Y también me da confianza saber que aunque este nuevo capítulo sea fantástico, si en algún momento noto que toca empezar algo nuevo tengo las herramientas para volver a cambiar mi vida.

Despertarme en Vermont me ha enseñado la lección más importante de mi vida, y es que tú eres tu propio faro. Sí, he dicho en repetidas ocasiones que el objetivo de tus sueños es actuar como un faro y hacer que puedas superar momentos desafiantes en la vida. Pero recuerda: naciste con esos sueños. Están entretejidos en tu ADN. Son parte de ti, lo que significa que tú eres la luz.

El error que cometemos todos es que dependemos de algo externo para salir adelante. Tenemos la idea de que debes tener una historia de amor de cine o que debes tener el trabajo más lucrativo del mundo, o la casa más sofisticada; pensamos que todas estas cosas nos harán sentir que la vida nos está chocando la mano cuando en verdad es justo lo opuesto. Tienes que aprender a hacerlo tú mismo. Tienes que ser tú quien cree los sentimientos que quieres en la vida, sentimientos de felicidad, alegría, optimismo, confianza y celebración. Esa sensación de que te están animando empieza contigo, dándotela a ti mismo.

Yo te puedo decir que nunca antes había experimentado el nivel de pura alegría que siento ahora. Desde luego he sido una persona muy positiva, he tenido destellos de felicidad y me lo he pasado muy bien. Pero siempre me ha costado mucho sentirme conectada conmigo misma y anclada en una visión de mi vida, y nunca supe por qué. Lo que sí que sé es que no podría haberme mudado aquí antes. Todo lo que ha pasado antes me ha preparado para estar aquí ahora. Todos son puntos que se conectan en el mapa de mi vida y que me llevan hacia donde tengo que ir. Igual que los puntos de tu vida te están llevando allí donde tengas que ir.

Esto no significa que fuera fácil o perfecto.

Nunca es fácil cambiar. Durante los cuatro primeros meses que tuvimos esa casa me despertaba día sí, día no y conducía hasta Boston (no estoy bromeando). Porque esto es lo que haces cuando te sientes bloqueado y no puedes lidiar con todo: huyes. Me he dado cuenta de que llevo toda la vida haciéndolo: llevo toda la vida corriendo. Rezumo confianza, pero durante muchos años no estuve nunca realmente cómoda en mi piel. No cuando tenía a más gente a mi alrededor, y, desde luego, no cuando experimentaba grandes cambios o situaciones inciertas. Este cambio me ha enseñado cómo sentir las olas de incertidumbre y miedo y me ha enseñado a no correr sino a quedarme firmemente y sentir la incomodidad, mirarme al espejo y tranquilizarme diciendo que estaré bien.

Cuando conocí a mi nuevo médico de cabecera, un vermontés de pies a cabeza, me dijo que en cuarenta años había visto a muchas personas que se mudaban aquí y a la mayoría no les gustaba Vermont. Dijo: «Todo el mundo huye a alguna parte y normalmente huye de sus problemas. Pero nos llevamos los problemas allí donde vayamos. En un nuevo entorno, especialmente tranquilo y calmado como este, no tenemos a donde huir, así que no queda más remedio que estar con uno mismo».

De lo que me di cuenta es de que, igual que un pájaro enjaulado batiendo las alas, tenía que sentarme con mi malestar y escucharlo. Tenía que despertarme por la mañana y colocarme la mano en el pecho y decirme lo que necesitaba oír. Tenía que buscar corazones y confiar en que podía ver otras señales. Tenía que chocarme la mano en el espejo para animarme a cruzar la niebla y los pensamientos negativos y así atravesar el día.

Aprendí a confiar en todas y cada una de las herramientas que te he dado en este libro.

Y quiero que tú también confíes en ellas. La vida te está enseñando algo. Te está preparando para algo maravilloso que no puedes ver. El malestar es temporal. Tienes que 5-4-3-2-1 poner un pie detrás del otro. Tienes que mantener el filtro limpio y la mente abierta. Gracias al hábito de chocarme la mano pude ver muy claramente que sí, que puedo expandir mi negocio en este lado de la montaña. Puedo construir un equipo aquí. Y hay suficiente espacio para la mesa de billar en la cochera. Puedo colgar el cuadro en la cocina. Chris y yo podemos ser muy felices aquí. Lo seremos. Porque esto es lo que quiero.

Los sueños no desaparecen. Naciste con ellos y están escritos para ti. Esto significa que te los llevas allí donde vayas, en cualquier versión de ti que crees. Así que, por el mismo precio, deja de huir y empieza a acercarte a ellos. Por el mismo precio *mira*, *oye* y *siente* todas las pistas que te da la vida sobre quién estás destinado a ser. Cada uno descubre de manera diferente cómo ser la mejor versión de sí mismo. Queremos un matrimonio de «choca esos cinco», queremos ser unos padres de «choca esos cinco». Queremos unas amistades y una trayectoria profesional dignas de que nos choquen esos cinco. Estén donde estén los sueños de tu vida, confía en que puedes chocarte la mano para acercarte a ellos.

Y ten presente que aún estoy a tu lado, levantándote la mano para felicitarte. Chócala, colega. Te veo. Creo en ti. Ahora te toca a ti creer en ti y hacer que se cumplan tus sueños.

Espera, espera… ¡hay más!

CÓMO DESPERTARTE SOLO

Sabes que no lo puedo dejar aquí, estando yo con la mano levantada esperándote para chocarte la mano… Porque sé lo que estarás pensando:

«Sale, Mel. Ya me habías convencido con lo de "chócale la mano al espejo". Pero ahora me dejaste confundido. ¿Tendría que mudarme a Vermont contigo? ¿Tendría que hablar con una médium? No estoy seguro... ¿Tendría que comprarme un cuadro? ¿Necesito un vestido para el baile de fin de curso? ¿Tengo que buscar corazones y Acuras? ¿Estoy dejando el RAS patas arriba? ¿Qué estoy haciendo, realmente? Por favor, acompáñame en este trayecto porque en el capítulo 1 me prometiste que "me llevarías de la mano"».

Me alegro de que me lo pidas, porque tengo todo lo que necesitas. Volvamos al principio de todo, cuando nos conocimos —delante del espejo de tu baño, en ropa interior—, y ahora incorpora todas las herramientas y estudios que has aprendido en este libro.

Una mañana de «choca esos cinco».

Una mañana de «choca esos cinco» es una serie de promesas sencillas. Cada promesa está respaldada por estudios científicos, es muy fácil, te hace sentir bien y crea una serie de pequeñas victorias que te predisponen para empezar el día y darlo todo.

Empieza cuando suena tu despertador. Ahora verás la acción que emprenderás y aquello más profundo que te está enseñando.

Voilà!:

- Priorízate: despiértate cuando suene tu despertador.
- Recítate lo que necesitas escuchar. Di: «Estoy bien, estoy a salvo, me quieren».
- Hazte un regalo: haz la cama.
- Felicítate: chócate la mano en el espejo.
- Cuídate: ponte la ropa de deporte.
- Entrena tu RAS: sueña por la mañana.

Una mañana de «choca esos cinco» es una mañana en la que te priorizas. Estas promesas te ayudan a priorizarte a ti, tus necesidades y tus objetivos antes de tu lista de tareas, tu celular, las redes sociales, los correos del trabajo, la actualidad informativa, las necesidades de tu familia y el resto de cosas que no están bajo tu control. Cuando cumples estas simples promesas, tú eres lo más importante. Cada mañana. Cada día de tu vida. Y punto. Igual que el choque de manos, la lista puede parecer una tontería obvia a primera vista, así que voy a detallarte cada promesa para que entiendas el significado que hay más allá de cada paso.

N.º 1 Priorízate: despiértate cuando suene tu despertador.

Por la noche, antes de apagar las luces, tómate un momento para pensar en mañana por la mañana. *¿Qué tipo de mañana necesitas para sentirte apoyado?* ¿A qué hora tienes que despertarte realmente para tener suficiente tiempo para ti? A menudo nos despertamos a la misma hora cada día por costumbre.

Cuando piensas en lo que necesitas en ese momento de la vida, puede que tengas que despertarte más temprano. Puede que tengas que acostarte antes. Si tienes hijos pequeños en casa o empiezas a trabajar temprano y quieres tener quince minutos para hacer ejercicio y meditación, puede que tengas que hacerlo a las 5 o las 6 de la mañana. Así es la vida. No te hagas historias y pon el despertador. Puede que tengas que saltarte algunas noches de fiesta con tus amigos para poder dormir las horas que necesitas. Priorízate.

Cuando suene tu despertador, despiértate. No le des al botón de posponer. Déjate de cuentos. 5-4-3-2-1 y sal de la cama. Esto no tiene nada que ver con ser una persona madrugadora. Aquí es el momento en el que los estudios científicos que has estado descubriendo realmente cobran importancia. Tu RAS está prestando atención. Si siempre pospones la alarma, le estás diciendo a tu RAS que no haces lo que dices que harás, y eso tiene un impacto en cómo tu RAS filtra la visión que tienes de ti.

Esto es más que un toque de atención. Es más que un despertador. Es una promesa. Esta noche, cuando pongas el despertador, te estarás haciendo una promesa. Te estás diciendo que importas. Mañana, cuando suene tu despertador, sé fiel a tu promesa. Sal de la cama al momento. No te tomes la alarma como una obligación. Tómatela como una oportunidad. Es una señal de que los próximos 10-30 minutos son un regalo para ti.

Y esto es importante: no-mires-el-teléfono.

N.º 2 Recítate lo que necesitas escuchar. Di: «Estoy bien, estoy a salvo, me quieren».

Ahora céntrate. En vez de empezar el día absorto por lo que sea que te aparezca en la pantalla del celular, ponte la mano en el pecho y di: «Estoy bien, estoy a salvo, me quieren», tantas veces como necesites escucharlo. ¡Felicidades! Acabas de juntar dos pequeñas victorias: te has despertado y has satisfecho tus necesidades y el sol ni siquiera ha salido. ¡Chócalas, lo has conseguido! Te has centrado en ti y te has priorizado.

N.º 3 Hazte un regalo: haz la cama.

Yo empecé a hacer la cama hace diez años para no tener la tentación de volver a meterme debajo de las sábanas cuando mi vida se estaba derrumbando.

Con el tiempo me he dado cuenta de que hacer la cama es otra manera de fortalecer el músculo de la disciplina y el compromiso. Es un regalo precioso que te puedes ofrecer porque si en algún momento del día entras en el dormitorio, ves una cama magnífica en vez de un desastre que tienes que ordenar. Además, cuando llegues a la cama por la noche, tendrás un lugar fantástico para acostarte y soñar.

Haces la cama para ti. Haces la cama porque dijiste que la harías. Yo la hago cada mañana, independientemente de dónde duerma. Incluso hago la mitad de la cama si Chris sigue durmiendo. ¿Por qué? Porque la clave de priorizarte está en practicar lo que dijiste que tenías que hacer sin ceder ante ninguna excusa, sentimiento o cambio de ubicación.

N.º 4 Felicítate: chócate la mano en el espejo.

Ve directo al baño y saluda a tu mayor aliado y a tu mejor amigo: TÚ. Sonríe. Levanta la mano para felicitarte. Tómate un momento para ti. ¡Tú puedes!

N.º 5 Cuídate: ponte la ropa de deporte.

Yo muevo el cuerpo cada día. Los beneficios que aporta el deporte a nivel físico y mental están respaldados por la ciencia y por evidencias reales. Lo sabes tan bien como yo: tienes que moverte y sudar un poco. Pero con saberlo no basta para que lo hagas. A pesar de que seas muy consciente de que deberías moverte cada día, seguramente es lo último que se te antoja hacer.

Así que he elaborado un hábito muy sencillo: cada noche preparo la ropa de deporte, como si fuera una trampa en el suelo de mi clóset, y esto me obliga a ponérmela por la mañana antes de salir de la habitación. Si la pisara o la pasara por encima, básicamente me estaría diciendo a mí misma: «Vete al diablo, Mel», así que me provoco sensación de culpa para hacer algo (culpa productiva). En cuanto llevas puestas las mallas de yoga y ya estás vestida para la ocasión, es mucho más fácil acordarte de hacer deporte.

Por eso no etiqueto esta promesa como «Haz deporte cada día». Esto me suena demasiado estricto. Y si ya te sientes abrumado por la vida, no te mantendrás fiel a esta promesa. Quiero que el listón para las victorias esté bajo. Quiero que generes un impulso. Te mereces un choque de manos por el simple hecho de haberte puesto esas mallas. Así soy yo. ¡Celebro todas las pequeñas cosas! Por eso hago que las promesas sean tan fáciles: mano al corazón. Despertarte. Hacer la cama. Chocarte la mano en el espejo. Ponerte ropa de deporte. ¡Bum! ¡Cinco victorias y ni siquiera te has tomado el café!

Ahora estás un paso más cerca del objetivo final, que es mover el cuerpo. Te lo estoy poniendo muy fácil porque el objetivo principal de despertarte solo es que lo hagas.

N.º 6 Entrena tu RAS: sueña por la mañana.

Cuando piensas en soñar, normalmente piensas en dormir. Quiero que empieces a soñar por la mañana como una manera de incorporar tus sueños en tu vida diaria.

He aquí cómo hacerlo: yo me siento con mi diario de seguimiento del hábito de chocarte la mano y hago una práctica de dos páginas cada mañana. Si tienes ganas de probarlo, puse muestras gratuitas de este método de diario y una breve explicación de la ciencia que lo respalda a modo de regalo para ti al final de esta sección.

Al principio de la primera página, tacho todas las cosas que acabo de hacer para centrarme y despertarme. Ponerles una palomita a todas esas casillas refuerza la sensación de haber alcanzado todas las pequeñas victorias. Es una manera sencilla de celebrar el progreso que haces y la disciplina que estás construyendo. Se necesita menos de un minuto y cuando acabo me siento muy consciente en el momento presente y orgullosa de mí misma.

A continuación, hay una sección para vaciar la mente. Hacer un «vaciado mental» es una manera fantástica de limpiar el filtro de tu mente. Simplemente anota exactamente cómo te sientes. Algunos días será algo precioso. Otros días será la palabra *vomitar*. Pero siempre te hará salir de tu cabeza y entrar en el momento presente contigo. Te ayuda a procesar cualquier emoción, buena o mala, y la dejas por escrito. Para mí, cuando no hago esto por la mañana, tiendo a expulsarles estos sentimientos enterrados y pensamientos subconscientes a mi familia, mis compañeros de trabajo y a mi pobre perro (lo siento, de verdad).

Luego me doy permiso para entrar en contacto con aquello que quiero. Anota cinco cosas que quieras. No las juzgues, ni las mires con mala cara ni las cambies. Simplemente anota lo que el corazón te diga que escribas.

Podría ser que esperas que un ser querido que está teniendo problemas de depresión vuelva a sentirse como antes. Yo hace poco escribí que soñaba con agotar las entradas a un evento transformativo de dos días para 5 000 personas y con construir una casa en la playa, en un lugar que nos encanta en Rhode Island. A veces escribo que simplemente quiero poder nadar en el océano y pasármelo bien sin pensar en que me atacará un tiburón. Algunas mañanas puede que tus deseos sean económicos, irte de viaje con tu madre o comprarte una camioneta Bronco nueva tuneada. Sea lo que sea, date permiso para quererlo y anotarlo en un papel. Enciende tu RAS para que te ayude a conseguirlo.

Puede ser lo mismo cada día o pueden ser cosas distintas. Pueden ser tus sueños más profundos, alocados y colosales o simplemente algo que te dice el corazón. Podría ser algo que quieres comprar. O la forma como te quieres sentir. O simplemente algo que quieres hacer. Date permiso para soñar sin límites. Sin disculparte. Al poner tus sueños por escrito los estás validando. Tu antiguo yo rechazó tus sueños muchas veces. Entrena tu RAS para decir que sí.

Esto es una mañana de «choca esos cinco». Ahora que te has priorizado y has centrado tu RAS en lo que quieres, eres libre de mirar el teléfono o buscar corazones, lo que tú quieras ☺.

Qué ganas de que lo hagas.

Estas prácticas son sencillas. Pero quiero que confíes en que, al hacerlas, una tras otra, cada mañana, no solo hará que tengas un día mejor y más productivo: estas prácticas van mucho más allá. Sosegarán tu sistema nervioso, te centrarán la mente y te apoyarán.

Una mañana de «choca esos cinco» consiste en generar confianza. Confianza en ti. En tu cuerpo. En tus pensamientos. Y en tu espíritu. Estas promesas te ayudan a estar predispuesto para triunfar, crear un propósito para tu día y darte una sensación de control antes de salir al mundo, lo cual hace que te sientas más seguro.

Y si soñamos por la mañana eso que queremos y que deseamos, nuestros propósitos pasan de estar en la parte trasera de nuestra mente a estar en la parte delantera. Empiezan a caminar a tu lado. Empiezas a saber en lo más profundo de tu ser que cada día te despiertas, te felicitas y te animas a avanzar hacia aquello que quieres, que todos queremos. Aquello que les deseamos a todos nuestros seres queridos. Aquello que necesitas para visualizar y crear cosas para ti:

Una vida de «choca esos cinco».

UN REGALO DE MEL

Nunca digas que no te di nada. Ya te dije que tengo una práctica para ti para escribir un diario especial. Y ahora lo voy a compartir contigo... GRATIS.

EL DIARIO DE Chócate esos cinco

Así es, quiero que descargues las plantillas gratuitas o que te hagas de tu ejemplar de la edición limitada en <High5Journal.com> (disponible en inglés). Allí se incorpora todo lo que has aprendido en este libro en un diario que te permite realizar una práctica diaria muy sencilla.

Pasa la página y te enseñaré el método y la ciencia que se esconde detrás. Y hay algunas plantillas de hojas en blanco para que puedas probar el diario. Y si quieres más las puedes descargar gratuitamente en <High5Journal.com>.

Cómo chocarme la mano cada día

Fecha de hoy: 12/5.
Calma el cuerpo.
Encuéntrate en el momento presente para estar cómodo en tu piel.

- Respira profundamente.
- Ponte las manos en el corazón y di «Estoy bien, estoy a salvo, me quieren».
- Di algo que puedas.

Ver *Veo árboles sin hojas por la ventana* Oír *Oigo a mi perro ladrando*
Tocar *Siento la pluma en la mano* Oler *Huelo a café recién hecho*

- En una palabra, me siento... *muy ocupada.*
- Me merezco que me choquen la mano hoy porque *¡esta mañana me desperté a la hora!*
- La próxima vez que pases por un espejo, demuéstralo. ¡Chócate esos cinco!

Despeja la mente

Para cultivar una mente segura, vacíala de todo lo que la esté llenando ahora mismo: preocupaciones, tareas, garabatos, pensamientos, ideas, cosas que hacer o cualquier cosa que no quieras olvidar.

«Hoy tengo un día a tope en el trabajo y tengo una entrega importante. El perro tiene que salir y me está mirando con sus enormes ojos pero ya lo sacaré tan pronto acabe esto. Tengo que devolverle la llamada a mi madre, ella me llamó y ahora me siento culpable por no haberla llamado, pero primero tengo que acabar la entrega. Me desperté y me sentí estresada por todo lo que tengo que hacer, pero estoy contenta de no haber mirado el teléfono esta mañana y de haberme priorizado haciendo ejercicio.»

1. Gracias a la neurociencia sabemos que un cuerpo estresado pone el cerebro en modo de supervivencia y te enseña amenazas en vez de oportunidades. Así que para todo cambio se necesita calmar el cuerpo primero.

2. Respira profundamente, es una manera muy poderosa de calmar el sistema nervioso porque te activa el nervio vago. Es tu arma secreta para crear calma inmediata en tu cuerpo.
3. Ponerte las manos en el corazón es otra manera de tonificar tu nervio vago. Este mantra es la manera de enseñarle al cuerpo lo que se siente cuando estás a salvo y tranquilo y accedes a un estado de calma y sosiego.
4. Tus sentidos son un conducto para la energía de tu espíritu. Empieza a despertar esa energía ahora para escucharla más tarde.
5. Ponerle nombre a cómo te sientes el cuerpo es un paso clave para avanzar hacia una consciencia propia más profunda y una sensación de comodidad contigo.
6. Mi hábito diario preferido para reprogramar el filtro de la mente es decirte que *mereces que te animen,* que *tus sueños importan* y que *puedes con todo lo que venga.*
7. En cuanto tu cuerpo ya esté relajado, puedes enfocar la mente y la atención hacia donde quieras que vayan.
8. Despeja la mente. Vierte todos tus pensamientos en el papel. No te quedes nada dentro. Sácalo de la cabeza para que puedas estar presente contigo en el momento.

Libera el espíritu

Tener un espíritu que confía en ti es felicitarte y avanzar hacia tus deseos.

Date permiso para estar en contacto con lo que quieres.

Escribe 5 cosas que quieras:

Grandes o pequeñas. Hoy o en tu vida entera.

1. *Liberarme el día para tener más tiempo para mí.*
2. *Viajar cada año a algún sitio nuevo.*
3. *Estar en la mejor forma de mi vida.*
4. *Empezar una organización sin ánimo de lucro relacionada con mejorar la salud mental.*
5. *Aprender a meditar y adquirir más consciencia plena.*

Describe las pequeñas acciones que podrías emprender para acercarte a lo que quieres.

«Más tiempo para mí: puedo planearlo en la agenda. Puedo establecer momentos en los que deje de trabajar y me limite a tener tiempo para mí. Puedo organizarme para hacer una clase de yoga con alguna amiga. Seguiré llenando mi diario cada mañana. Me despertaré más temprano y usaré ese tiempo para elaborar un plan para la organización sin ánimo de lucro.»

Ahora cierra los ojos.

Visualízate haciendo esas pequeñas acciones.

Siente en lo más profundo de tu ser lo que se siente al hacer estas cosas y acercarte a tu deseo. Esto te entrena el cuerpo, la mente y el espíritu para que te ayuden a emprender estas acciones.

1. Ahora tu cuerpo está tranquilo y tu mente despejada. Ha llegado el momento de despertar tu espíritu.
2. ¡Empieza a soñar por la mañana! Anota cinco cosas que quieres. Cree en ellas. Date permiso para tener exactamente lo que deseas.
3. Escribir lo que quieres empezará a modificar lo que crees que es posible a medida que reprogrames el filtro de tu mente. ¡También implica que habrá un 42 % más de posibilidades de que alcances tus sueños!
4. La mayoría de la gente no hace bien la visualización porque solo concibe el resultado final. Las investigaciones en neurociencia nos indican que tenemos que visualizarnos haciendo los pequeños pasos duros y fastidiosos necesarios para alcanzar nuestros sueños. Al hacerlo, le dices a tu cerebro: «Hago el trabajo duro. Aprovecho las oportunidades. Y no retrocedo, sino que paso a la acción».
5. Los escaneos cerebrales han demostrado que cuando te visualizas llevando a cabo una acción estimulas las mismas regiones del cerebro que cuando ejecutas esa misma acción, lo cual hace que sea más probable que emprendas esa acción. Y los resultados se consiguen con acciones.

Fecha de hoy: 12/5.
Calma el cuerpo.
Encuéntrate en el momento presente para estar cómodo en tu piel.

- Respira profundamente.
- Ponte las manos en el corazón y di: «Estoy bien, estoy a salvo, me quieren».
- Di algo que puedas.

  Ver ______________________ Oír ____________________
  Tocar ______________________ Oler ___________________

- En una palabra, me siento... ______________________________
- Me merezco que me choquen la mano hoy porque ____________
- La próxima vez que pases por un espejo, demuéstralo. ¡Chócate esos cinco!

Despeja la mente

Para cultivar una mente segura, vacíala de todo lo que la esté llenando ahora mismo: preocupaciones, tareas, garabatos, pensamientos, ideas, cosas que hacer o cualquier cosa que no quieras olvidar.

Libera el espíritu

Tener un espíritu que confía en ti es felicitarte y avanzar hacia tus deseos.

Date permiso para estar en contacto con lo que quieres.

Escribe 5 cosas que quieras:

Grandes o pequeñas. Hoy o en tu vida entera.

1. ______________________________
2. ______________________________
3. ______________________________
4. ______________________________
5. ______________________________

Describe las pequeñas acciones que podrías emprender para acercarte a lo que quieres.

Ahora cierra los ojos.

Visualízate haciendo esas pequeñas acciones.

Siente en lo más profundo de tu ser lo que se siente al hacer estas cosas y acercarte a tu deseo. Esto te entrena el cuerpo, la mente y el espíritu para que te ayuden a emprender estas acciones.

AGRADECIMIENTOS

En primer lugar, me doy las gracias a mí. Sí, Mel Robbins, te mereces un clamoroso aplauso. Este libro necesitó 3 años, 2 editores, 13 gigas de memoria, 80 litros de helado de chocolate, 7 cajas de pañuelos y un buen puñado de analgésicos. Este ha sido uno de los capítulos más difíciles de mi vida. Ir escribiendo me ha salvado y al final apareció este libro. No puedo creer los calvarios que tuve que atravesar (mis abogados no me dejan decir nada más) y sigo aquí. Lo logré. Estoy orgullosa de mí. Así que a mí, Mel Robbins, tengo que decirme: choca esos p*tos cinco.

Gracias a Melody, mi extraordinaria editora de sensacionales lentes rojos. ¿Acaso tienes párpados? Porque no parpadeaste ni una sola vez cuando te dije: «Necesito una semana más/un mes más/un año más». ¿A quién voy a engañar? Seguramente eliminarás esta frase. Estoy infinitamente agradecida por haber podido trabajar contigo. ¡Cómo te quiero!

Gracias a mi equipo entero: con la mano en el corazón, les doy las gracias por no utilizar mi foto para jugar dardos. O, bueno, quizá sí lo hicieron... Sea como sea, los quiero por haberme apoyado a mí y a este proyecto, y por darlo todo en todo lo que hacen.

A las 55 personas que contribuyeron directamente en este libro: lo he reescrito tantísimas veces que ya olvidé muchos de sus nombres. En serio, agradezco su ayuda. Pero especialmente a Tracey, Amy, Nancy, Nicole,

Mindy, Stephanie y Becca de Skye High Interactive. Y lo entenderé si no quieren volver a ver nunca más un correo mío.

A mi agente literario: quien creo que ha hecho de todo menos tirar la toalla conmigo. ¿Lo estás leyendo, Marc? Rompiste el molde editorial. Gracias por tu genialidad.

A Darrin: fuiste la primera persona que me contrató para ser ponente cobrando porque tu esposa Lori había visto mi plática en TEDx Talk en Facebook. El resto ya es historia. Siempre le digo a todo el mundo que no habría entrado nunca en este mundito sin ustedes dos, y lo digo de verdad. Y ustedes le dicen a todo el mundo «No tienes ni idea de cómo es realmente».

A Hay House: por permitirme compartir todas mis experiencias e historias y no eliminar los tacos. A todo el mundo en Hay House y a los equipos de Nardi Media (incluyendo a Reid Tracy, Margarete Nielsen, Patty Gift, Betsy Beier, Michelle Pilley, Jo Burgess, Rosie Barry, Diane Hill, John Tintera, Karen Johnson, Tricia Breidenthal, Nick Welch, Bryn Best, Perry Crowe, Celeste Johnson, Lisa Reece, Lindsay McGinty, Ashley Bernardi, y Sheridan McCarthy), gracias. Y gracias, Louise Hay. Chócalas. ¿Podrás saludar a mis abuelos que están en el cielo, si los ves? Seguramente estarán jugando cartas.

A Brendon Burchard, y a todo el mundo que forma parte del reto de chocarse la mano: los quiero.

A Jenny Moloney, que me sacó fotos espectaculares para este libro (y a Emily y a Jess, el *dream team* que me preparaba para la cámara). ¿Quién se habría podido imaginar lo complicado que sería intentar tomarle una foto a un choque de manos? Gracias por sobrevivir ese aterrizaje de emergencia, porque el mundo necesita más talento como el tuyo.

A mi madre: la mejor madre que se puede tener. Eres una rebelde. El motivo por el cual soy emprendedora es por el numerito que hiciste en el Lumberman's Bank. Creo que el señor del mostrador aún tiene la mandíbula en el suelo. Gracias por ser mi animadora más ferviente. Sé que muchas veces no te lo he puesto fácil.

A mi padre: la persona más buena que conozco. Qué ganas tengo de que me ganes en una partida de billar en Vermont (en nuestra nueva «cochera con mesa de billar»).

A Dereck, mi hermano preferido, y a su mujer, Christine: hola. No, en serio, gracias a los dos por apoyarme, salvarme el trasero y mantenerme cuerda de muchas más maneras de las que podría escribir públicamente.

A mi suegro, Ken, gracias por mandarme un mensaje desde el cielo. Nuestro hijo no había estado nunca tan feliz. Y a mi suegra, Judie, que una vez apuntó sabiamente: «Mel, siempre pisas mierda, pero siempre sabes salir». No es muy poético, pero es la verdad y te quiero por decir siempre las cosas por su nombre.

A mis mejores amigos Gretchen, Lisa, Bill y Jonathan: hemos sido los copilotos de las vidas de unos y otros y agradezco mucho que podamos vivir la vida con ustedes y sus hijos. Los quiero. Siempre serán mis mejores amigos porque saben muchas cosas.

A Rose, la belleza de Brasil: gracias por todo lo que haces. Te quiero.

A Yolo y Mr. Noodle, gracias por hacerme compañía cuando el resto de mi familia ya se había acostado.

A Sawyer, Kendall, Oakley: sé que piensan que soy adicta al trabajo (y tienen razón), pero para mí no es trabajo cuando amas lo que haces. Les he dedicado este libro a ustedes y a su padre porque nuestro mayor deseo como padres es que encuentren el valor necesario para perseguir vidas significativas y que sus vidas sean tan felices y completas como han hecho que sean las nuestras. De todo corazón, gracias por animarme a seguir y apoyarme en el camino de seguir mis sueños. Por cierto, esta noche me salto la cena familiar porque tengo un Zoom con mi editora, Melody.

Chris, te quiero más que a nada en el mundo. Gracias por quererme.

BIBLIOGRAFÍA

«Behavioral Activation Therapy Effectively Treats Depression, Study Finds» («La terapia de activación conductual trata eficazmente la depresión, según un estudio»), Harvard Health. Harvard Medical School Publishing, 14 de septiembre, 2016, <https://www.health.harvard.edu/mind-and-mood/behavioral-activation-therapy-effectively-treats-depression-study-finds>.

«Female Reproductive System: Structure & Function» («Sistema reproductor femenino: Estructura y función»), Cleveland Clinic. Cleveland Clinic's Ob/Gyn & Women's Health Institute, 2021, <https://my.clevelandclinic.org/health/articles/9118-female-reproductive-system#:~:-text=At%20birth%2C%20there%20are%20approximately,quality%20of%20the%20remaining%20eggs>.

«Reticular Activating System» («Sistema de activación reticular»), ScienceDirect, Elsevier B.V., 2021, <https://www.sciencedirect.com/topics/neuroscience/reticular-activating-system>.

«Understand Team Effectiveness» («Comprender la eficacia del equipo»), Google Re:Work. Google, Recuperado el 29 de abril de 2021, <https://rework.withgoogle.com/print/guides/5721312655835136/>.

«Understanding the Stress Response» («Comprender la respuesta al estrés»), Harvard Health. Harvard Medical School, 6 de julio de 2020, <https://www.health.harvard.edu/staying-healthy/understanding-the-stress-response>.

«Why Do We Take Mental Shortcuts?» («Por qué tomamos atajos mentales»), The Decision Lab. The Decision Lab, 27 de enero de 2021, <https://thedecisionlab.com/biases/heuristics/>.

Adolph, Karen E.; Whitney G. Cole; Meghana Komati; Jessie S. Garciaguirre; Daryaneh Badaly; Jesse M. Lingeman; Gladys L. Chan, y Rachel B. Sotsky, «How Do You Learn to Walk? Thousands of Steps and Dozens of Falls per Day» («¿Cómo se aprende a caminar? Miles de pasos y decenas de caídas al día»), *Psychological Science* 23, n.º 11 (2012): 1387-1394, <https://doi.org/10.1177/0956797612446346>.

Alberini, Cristina M., «Long-Term Memories: The Good, the Bad, and the Ugly» («Recuerdos a largo plazo: Lo bueno, lo malo y lo feo»), *Cerebrum,* 2010, n.º 21 (29 de octubre de 2010), <https://doi.org/https://www.ncbi.nlm.nih.gov/pmc/articles/PMC3574792/>.

Alderson-Day, Ben; Susanne Weis; Simon McCarthy-Jones; Peter Moseley; David Smailes, y Charles Fernyhough, «The Brain's Conversation with Itself: Neural Substrates of Dialogic Inner Speech» («La conversación del cerebro consigo mismo: Sustratos neuronales del discurso interior dialógico»), *Social Cognitive and Affective Neuroscience,* 11, n.º 1 (2015): 110-120, <https://doi.org/10.1093/scan/nsv094>.

Amabile, Teresa, y Steven Kramer, *The Progress Principle: Using Small Wins to Ignite Joy, Engagement, and Creativity at Work* («El Principio de Progreso: Utilizar las pequeñas victorias para encender la alegría, el compromiso y la creatividad en el trabajo»), *Harvard Business Review Press*, Boston, MA, 2011.

Baldwin, David V., «Primitive Mechanisms of Trauma Response: An Evolutionary Perspective on Trauma-Related Disorders» («Mecanismos primitivos de respuesta al trauma: Una perspectiva evolutiva de los trastornos relacionados con el trauma»), *Neuroscience & Biobehavioral Reviews,* 37, n.º 8 (2013): 1549-1566, <https://doi.org/10.1016/j.neubiorev.2013.06.004>.

Beck, Melinda. «"Neurobics" and Other Brain Boosters» («Neurobióticos y otros potenciadores del cerebro»), *The Wall Street Journal.* Dow Jones & Company, 3 de junio de 2008, <https://www.wsj.com/articles/SB121242675771838337>.

Binazir, doctor Ali. «Why You Are A Miracle» («¿Por qué eres un milagro?»), *HuffPost*, *HuffPost*, 16 de agosto de 2011 <https://www.huffpost.com/entry/probability-being-born_b_877853>.

Bohn, Roger, y James Short, «Measuring Consumer Information» («Medición de la información al consumidor»), *International Journal of Communication,* 6 (2012): 980-1000.

Bolte, Annette; Thomas Goschke, y Julius Kuhl, «Emotion and Intuition» («Emoción e intuición»), *Psychological Science,* 14, n.º 5 (2003): 416-421, <https://doi.org/10.1111/1467-9280.01456>.

Breit, Sigrid; Aleksandra Kupferberg; Gerhard Rogler, y Gregor Hasler. «Vagus Nerve as Modulator of the Brain–Gut Axis in Psychiatric and Inflammatory Disorders» («El nervio vago como modulador del eje cerebro-intestino en los trastornos psiquiátricos e inflamatorios»), *Frontiers in Psychiatry,* 9 (2018), <https://doi.org/10.3389/fpsyt.2018.00044>.

Brown, Brene, *I Thought It Was Just Me (but It Isn't): Telling the Truth About Perfectionism, Inadequacy, and Power* («Pensaba que solo me pasaba a mí (pero resulta que no): La verdad sobre el perfeccionismo, la insuficiencia y el poder»). Gotham Books, Nueva York, 2008.

Cascio, Christopher N.; Matthew Brook O'Donnell; Francis J. Tinney; Matthew D. Lieberman; Shelley E. Taylor; Victor J. Strecher, y Emily B. Falk, «Self-Affirmation Activates Brain Systems Associated with Self-Related Processing and Reward and Is Reinforced by Future Orientation» («La autoafirmación activa los sistemas cerebrales relacionados con el procesamiento y la recompensa de uno mismo y se refuerza con la orientación hacia el futuro»), *Social Cognitive and Affective Neuroscience,* 11, n.º 4 (2015): 621-629, <https://doi.org/10.1093/scan/nsv136>.

Cheval, Boris; Eda Tipura; Nicolas Burra; Jaromil Frossard; Julien Chanal; Dan Orsholits; R mi Radel, y Matthieu P. Boisgontier, «Avoiding Sedentary Behaviors Requires More Cortical Resources than Avoiding Physical Activity: An EEG Study» («Evitar las conductas sedentarias requiere más recursos corticales que evitar la actividad física: Un estudio de EEG»), *Neuropsychologia,* 119 (2018): 68-80, <https://doi.org/10.1016/j.neuropsychologia.2018.07.029>.

Christakis, Nicholas A., y James H. Fowler, *Connected: The Surprising Power of Our Social Networks and How They Shape Our Lives* («Conectados: El sorprendente poder de nuestras redes sociales y cómo determinan nuestras vidas»), Little, Brown, Nueva York, NY, 2011.

Creswell, J. David; Janine M. Dutcher; William M. Klein; Peter R. Harris, y John M. Levine, «Self-Affirmation Improves Problem-Solving under Stress» («La autoafirmación mejora la resolución de problemas en situaciones de estrés»), *PLoS ONE,* 8, n.º 5 (2013), <https://doi.org/10.1371/journal.pone.0062593>.

Cross, Ainslea, y David Sheffield, «Mental Contrasting as a Behaviour Change Technique: a Systematic Review Protocol Paper of Effects, Mediators and Moderators on Health» («El contraste mental como técnica de cambio de conducta: un documento de protocolo de revisión sistemática de los efectos, mediadores y moderadores de la salud»), *Systematic Reviews,* 5, n.º 1 (2016), <https://doi.org/10.1186/s13643-016-0382-6>.

David, Meredith, y Kelly Haws, «Saying "No" to Cake or "Yes" to Kale: Approach and Avoidance Strategies in Pursuit of Health Goals» («Decir "no" a la tarta o "sí" a la col: estrategias para acercarse y evitar la búsqueda de objetivos de salud»), *Psychology & Marketing*, 33, n.º 8 (2016): 588-549, <https://doi.org/10.1002/mar.20901>.

Di Stefano, Giada; Bradley Staats; Gary Pisano, y Francesca Gino, «Learning By Thinking: How Reflection Improves Performance» («Aprender pensando: cómo la reflexión mejora el rendimiento»), Harvard Business School, Harvard Business School Working Knowledge, 11 de abril, 2014, <https://hbswk.hbs.edu/item/7498.html>.

Duhigg, Charles, *The Power of Habit: Why We Do What We Do in Life and Business* («El poder del hábito: Por qué hacemos lo que hacemos en la vida y en los negocios»), Random House, Nueva York, NY. 2014.

Eagleman, David, *Livewired: The Inside Story of the Ever-Changing Brain* («Vivir conectado: La historia interior del cerebro en constante cambio»), Pantheon Books, Nueva York, 2020.

Erdelez, Sandra, «Information Encountering: It's More Than Just Bumping into Information» («Encontrar la información: Es más que toparse con la información»), *Bulletin of the American Society for Information Science and Technology,* 25, n.º 3 (2005): 26-29,<https://doi.org/10.1002/bult.118>.

Etxebarria, I.; M. J. Ortiz; S. Conejero, y A. Pascual, «Intensity of habitual guilt in men and women: Differences in interpersonal sensitivity and the tendency towards anxious-aggressive guilt.» («La intensidad de la culpa habitual en hombres y mujeres: Diferencias en la sensibilidad interpersonal y la tendencia a la culpa ansioso-agresiva»), *Spanish Journal of Psychology,* 12, n.º 2 (2009): 540-554.

Ferriss, Timothy, *Tools of Titans: The Tactics, Routines, and Habits of Billionaires, Icons, and World-Class Performers.* («Herramientas de titanes: Las tácticas, rutinas y hábitos de los multimillonarios, los referentes y los artistas a escala mundial»), Houghton Mifflin Harcourt, Boston, 2017.

Firestone, Lisa, «How Do Adverse Childhood Events Impact Us?» («¿Cómo nos afectan los acontecimientos adversos en la infancia?»), *Psychology Today*, Sussex Publishers, 12 de noviembre de 2019, <https :// www.psychologytoday.com/us/blog/compassion-matters/201911/ how-do-adverse-childhood-events-impact-us>.

Fitzpatrick, John L.; Charlotte Willis; Alessandro Devigili; Amy Young; Michael Carroll; Helen R. Hunter, y Daniel R. Brison, «Chemical Signals from Eggs Facilitate Cryptic Female Choice in Humans» («Las señales químicas de los huevos facilitan la elección críptica femenina en los humanos»), *Proceedings of the Royal Society B: Biological Sciences,* 287, n.º 1928 (2020): 20200805. <https://doi.org/10.1098/rspb.2020.0805>.

Fogg, B. J., *Tiny Habits: The Small Changes That Change Everything* («Pequeños hábitos: Los pequeños cambios que lo cambian todo»), Mariner Books, Houghton Mifflin Harcourt, Boston, 2020.

Fredrickson, Barbara L., y Marcial F. Losada, «Positive Affect and the Complex Dynamics of Human Flourishing» («El afecto positivo y la compleja dinámica del florecimiento humano») *American Psychologist,* 60, n.º 7 (2005): 678-686, <https://doi.org/10.1037/0003-066x.60.7.678>.

Gabrieli, John; Rachel Foster, y Eric Falke, «A Novel Approach to Improving Reading Fluency» («Un enfoque novedoso para mejorar la fluidez lectora»), Carroll School, Carroll School, 28 de mayo de 2019, <https:// www.carrollschool.org/dyslexia-news-blog/blog-detail-page/~board/ dyslexia-news/post/a-novel-approach-to-improving-reading-fluency>.

Gabrieli, John, «Brain Imaging, Neurodiversity, and the Future of Dyslexia Education» («Imágenes cerebrales, neurodiversidad y el futuro de la educación sobre la dislexia»), Carroll School. Carroll School, 1 de octubre de 2019, <https://www.carrollschool.org/dyslexia-news-blog/blog-dtail-page/~board/dyslexia-news/post/brain-imaging-neurodiversity-future-of-dyslexia-education>.

Gallo, Amy; Shawn Achor; Michelle Gielan, y Monique Valcour, «How Your Morning Mood Affects Your Whole Workday» («Cómo tu estado de ánimo matutino afecta a toda tu jornada laboral»), *Harvard Business Review*. Harvard Business School Publishing, 5 de octubre de 2016, <https://hbr.org/2016/07/how-your-morning-mood-affects-your-whole-workday>.

Hendrik, Mothes; Christian Leukel; Han-Gue Jo; Harald Seelig; Stefan Schmidt, y Reinhard Fuchs, «Expectations affect psychological and neurophysiological benefits even after a single bout of exercise.» («Las expectativas afectan a los beneficios psicológicos y neurofisiológicos incluso después de una única sesión de ejercicio»), *Journal of Behavioral Medicine*, 40 (2017): 293-306, <https://doi.org/10.1007/s10865-016-9781-3>.

Howland, Robert H. «Vagus Nerve Stimulation.» («Estimulación del nervio vago»), *Current Behavioral Neuroscience Reports,* 1, n.º 2 (2014): 64-73, <https://doi.org/10.1007/s40473-014-0010-5>.

Hyun, Jinshil; Martin J. Sliwinski, y Joshua M. Smyth, «Waking Up on the Wrong Side of the Bed: The Effects of Stress Anticipation on Working Memory in Daily Life» («Despertarte con el pie izquierdo: los efectos de la anticipación del estrés en la memoria de trabajo en la vida cotidiana»), *The Journals of Gerontology*: Series B, 74, n.º 1 (2019): 38-46, <https://doi.org/10.1093/geronb/gby042>.

Jarrett, Christian, «The Science of How We Talk to Ourselves in Our Heads» («La ciencia de cómo nos hablamos a nosotros mismos en la cabeza»), *The British Psychological Society Research Society*, The British Psychological Society, 30 de julio de 2016, <https://digest.bps.org.uk/2013/12/05/the-science-of-how-we-talk-to-ourselves-in-our-heads/>.

Katz, Lawrence; Gary Small; Manning Rubin, y David Suter, *Keep Your Brain Alive: 83 Neurobic Exercises To Help Prevent Memory Loss And Increase Mental Fitness* («Mantén el cerebro vivo: 83 ejercicios neuróbicos para ayudar a prevenir la pérdida de memoria y aumentar la aptitud mental»), Workman Publishing Company, Nueva York, 2014.

Kelly, Allison C.; Kiruthiha Vimalakanthan, y Kathryn E. Miller, «Self-Compassion Moderates the Relationship between Body Mass Index and Both Eating Disorder Pathology and Body Image Flexibility» («La autocompasión modera la relación entre el índice de masa corporal y la patología de los trastornos alimentarios y la flexibilidad de la imagen corporal»),

Body Image, 11, n.º 4 (2014): 446-453, <https://doi.org/10.1016/j.bodyim.2014.07.005>.

Kensinger, Elizabeth A, «Negative Emotion Enhances Memory Accuracy» («Las emociones negativas aumentan la precisión de la memoria»), *Current Directions in Psychological Science,* 16, n.º 4 (2007): 213-218, <https://doi.org/10.1111/j.1467-8721.2007.00506.x>.

Kluger, Jeffrey, «How Telling Stories Makes Us Human: It's a Key to Evolution» («Cómo contar historias nos hace humanos: es una clave de la evolución»), *Time,* Time, 5 de diciembre de 2017, <https://time.com/5043166/storytelling-evolution/>.

Kraus, Michael W.; Cassey Huang, y Dacher Keltner, «Tactile Communication, Cooperation, and Performance: An Ethological Study of the NBA» («Comunicación táctil, cooperación y rendimiento: Un estudio etológico de la NBA»), *Emotion,* 10, n.º 5 (2010): 745-749, <https://doi.org/10.1037/a0019382>.

Kross, Ethan; Emma Bruehlman-Senecal; Jiyoung Park; Aleah Burson; Adrienne Dougherty; Holly Shablack; Ryan Bremner; Jason Moser, y Ozlem Ayduk, «Self-Talk as a Regulatory Mechanism: How You Do It Matters» («Hablarse a uno mismo como mecanismo regulador: la forma de hacerlo es importante»), *Journal of Personality and Social Psychology,* 106, n.º 2 (2014): 304-324, <https://doi.org/10.1037/a0035173>.

LaMotte, Sandee, «The Other "Fingerprints" You Don't Know About» («Las otras "huellas" que no conoces»), CNN. Cable News Network, 4 de diciembre de 2015, <https://www.cnn.com/2015/12/04/health/unique-body-parts>.

Lane, Andrew M.; Peter Totterdell; Ian MacDonald: Tracey J. Devonport; Andrew P. Friesen; Christopher J. Beedie; Damian Stanley, y Alan Nevill, «Brief Online Training Enhances Competitive Performance: Findings of the BBC Lab UK Psychological Skills Intervention Study» («El entrenamiento breve en línea mejora el rendimiento competitivo: Resultados del estudio de intervención en habilidades psicológicas de BBC Lab UK»), *Frontiers in Psychology,* 7 (2016), <https://doi.org/10.3389/fpsyg.2016.00413>.

Leary, Mark R.; Eleanor B. Tate; Claire E. Adams; Ashley Batts Allen, y Jessica Hancock, «Self-Compassion and Reactions to Unpleasant

Self-Relevant Events: The Implications of Treating Oneself Kindly» («La autocompasión y las reacciones a los acontecimientos desagradables relacionados con uno mismo: Las implicaciones de tratarse a uno mismo con amabilidad»), *Journal of Personality and Social Psychology,* 92, n.º 5 (2007): 887-904, <https://doi.org/10.1037/0022-3514.92.5.887>.

LePera, Nicole, *How to Do the Work: Recognize Your Patterns, Heal from Your Past, and Create Your Self* («Cómo llevarlo a la práctica: Reconoce tus patrones, sana tu pasado y crea tu yo»), Harper Wave, an imprint of HarperCollinsPublishers, Nueva York, NY: 2021.

Levine, Peter A., y Gabor Mate, *In an Unspoken Voice: How the Body Releases Trauma and Restores Goodness* («En una voz no hablada: cómo el cuerpo libera el trauma y restaura la bondad»), North Atlantic Books, Berkeley, CA, 2010.

Madon, Stephanie; Max Guyll; Kyle C. Scherr; Jennifer Willard; Richard Spoth, y David L. Vogel, «The Role of the Self-Fulfilling Prophecy in Young Adolescents' Responsiveness to a Substance Use Prevention Program» («El papel de la profecía autocumplida en la respuesta de los jóvenes adolescentes a un programa de prevención del consumo de sustancias»), *Journal of Applied Social Psychology,* 43, n.º 9 (2013): 1784-1798. <https://doi.org/10.1111/jasp.12126>.

Masicampo, E. J., y Roy F. Baumeister, «Consider It Done! Plan Making Can Eliminate the Cognitive Effects of Unfulfilled Goals» («¡Considérelo hecho! La elaboración de planes puede eliminar los efectos cognitivos de los objetivos incumplidos»). *Journal of Personality and Social Psychology,* 101, n.º 4 (2011): 667-683, <https://doi.org/10.1037/a0024192>.

Masicampo, E.J., y Roy F. Baumeister, «Unfulfilled Goals Interfere with Tasks That Require Executive Functions» («Los objetivos no cumplidos interfieren en las tareas que requieren funciones ejecutivas»), *Journal of Experimental Social Psychology,* 47, n.º 2 (2011): 300-311, <https://doi.org/10.1016/j.jesp.2010.10.011>.

Morris, Bradley J., y Shannon R. Zentall. «High Fives Motivate: the Effects of Gestural and Ambiguous Verbal Praise on Motivation» («Chocar la mano motiva: los efectos de los elogios gestuales y verbales ambiguos en la motivación»), *Frontiers in Psychology,* 5 (2014), <https://doi.org/10.3389/fpsyg.2014.00928>.

Moser, Jason S.; Adrienne Dougherty; Whitney I. Mattson; Benjamin Katz; Tim P. Moran; Darwin Guevarra; Holly Shablack, *et al*, «Third-Person Self-Talk Facilitates Emotion Regulation without Engaging Cognitive Control: Converging Evidence from ERP and FMRI» («Hablarse a uno mismo en tercera persona facilita la regulación de las emociones sin comprometer el control cognitivo: Evidencias convergente de ERP y FMRI»), *Scientific Reports,* 7, n.º 1 (2017), <https://doi.org/10.1038/s41598-017-04047-3>.

Nadler, Ruby T.; Rahel Rabi, y John Paul Minda, «Better Mood and Better Performance: Learning Rule Described Categories Is Enhanced by Positive Mood» («Mejor estado de ánimo y mejor rendimiento: El aprendizaje de las categorías descritas en la regla se ve reforzado por el estado de ánimo positivo»), *Psychological Science*, 21, n.º 12 (2010) 1770-1776. <https://doi.org/10.1177/0956797610387441>.

Oettingen, Gabriele; Doris Mayer; A. Timur Sevincer; Elizabeth J. Stephens; Hyeon-ju Pak, y Meike Hagenah, «Mental Contrasting and Goal Commitment: The Mediating Role of Energization» («Contraste mental y compromiso con los objetivos: El papel mediador de la energización»), *Personality and Social Psychology Bulletin,* 35, n.º 5 (2009): 608-622, <https://doi.org/10.1177/0146167208330856>.

Oettingen, Gabriele; Hyeon-ju Pak, #y Karoline Schnetter, «Self-Regulation of Goal-Setting: Turning Free Fantasies about the Future into Binding Goals» («Autorregulación de la fijación de objetivos: Convertir las fantasías libres sobre el futuro en objetivos vinculantes»), *Journal of Personality and Social Psychology,* 80, n.º 5 (2001): 736-753, <https://doi.org/10.1037/0022-3514.80.5.736>.

Pham, Lien B., y Shelley E. Taylor, «From Thought to Action: Effects of Process-Versus Outcome-Based Mental Simulations on Performance» («Del pensamiento a la acción: Efectos de las simulaciones mentales basadas en procesos y en resultados sobre el rendimiento»), *Personality and Social Psychology Bulletin,* 25, n.º 2 (1999): 250-260, <https://doi.org/10.1177/0146167299025002010>.

Ranganathan, Vinoth K.; Vlodek Siemionow; Jing Z. Liu; Vinod Sahgal, y Guang H. Yue, «From Mental Power to Muscle Power—Gaining Strength by Using the Mind» («De la fuerza mental a la fuerza muscular:

cómo ganar fuerza utilizando la mente»), *Neuropsychologia,* 42, n.º 7 (2004): 944-956, <https://doi.org/10.1016/j.neuropsychologia.2003.11.018>.

Richards, David A.;David Ekers; Dean McMillan; Rod S. Taylor; Sarah Byford; Fiona C. Warren; Barbara Barrett, *et al.,* «Cost and Outcome of Behavioural Activation versus Cognitive Behavioural Therapy for Depression (COBRA): a Randomised, Controlled, Non-Inferiority Trial» («Coste y resultados de la activación conductual frente a la terapia cognitiva conductual para la depresión [COBRA]: un ensayo aleatorio, controlado y de no inferioridad»), *The Lancet,* 388, n.º 10.047 (2016): 871-880, <https://doi.org/10.1016/s0140-6736(16)31140-0>.

Robbins, Mel. *El poder de los 5 segundos: Sé valiente en el día a día y transforma tu vida*, Savio Republic, Brentwood, 2017.

Roberts Gibson, Kerry; Kate O'Leary, y Joseph R. Weintraub, «The Little Things That Make Employees Feel Appreciated» («Las pequeñas cosas que hacen que los empleados se sientan apreciados»), *Harvard Business Review.* Harvard Business School Publishing, 24 de enero, 2020, <https://hbr.org/2020/01/the-little-things-that-make-employees-feel-appreciated>.

Rogers, T., y K. L. Milkman, «Reminders Through Association» («Recordatorios por asociación»), *Psychological Science*, 27, n.º 7 (2016): 973-986, <https://doi.org/10.1177/0956797616643071>.

Rosenberg, Stanley, *Accessing the Healing Power of the Vagus Nerve: Self-Help Exercises for Anxiety, Depression, Trauma, and Autism* («Acceder al poder curativo del nervio vago: Ejercicios de autoayuda para la ansiedad, la depresión, el trauma y el autismo»), North Atlantic Books, Berkeley, CA, 2016.

Rothbard, Nancy P., y Steffanie L. Wilk, «Waking Up on the Right or Wrong Side of the Bed: Start-of-Workday Mood, Work Events, Employee Affect, and Performance» («Despertarse con el pie izquierdo o derecho: estado de ánimo al inicio de la jornada, eventos del trabajo, afecto de los empleados y rendimiento»), *Academy of Management Journal,* 54, n.º 5 (2012), <https://doi.org/10.5465/amj.2007.0056>.

Runfola, Cristin D.; Ann Von Holle; Sara E. Trace; Kimberly A. Brownley; Sara M. Hofmeier; Danielle A. Gagne, y Cynthia M. Bulik, «Body Dissatisfaction in Women Across the Lifespan: Results of the UNC-SELFand Gender and Body Image (GABI) Studies» («Insatisfacción corporal en las mujeres a lo largo de la vida: Resultados de los estudios UNC-SELF y Gender and Body Image (GABI)»), *European Eating Disorders Review,* 21, n.º 1 (2012): 52-59, <https://doi.org/10.1002/erv.2201>.

Sbarra, David A.; Hillary L. Smith, y Matthias R. Mehl, «When Leaving Your Ex, Love Yourself: Observational Ratings of Self-Compassion Predict the Course of Emotional Recovery Following Marital Separation» («Cuando dejes a tu ex, ámate a ti: Las valoraciones observacionales de la autocompasión predicen el curso de la recuperación emocional tras la separación matrimonial»), *Psychological Science,* 23, n.º 3 (2012): 261-269, <https://doi.org/10.1177/0956797611429466>.

Seligman, Martin. *Authentic Happiness: Using the New Positive Psychology to Realize Your Potential for Lasting Fulfillment* («La auténtica felicidad: Utilizando la nueva psicología positiva para desvelar su potencial de realización duradera»), Atria Paperback, Nueva York, 2013.

Taylor, Sonya Renee, *The Body Is Not an Apology: The Power of Radical Self-Love* («El cuerpo no es una disculpa: El poder del amor propio radical»), Berrett-Koehler Publishers, Inc., Oakland, CA, 2021.

Texas A&M University «Can You Unconsciously Forget an Experience?» («¿Se puede olvidar inconscientemente una experiencia?»), *ScienceDaily*, ScienceDaily, 9 de diciembre de 2016. <https://www.sciencedaily.com/releases/2016/12/161209081154.htm>.

The Power of Story, with Kendall Haven («El poder de una historia, con Kendall Haven»), YouTube. ABC-CLIO, 2010, <https://youtu.be/zIwEWw-Mymg>.

Torstveit, Linda; Stefan Sütterlin, y Ricardo Gregorio Lugo, «Empathy, Guilt Proneness, and Gender: Relative Contributions to Prosocial Behaviour» («Empatía, propensión a la culpa y género: Contribuciones relativas al comportamiento prosocial»), *Europe's Journal of Psychology,* 12, n.º 2 (2016): 260-270, <https://doi.org/10.5964/ejop.v12i2.1097>.

Traugott, John, «Achieving Your Goals: An Evidence-Based Approach» («Alcanzar tus objetivos: Un enfoque basado en las evidencias») Michigan State University. Michigan State University, 13 de enero de 2021, <https://www.canr.msu.edu/news/achieving_your_goals_an_evidence_based_approach>.

University of Hertfordshire. «Self-Acceptance Could Be the Key to a Happier Life, Yet It's the Happy Habit Many People Practice the Least» («La autoaceptación podría ser la clave para una vida más feliz, pero es el hábito de felicidad que menos practican muchas personas»), *Science-Daily*. ScienceDaily, 7 de marzo de 2014, <https://www.sciencedaily.com/releases/2014/03/140307111016.htm>.

Van del Kolk, Bessel, *The Body Keeps the Score: Brain, Mind, and Body in the Healing of Trauma* («El cuerpo lleva la cuenta: cerebro, mente y cuerpo en la recuperación del trauma»), Penguin Books, Nueva York, NY, 2015.

Van der Kolk, Bessel; Alexander C. McFarlane, y Lars Weisæth, eds. *Traumatic Stress: The Effects of Overwhelming Experience on Mind, Body, and Society* («Estrés traumático: Los efectos de la experiencia abrumadora en la mente, el cuerpo y la sociedad»), Guilford Press, Nueva York, 2007.

Wang, Yang; Benjamin F. Jones, y Dashun Wang, «Early-Career Setback and Future Career Impact» («Contratiempos en el inicio de la trayectoria profesional y su impacto en el futuro»), *Nature Communications* 10, n.º 1 (2019), <https://doi.org/10.1038/s41467-019-12189-3>.

Willis, Judy, y Jay McTighe, *Upgrade Your Teaching: Understanding by Design Meets Neuroscience* («Actualiza tus enseñanzas: la comprensión por defecto se une a la neurociencia»), ASCD, 2019.

Willis, Judy, «Powerful Classroom Strategies From Neuroscience Research» («Potentes estrategias para el aula basadas en la investigación neurocientífica»), Learning and the Brain Workshop, Clase presentada en el taller Learning and the Brain. Recuperado el 29 de abril de 2021, <http://www.learningandthebrain.com/documents/WillisHandout.pdf>.

Willis, Judy, «The Neuroscience behind Stress and Learning» («La neurociencia detrás del estrés y el aprendizaje»), *Nature Partner Journal Science of Learning*, Nature Publishing Group, 16 de octubre de 2016, <https://npjscilearncommunity.nature.com/posts/12735-the-neuroscience-behind-stress-and-learning>.

Willis, Judy, «Want Children to 'Pay Attention'? Make Their Brains Curious!» («¿Quieres que los niños "presten atención"? ¡Haz que sus cerebros sean curiosos!»), *Psychology Today*. Sussex Publishers, 9 de mayo de 2010, <https://www.psychologytoday.com/us/blog/radical-teaching/201005/want-children-pay-attention-make-their-brains-curious>.

—, «What You Should Know About Your Brain» («Lo que debes saber sobre tu cerebro»), *Educational Leadership*, 67, n.º 4 (enero 2010).

—, RadTeach. Dr. Judy Willis, Recuperado el 29 de abril de 2021, <https://www.radteach.com/>.

—, *Research-Based Strategies to Ignite Student Learning: Insights from Neuroscience and the Classroom* («Estrategias basadas en la investigación para estimular el aprendizaje de los alumnos: La visión de la neurociencia y el aula»), ASCD, 2020.

Wiseman, Richard, *The Luck Factor* («El factor suerte»), Miramax Books, Nueva York, 2003.

Wolynn, Mark, *It Didn't Start with You: How Inherited Family Trauma Shapes Who We Are and How to End the Cycle* («No empezó contigo: Cómo los traumas familiares heredados moldean lo que somos y cómo acabar con el ciclo»), Penguin Books, Nueva York, 2017.

Wood, Dustin; Peter Harms, y Simine Vazire, «Perceiver Effects as Projective Tests: What Your Perceptions of Others Say about You» («Los efectos de la percepción como pruebas proyectivas: Lo que tus percepciones de los demás dicen de ti»), *Journal of Personality and Social Psychology,* 99, n.º 1 (2010): 174-190. <https://doi.org/10.1037/a0019390>.

Acerca de la autora

Mel Robbins es la principal voz femenina en el mundo del desarrollo personal y la transformación y es una escritora de *bestsellers* internacional. Entre sus obras se encuentran *El poder de los 5 segundos*, cuatro audiolibros n.º 1 en ventas y el *podcast* más escuchado en Audible, así como cursos online que han cambiado la vida de más de medio millón de alumnos en todo el mundo.

Su revolucionario trabajo acerca del cambio de comportamiento se ha traducido a 36 idiomas y se utiliza en organizaciones de veteranos de guerra, profesionales del sector sanitario e importantes marcas a nivel mundial para inspirar a las personas a ser más efectivas, sentirse más realizadas y confiar más en sí mismas.

Como una de las ponentes públicas más contratadas y escuchadas en el mundo, Mel es *coach* de más de sesenta millones de personas cada mes y los videos que documentan su trabajo tienen más de mil millones de visualizaciones en internet, incluyendo su plática en TEDx Talk, una de las más populares de todos los tiempos.

No hay nada que le apasione más que marcar la diferencia en la vida de las personas, enseñándoles a creer en ellas e inspirándolas para que emprendan las acciones necesarias para cambiar sus vidas. Mel vive en Nueva Inglaterra con su marido —con el que lleva casada veinticinco años— y tiene tres hijos, pero siempre ha tenido y siempre tendrá el corazón en el medio oeste de Estados Unidos.

www.melrobbins.com
youtube.com/melrobbins
@melrobbins
Facebook.com/melrobbins
@itsmelrobbins
@melrobbins
lindkedin.com/in/melrobbins